逐条解説
不動産登記事務取扱手続準則

月刊登記情報編集室 編

一般社団法人 **金融財政事情研究会**

序

　不動産の表示及び不動産に関する権利を公示するための不動産登記制度は，国民の不動産に関する権利の保全及び不動産取引の安全と円滑を図ることを目的としています。

　そのための手続法規として，不動産登記法，不動産登記令，不動産登記規則等の各種の法令が定められており，不動産登記制度の目的を果たすためには，これらの法令を正しく理解し，その事務を行うことが必要となります。

　また，不動産登記の事務を行うためには，これらの法令を正しく理解しているだけでは足りず，全国における大量の登記事件を統一的に処理するための，より具体的な運用基準が必要であり，不動産登記制度が創設されて以降の極めて膨大な通達，回答等の先例が，不動産登記事務処理の統一的運用を図るために非常に重要な役割を果たしています。

　不動産登記事務取扱手続準則は，不動産登記事務の運用方針，手順，法令の基本的解釈等，不動産登記の事務処理における具体的な運用基準を定めているとともに，これまでの先例により確定した内容についても取り入れており，不動産登記の事務処理を行う上で欠かせないものです。

　しかし，不動産登記法が全面改正されてから10年以上が経過しておりますが，現行の不動産登記事務取扱手続準則について，逐条的に解説された参考図書はありません。

　そこで，本書は，このような不動産登記事務取扱手続準則の重要性を踏まえ，「月刊登記情報」に連載された逐条解説をベースとしつつ，平成17年以降の改正内容についても盛り込んだ上で，改めて内容を整理・見直しして刊行したものです。

　不動産登記の実務に関わる多くの方々に本書が活用され，不動産登記事務の適正・円滑な処理の参考になれば幸いです。

平成28年7月

月刊登記情報編集室

はじめに

1　不動産登記制度については，登記の正確性の確保及び国民の利便性の一層の向上を図るため，旧不動産登記法（明治32年法律第24号）を全面改正し，新不動産登記法（以下「不登法」という。）が平成17年3月7日から施行された。

この全面改正においては，法文の現代語化が図られただけでなく，登記事務のコンピュータ化を前提とし，登記簿を磁気ディスクをもって調製するものと位置付けるとともに，インターネットを利用したオンライン登記申請や地図の電子化など高度情報化社会に対応するための諸規定や登記の申請に登記原因証明情報の提供を求めるなど登記の正確性を確保する観点からの諸規定が設けられている。

そして，この不登法の施行に併せて，旧不動産登記法施行令（昭和35年政令第228号）を全面改正した不動産登記令（以下「登記令」という。），旧不動産登記法施行細則（明治32年司法省令第11号）を全面改正した不動産登記規則（以下「規則」という。）及び全面改正された不動産登記事務取扱手続準則（以下「準則」という。）が施行された。

また，この全面改正では，不動産登記法令の整理も併せて行われており，申請権者又は申請義務者，登記事項及び登記手続の骨格に関する事項等については不登法で規定することとされ，申請情報の内容や添付情報については登記令に，登記官が行う具体的な登記事務の細目や公示技術にわたることについては規則にそれぞれ定められることとなったことから，準則もこれらを踏まえた整理がされている。

2　不登法，登記令，規則及び準則に規定されている事項を整理すると，おおむね次のとおりとなる。

(1)　不登法　国民の権利義務に関する事項及び制度の骨格となる事項等，おおむね次の事項を規定している。
　① 登記所，登記官，登記記録，地図等
　② 却下事由
　③ 登記事項
　④ 申請権者及び申請義務者

⑤　登記申請手続の基本構造（共同申請，登記識別情報，登記原因証明情報等）
　　⑥　登記記録の公開
　　⑦　罰則
(2)　登記令　登記申請の手続に関し必要な事項（不登法第18条及び第26条による委任）等，おおむね次の事項を規定している。
　　①　申請情報と添付情報の内容及びこれらの提供方法
　　②　不登法に基づく個別委任事項
　　　・申請情報と併せて登記識別情報を提供しなければならない登記（不登法第22条）
　　　・却下事由（不登法第25条第13号）等
　　なお，①の申請情報と添付情報の内容及びこれらの提供方法に関する事項については，規則にも幾つか規定されているが，登記令の規定に違背した申請は却下の対象となるのに対して，規則の規定（不登法又は登記令から直接委任されている事項は除く。）に抵触するものであっても，それをもって却下されることはないという点において違いがある。
(3)　規則　登記事務に関し必要な事項（不登法第15条による委任）等，おおむね次の事項を規定している。
　　①　登記簿及び登記記録の記録方法並びに地図の記録方法
　　②　任意的な申請情報，添付情報及びその提供方法（却下事由に該当しないもの）
　　③　登記所間における通知等その他の登記事務に関し必要な事項
　　④　不登法に基づく個別委任事項
　　　・電子申請の方法（不登法第18条第1号）
　　　・不動産番号（不登法第27条第4号）
　　　・地目，地積（不登法第34条第2項）等
　　⑤　登記令に基づく個別委任事項
　　　・地積測量図等の作成方法等
(4)　準則　登記事務の運用方針，手順，法令の基本的解釈等，おおむね次の事項を明らかにしている。
　　①　登記管轄の指定及び管轄の転属に係る事務
　　②　備付帳簿の保存期間その他帳簿の管理方法等

③　具体的な事務処理の方法及び使用する様式
　　④　登記記録，地図，地積測量図等の記録方法
　　⑤　各種審査の判断基準
3　不動産登記制度に関する法令等が全面的に改正されてから10年余が経過したところ，準則については，全面改正後においても，実際の登記事務処理を踏まえた改正が順次行われているため，この逐条解説では改正後の規定（平成28年2月現在）を対象としている。

略 記 一 覧

法令名関係

不登法	不動産登記法（平成16年法律第123号）
登記令	不動産登記令（平成16年政令第379号）
平成27年262号政令	不動産登記令等の一部を改正する政令（平成27年政令第262号）
規則	不動産登記規則（平成17年法務省令第18号）
平成20年46号省令	不動産登記規則等の一部を改正する省令（平成20年法務省令第46号）
旧不登法	不動産登記法（明治32年法律第24号）
旧施行令	不動産登記法施行令（昭和35年政令第228号）
旧細則	不動産登記法施行細則（明治32年司法省令第11号）
法務省組織令	法務省組織令（平成12年政令第248号）
設置規則	法務局及び地方法務局の支局及び出張所設置規則（平成13年法務省令第12号）
管轄指定省令	不動産の管轄登記所等の指定に関する省令（昭和50年法務省令第68号）
登記手数料令	登記手数料令（昭和24年政令第140号）
医療法	医療法（昭和23年法律第205号）
学校教育法	学校教育法（昭和22年法律第26号）
行審法	行政不服審査法（昭和37年法律第160号）
行訴法	行政事件訴訟法（昭和37年法律第139号）
区分所有法	建物の区分所有等に関する法律（昭和37年法律第69号）
刑訴法	刑事訴訟法（昭和32年法律第131号）
建築基準法	建築基準法（昭和25年法律第201号）
公的個人認証法	電子署名等に係る地方公共団体情報システム機構の認証業務に関する法律
国民年金法	国民年金法（昭和34年法律第141号）
国調法	国土調査法（昭和26年法律第180号）
森林法	森林法（昭和26年法律第249号）

税法	登録免許税法（昭和42年法律第35号）
税法施行令	登録免許税法施行令（昭和42年政令第146号）
税法施行規則	登録免許税法施行規則（昭和42年大蔵省令第37号）
地方税法	地方税法（昭和25年法律第226号）
番号利用法	行政手続における特定の個人を識別するための番号の利用等に関する法律（平成25年法律第27号）
民事執行法	民事執行法（昭和54年法律第4号）

通達関係

準則	「不動産登記事務取扱手続準則」平成17年2月18日付け法務省民二第456号民事局長通達
旧準則	「不動産登記事務取扱手続準則」昭和52年9月3日付け法務省民三第4473号民事局長通達
施行通達	「不動産登記法の施行に伴う登記事務の取扱いについて」平成17年2月25日付け法務省民二第457号民事局長通達
筆界特定基本通達	「不動産登記法等の一部を改正する法律の施行に伴う筆界特定手続に関する事務の取扱いについて」平成17年12月6日付け法務省民二第2760号民事局長通達
記録令通達	「不動産登記記録令について」平成21年2月20日付け民二第500号民事局長通達
財団準則	「財団登記事務取扱手続準則」昭和41年5月17日付け民事甲第955号民事局長通達
昭和42年794号依命通知	「登録免許税法の施行に伴う不動産登記事務の取扱いについて」昭和42年7月26日付け法務省民三第794号民事局第三課長依命通知
平成14年1811号依命通知	「登記に関する申請書の取扱いについて」平成14年7月26日付け法務省民二民商第1811号民事局民事第二課長・商事課長依命通知
平成17年1009号通達	「不動産登記法附則第3条第1項の規定による指定を受けた事務に係る登記簿の改製作業等の取扱いについて」平成17年4月18日付け法務省民二第1009号民事局長通達

平成20年57号通達	「不動産登記令の一部改正等に伴う登記事務の取扱いについて」平成20年1月11日付け法務省民二第57号民事局長通達
平成20年58号通達	「不動産登記事務取扱手続準則の一部改正について」平成20年1月11日付け法務省民二第58号民事局長通達
平成21年76号通知	「閉鎖登記簿及び和紙公図の電子化並びに不動産登記の申請情報等の保存期間の延長に伴う事務の取扱いについて」平成21年1月14日付け法務省民二第76号民事局民事第二課長通知
平成23年644号通達	「不動産登記事務取扱手続準則の一部改正について」平成23年3月25日付け法務省民二第644号民事局長通達
平成23年768号依命通知	「不動産登記事務取扱手続準則の一部改正について」平成23年3月25日付け法務省民二第768号民事第二課長依命通知
平成26年852号通達	「不動産登記事務取扱手続準則の一部改正について」平成26年12月25日付け法務省民二第852号民事局長通達
平成26年事務連絡	「登録免許税の還付金を代理受領するための委任状の様式について」平成26年5月9日付け民事局民事第二課補佐官・民事局商事課補佐官事務連絡
平成27年874号通達	「行政手続における特定の個人を識別するための番号の利用等に関する法律等の施行に伴う不動産登記事務の取扱いについて」平成27年12月17日付け法務省民二第874号民事局長通達

その他の用語

却下決定書	登記官による登記の申請の却下の決定書
資格証明情報	法人の代表者の資格を証する情報
事前通知	登記義務者等が登記識別情報を提供しなければならない登記の申請において，登記識別情報を提供することができないときに，不登法第23条第1項の規定に

	基づいてする登記義務者等に対してする通知であって，申請があった旨及びその申請の内容が真実であると考えるときは申請の内容が真実である旨の申出をしなければならない旨の通知
タイムスタンプ装置	一連の番号を日付とともに自動的に印字することができる装置
電子申請管理用紙	電子申請について申請ごとに印刷した申請の受付の年月日及び受付番号並びに申請情報を表示した書面
添付書面	添付情報を記載した書面
登記識別情報通知書	登記識別情報を記載した書面
特例方式	登記令附則第5条第1項の規定による添付情報の提供方式
取下書	申請を取り下げる旨の情報を記載した書面
平成16年改正	平成16年に行われた不動産登記法の全面的な改正
法務局長等	法務局又は地方法務局の長
本人確認調書	登記官による本人確認の調査の結果を記録した調書
会社法人等番号	商登法第7条（他の法令において準用する場合を含む。）に規定する会社法人等番号

目　次

第1章　総　則

第 1 条　趣　旨 …………………………………………………………… 2

第2章　登記所及び登記官

第 2 条　管轄登記所の指定 ……………………………………………… 6
第 3 条　………………………………………………………………………… 8
第 4 条　他の登記所の管轄区域への建物のえい行移転の場合 ……… 9
第 5 条　他の登記所の管轄区域にまたがる場合の管轄登記所 ……… 12
第 6 条　事務の停止の報告等 …………………………………………… 14
第 7 条　登記官の交替 …………………………………………………… 16

第3章　登記記録等

第1節　総　則

第 8 条　管轄転属による登記記録等の移送等 ………………………… 20
第 9 条　管轄転属による地番等の変更 ………………………………… 27
第10条　事務の委任による登記記録等の移送 ………………………… 29
第11条　管轄区域がまたがる場合の移送の方法 ……………………… 29

第2節　地図等

第12条　地図の作成等 …………………………………………………… 31
第13条　地図に準ずる図面の備付け …………………………………… 34
第14条　地図等の備付け等についての報告 …………………………… 38
第15条　建物所在図の作成等 …………………………………………… 40
第16条　地図等の変更の方法等 ………………………………………… 43

第3節 登記に関する帳簿等

第17条 帳簿の備付け及び保存期間……………………………………47
第18条 帳簿等の様式……………………………………………………55
第19条 申請書類つづり込み帳…………………………………………72
第20条 登記簿保存簿等…………………………………………………75
第21条 再使用証明申出書類つづり込み帳等…………………………76
第22条 つづり込みの方法………………………………………………82
第23条 帳簿等の廃棄……………………………………………………82

第4節 雑　　則

第24条 登記記録等の滅失又は滅失のおそれがある場合………………85
第25条 登記簿等を持ち出した場合……………………………………95
第26条 通知番号の記載…………………………………………………98
第27条 日記番号等の記載………………………………………………99

第4章　登記手続

第1節 総　則

第1款 通　則

第28条 申請の却下……………………………………………………102
第29条 申請の取下げ…………………………………………………106
第30条 原本還付の旨の記載…………………………………………109

第2款 受付等

第31条 申請の受付……………………………………………………110
第32条 申請書等の処理………………………………………………113
第33条 登記官による本人確認………………………………………117
第34条 他の登記所の登記官に対する本人確認の調査の嘱託………123
第35条 不正登記防止申出……………………………………………125
第36条 補正期限の連絡等……………………………………………133

第3款　登記識別情報

- 第37条　登記識別情報の通知 …………………………………… 136
- 第38条　登記識別情報を廃棄する場合 ………………………… 142
- 第39条　登記識別情報の失効の申出 …………………………… 143
- 第40条　登記識別情報に関する証明 …………………………… 144
- 第41条　登記識別情報の管理 …………………………………… 149

第4款　登記識別情報の提供がない場合の手続

- 第42条　登記識別情報を提供することができない正当な理由 …… 151
- 第43条　事前通知 ………………………………………………… 154
- 第44条　事前通知書のあて先の記載 …………………………… 159
- 第45条　事前通知書の再発送 …………………………………… 159
- 第46条　相続人等からの申出 …………………………………… 160
- 第47条　事前通知書の保管 ……………………………………… 161
- 第48条　前の住所地への通知方法等 …………………………… 162
- 第49条　資格者代理人による本人確認情報の提供 …………… 165

第5款　土地所在図等

- 第50条　地積測量図における筆界点の記録方法 ……………… 170
- 第51条　土地所在図及び地積測量図の作成方法 ……………… 172
- 第52条　建物図面の作成方法 …………………………………… 174
- 第53条　各階平面図の作成方法 ………………………………… 177
- 第54条　建物図面又は各階平面図の作成方法 ………………… 178
- 第55条　図面の整理 ……………………………………………… 179
- 第56条　表題部の変更の登記又は更正の登記に伴う図面の処理 …… 180
- 第57条　国土調査の成果に基づく登記に伴う地積測量図の処理 …… 181
- 第58条　土地所在図等の除却 …………………………………… 182

第2節　表示に関する登記

第1款　通　則

- 第59条　地番区域の変更 ………………………………………… 183
- 第60条　実地調査 ………………………………………………… 183
- 第61条　実地調査上の注意 ……………………………………… 185
- 第62条　実地調査書 ……………………………………………… 186

第63条 申請の催告 ……………………………………………………189
第64条 実地調査の代行 …………………………………………………191
第65条 職権による表示に関する登記の実地調査書等の処理 …………191
第66条 日付欄の記録 ……………………………………………………194

第2款　土地の表示に関する登記

第67条 地番の定め方 ……………………………………………………194
第68条 地目 ………………………………………………………………199
第69条 地目の認定 ………………………………………………………204
第70条 地積 ………………………………………………………………209
第71条 所有権を証する情報 ……………………………………………210
第72条 分筆の登記の申請 ………………………………………………211
第73条 土地の表題部の変更の登記又は更正の登記の記録 ……………214
第74条 分筆の登記の記録方法 …………………………………………214
第75条 合筆の登記の記録方法 …………………………………………217
第76条 分合筆の登記の記録方法 ………………………………………219

第3款　建物の表示に関する登記

第77条 建物認定の基準 …………………………………………………221
第78条 建物の個数の基準 ………………………………………………224
第79条 家屋番号の定め方 ………………………………………………226
第80条 建物の種類の定め方 ……………………………………………229
第81条 建物の構造の定め方等 …………………………………………233
第82条 建物の床面積の定め方 …………………………………………238
第83条 建物の再築 ………………………………………………………245
第84条 建物の一部取壊し及び増築 ……………………………………246
第85条 建物の移転 ………………………………………………………247
第86条 合併の禁止 ………………………………………………………248
第87条 所有権を証する情報等 …………………………………………249
第88条 建物の所在の記録方法 …………………………………………251
第89条 附属建物の表題部の記録方法 …………………………………254
第90条 区分建物の構造の記録方法 ……………………………………255
第91条 床面積の記録方法 ………………………………………………256
第92条 附属建物の略記の禁止 …………………………………………258

第 93 条	附属建物等の原因及びその日付の記録	259
第 94 条	附属建物の変更の登記の記録方法等	261
第 95 条	合体による変更の登記の記録方法	263
第 96 条	分割の登記の記録方法	264
第 97 条	区分の登記の記録方法	265
第 98 条	附属合併の登記の記録方法	267
第 99 条	区分合併の登記の記録方法	268
第100条	建物の分割及び附属合併の登記の記録方法	269
第101条	附属建物がある建物の滅失の登記の記録方法	271
第102条	附属建物がある主たる建物の滅失による表題部の変更の登記の記録方法	272
第103条	共用部分である旨の登記における記録方法等	273

第3節　権利に関する登記

第1款　通　則

第104条	職権による登記の更正の手続	275
第105条		280
第106条	許可書が到達した場合の処理	280
第107条	職権による登記の抹消の手続の開始	282
第108条	職権による登記の抹消の公告	285
第109条	利害関係人の異議に対する決定	286
第110条	職権による登記の抹消の手続	288
第110条の2	差押えの登記等の抹消の通知	289
第111条	書類の契印	290

第2款　担保権等に関する登記

第112条	前の登記に関する登記事項証明書	291
第113条	共同担保目録の目録番号の記載	292
第114条	共同担保目録の記号及び目録番号	293

第3款　信託に関する登記

| 第115条 | 信託目録の作成等 | 294 |

第4款　仮登記

| 第116条 | 仮登記の抹消 | 295 |

第4節 補　則

第1款　通　知　等
第117条　各種通知簿の記載……………………………………………296
第118条　通知書の様式……………………………………………………300
第118条の2　登記完了証を廃棄する場合………………………………320
第119条　管轄区域がまたがる場合の登記完了の通知の様式等………321
第120条　市町村長に対する通知…………………………………………323
第121条　通知書等の返戻の場合の措置…………………………………324
第122条　日計表……………………………………………………………325

第2款　登録免許税
第123条　課税標準認定価格の告知………………………………………327
第124条　電子申請における印紙等による納付…………………………329
第125条　前登記証明書……………………………………………………332
第126条　使用済の記載等…………………………………………………335
第127条　納付不足額の通知………………………………………………336
第128条　還付通知…………………………………………………………338
第129条　再使用証明………………………………………………………341
第130条　再使用証明後の還付手続………………………………………344
第131条　再使用証明領収証書等の使用…………………………………345

第5章　登記事項の証明等

第132条　請求書の受付……………………………………………………348
第133条　登記事項証明書等の作成の場合の注意事項等………………356
第134条　地図等の写し等の作成…………………………………………358
第135条　土地所在図等の写し等の作成…………………………………363
第136条　登記事項証明書等の認証文……………………………………363
第137条　登記事項証明書等の職氏名の記載……………………………366
第138条　請求書の措置……………………………………………………366
第139条　閲覧………………………………………………………………367
第140条　手数料を徴収しない場合………………………………………368

第6章 雑　則

第141条　審査請求の受理 …………………………………… 370
第142条　相当の処分 ………………………………………… 372
第143条　審査請求事件の送付 ……………………………… 375
第144条　審査請求についての裁決 ………………………… 377
第145条 ………………………………………………………… 378
第146条　登記の嘱託 ………………………………………… 378

第 1 章

総　則

第1条（趣旨）

> （趣旨）
> 第1条　不動産に関する登記事務の取扱いは，法令に定めるもののほか，この準則によるものとする。

1　第1条は，準則の趣旨及びその適用範囲を定めている。旧準則第1条に相当する規定である。

　不動産登記とは，国民の権利の保全を図り，もって不動産に関する取引の安全と円滑に資するため，個々の不動産の物理的状況を登記簿に記録して公示するとともに，不動産に関する権利変動を当該登記簿に記録して公示する制度であり，その登記の手続は，不登法，登記令及び規則の法令に規定されているほか，これらの法令に基づき登記事務処理を全国的に標準化することを目的として準則が定められている。

　本条では，不動産登記に関する事務の取扱いは，法令に定められているもののほか，この準則によることとしているが，準則の規定は，法令に規定されている不動産登記の手続等を具体化するものであり，その適用に当たっては，関係法令の規定を十分に理解していることが前提となる。

2　準則は，不動産登記事務に関する具体的な取扱いを明らかにするものであるが，土地や建物といった一般的な不動産に関する登記事務について適用されることはもちろん，立木ニ関スル法律（明治42年法律第22号）第2条第1項により不動産とみなされる立木に関する登記のほか，工場財団等のいわゆるみなし不動産の登記事務についても，特段の定めがある場合を除き，この準則によって処理することとなる（注）。さらには，その登記手続について不登法が準用される船舶や農業用動産等の登記事務についても，合理的な範囲でこの準則に準じて処理することとなる（参考　昭和33年10月3日付け民事甲第1980号民事局長通達，昭和42年6月7日付け民事甲第1825号民事局長回答）。

3　なお，旧準則第1条第2項において，嘱託による登記事務の取扱いについて申請に準ずる旨を規定していたが，改正後の準則においては，登記の嘱託について第146条で規定している。

　　（注）　特段の定めがある場合の例として，財団準則がある。なお，財団準則に定めのない手続について，準則によって処理することについては，財団準

第1条（趣旨）

則第1条第2項を参照されたい。

第 2 章

登記所及び登記官

第2条（管轄登記所の指定）

> （管轄登記所の指定）
> 第2条　不動産の管轄登記所等の指定に関する省令（昭和50年法務省令第68号）第1条に規定する管轄登記所の指定については，一の登記所は，関係登記所と協議の上，同条第1号に掲げる場合にあっては別記第1号様式，同条第2号に掲げる場合にあっては別記第1号様式に準ずる様式，その他の場合にあっては別記第2号様式による指定請求書により，それぞれ法務局若しくは地方法務局の長又は法務大臣に請求するものとする。

1　本条は，管轄登記所を指定する場合の指定請求書の様式を定めている。旧準則第2条に相当する規定である。

　不動産登記の事務は，不動産の所在地を管轄する法務局若しくは地方法務局若しくはこれらの支局又はこれらの出張所がつかさどる（不登法第6条第1項）とされているところ，登記所の管轄区域は，行政区画を基準として定められている（設置規則）。

　そして，不登法第6条第2項において，「不動産が二以上の登記所の管轄区域にまたがる場合は，法務省令で定めるところにより，法務大臣又は法務局若しくは地方法務局の長が，当該不動産に関する登記の事務をつかさどる登記所を指定する。」旨が規定されており，また，それを受けた管轄指定省令において，①不動産の所在地が同一の法務局又は地方法務局管内の数個の登記所の管轄区域にまたがる場合（管轄指定省令第1条第1号）には，当該法務局又は地方法務局の長が，②①の場合を除き，不動産の所在地が同一の法務局の管轄区域（法務省組織令第68条第2項の事務に関する管轄区域をいう。以下同じ。）内の数個の登記所の管轄区域にまたがる場合（同条第2号）には，当該法務局の長が，③①及び②の場合を除くその他の場合（同条柱書に規定されている「その他の場合」に該当する。）には，法務大臣が，それぞれ管轄登記所を指定することとされている。

2　管轄登記所の指定の手続は次のとおりである。

　一の登記所は，関係登記所と協議の上，①の場合（不動産の所在地が同一の法務局又は地方法務局管内の数個の登記所の管轄区域にまたがる場合）には別記第1号様式，②の場合（①の場合を除き，不動産の所在地が同一の法

務局の管轄区域内の数個の登記所の管轄区域にまたがる場合）には別記第1号様式に準ずる様式、③の場合（①及び②の場合を除くその他の場合）には別記第2号様式による管轄登記所指定請求書によって、それぞれ法務局長等又は法務大臣に請求するものとされている。

　管轄登記所指定請求書の様式は、①又は③の場合にはそれぞれ別記第1号様式又は別記第2号様式を使用することとなるが、②の場合には①の場合に使用する別記第1号様式に準ずる様式を使用することとされている。したがって、この場合には、別記第1号様式による管轄登記所指定請求書の記載事項に当該法務局又は地方法務局の名称を追記し、「下記建物は、何地方法務局何出張所……」のように記載しておくのが相当であると考えられる。

　なお、本条の別記第1号様式及び第2号様式は、次のとおりである。

別記第1号（第2条関係）

```
                                  日 記 第        号
                                  平成    年  月    日

   法務局長　殿
                                      法務局    出張所
                                  登記官        職印

                    管轄登記所指定請求書
    下記建物は，何出張所と当庁の管轄区域にまたがっているので，当庁を管
   轄登記所に指定されたく，何出張所と協議の上，請求します。

                         記
```

第3条

別記第2号（第2条関係）

```
                              日 記 第     号
                              平成  年  月  日

   法務大臣　殿
                                法務局　　出張所
                                登記官      職印

              管轄登記所指定請求書

  下記建物は，何法務局何出張所と当庁の管轄区域にまたがっているので，
当庁を管轄登記所に指定されたく，何法務局何出張所と協議の上，請求しま
す。

                      記
```

> 第3条　法務局又は地方法務局の長が不動産登記法（平成16年法律第123号。以下「法」という。）第6条第2項の規定により当該不動産に関する登記の事務をつかさどる管轄登記所を指定するには，別記第3号様式による指定書によりするものとする。

　本条は，第2条の管轄登記所の指定の請求に対して，法務局長等が管轄登記所を指定する場合の指定書の様式を定めたものである。旧準則第3条に相当する規定である。

　本条により，法務局長等が管轄登記所を指定するには，別記第3号様式による指定書によってするものとされている。この別記第3号様式は，次のとおりである。

　なお，法務大臣が管轄登記所を指定する場合は，この様式と同様の様式による指定書により指定するものと思われる。

第4条（他の登記所の管轄区域への建物のえい行移転の場合）

別記第3号（第3条関係）

```
                                    日 記 第        号
                                    平成    年  月  日

   法務局    出張所登記官  殿

                              法務局長         [職印]

              管轄登記所指定書

  平成何年何月何日付け日記第何号をもって請求のあった管轄登記所指定の
件については，貴庁を管轄登記所に指定します。
```

（他の登記所の管轄区域への建物のえい行移転の場合）
第4条　表題登記がある建物がえい行移転（建物を取り壊さずに他の土地に移転することをいう。以下同じ。）により甲登記所の管轄区域から乙登記所の管轄区域に移動した場合における当該建物の不動産所在事項に関する変更の登記は，乙登記所が管轄登記所としてこれを取り扱うものとする。
2　前項の登記の申請が甲登記所にされた場合には，甲登記所の登記官は，乙登記所に別記第4号様式による通知書によりその旨を通知し，両登記所の登記官は，協力して当該建物の所在が変更したか否かにつき実地調査をするものとする。同項の登記の申請が乙登記所にされた場合についても，同様とする。
3　前項の調査の結果，第1項の登記の申請が相当と認められるときは，甲登記所の登記官は，第8条の規定により乙登記所に関係簿書（当該申請書類を含む。）を引き継ぐものとする。
4　前2項の規定は，職権で，第1項の登記をすべき場合について準用する。

第4条（他の登記所の管轄区域への建物のえい行移転の場合）

1　本条は，既に登記がされている建物がえい行移転により異なる登記所の管轄区域に移動した場合の取扱いを定めている。旧準則第8条に相当する規定である。

　えい行移転とは，本条においては，建物本体を取り壊さずに他の土地に移転させることをいい，えい行移転がされ，当該建物の所在に変更が生じた場合は，当該建物の表題部所有者又は所有権の登記名義人は，えい行移転をした日から一月以内にえい行移転を原因とする当該建物の所在の変更の登記の申請をしなければならず（不登法第51条第1項），えい行移転をしたもののその登記が未了のうちに当該建物の表題部所有者又は所有権の登記名義人になった者は，その者に係る表題部所有者についての更正の登記又は所有権の登記がされた日から一月以内に，当該建物の所在の変更の登記を申請しなければならない（不登法第51条第2項）。

　なお，建物のえい行移転による当該建物の所在の変更の登記の申請があった場合は，移転前と移転後の建物に同一性があること（当該建物について解体移転の方法により移転したものでないこと）を調査する必要がある。

　おって，建物を取り壊さずに同一敷地の他の場所に移転した場合は，建物所在図の訂正の手続に準じて取り扱い，登記記録の表題部には特段の記録を要しないとされている（昭和37年7月21日付け民事甲第2076号民事局長通達）。建物図面については，規則第88条の土地所在図等の訂正の手続に準じて取り扱い，建物図面又は変更後の建物図面が提出されることになろう。

2　本条第1項は，甲登記所の管轄区域に存在し，既に甲登記所で登記されている建物が，えい行移転によって乙登記所の管轄区域に移転した場合における所在の変更に関する登記の管轄を定めており，この場合には，乙登記所がその建物について管轄し，登記を取り扱うこととされている。

3　本条第2項は，本条第1項の場合において，その登記の申請が甲登記所にされた場合の取扱いを定めている。

　本条第1項の場合において，当該建物の所有者は，建物の所在の変更の登記をすることになるが，その変更の登記を甲又は乙いずれの登記所に申請すべきかは明らかにされていない。この点については，その登記の申請は，いずれの登記所にしても差し支えないという考え方を前提として，まず，従前の管轄登記所である甲登記所に申請がされた場合は，甲登記所の登記官は，乙登記所に連絡をして，協力して実地調査をすることとし，新たな管轄登記

第4条(他の登記所の管轄区域への建物のえい行移転の場合)

所である乙登記所に申請があった場合にも,乙登記所は甲登記所に連絡をして,同じように実地調査をすることとしている。

　この場合における一方の登記所の登記官から他方の登記所の登記官への通知は,別記第4号様式によって行うこととされている。

4　本条第3項は,本条第2項の実地調査の結果,当該登記の申請が相当と認められたときの取扱いを定めており,実施調査の結果,当該建物が乙登記所の管轄区域に移転していることを確認することができれば,従前の管轄登記所である甲登記所の登記官は,第8条の規定によって乙登記所へ当該建物の関係簿書(当該登記の申請が甲登記所にされている場合は,当該登記の申請書類を含む。)を乙登記所に引き継ぐこととしている。

　つまり,当該登記の申請が相当と認められた場合は,管轄転属の取扱いと同じように,当該登記の申請が甲登記所にされているときは,甲登記所にされた建物の所在の変更の登記の申請書類と当該建物の登記記録等及び登記簿の附属書類を乙登記所に引き継ぎ,引継ぎを受けた乙登記所が当該登記の申請を処理することとなり,当該登記の申請が乙登記所にされているときは,既に申請は乙登記所にされているので,甲登記所から関係の登記記録等の移送を受けた上で,その登記の申請を処理することとなる。

5　本条第4項は,職権をもって本条第1項の登記をすべき場合に,本条第2項及び第3項の規定を準用することを定めている。

　つまり,甲登記所の管轄区域にある建物がえい行移転により乙登記所の管轄区域に移転したということを甲又は乙いずれかの登記所の登記官が知り,これを職権で行うこととなった場合には,甲及び乙登記所の登記官はそれぞれ協力して調査した上で,甲登記所から登記記録等を乙登記所に移送し,乙登記所で所在変更の登記をすることになる。

　なお,本条第2項の別記第4号様式は,次のとおりである。

別記第4号(第4条第2項関係)

	日　記　第　　　　　号 平成　　年　　月　　日
法務局　　　出張所　御中	法務局　　　出張所

第2章　登記所及び登記官　11

第5条（他の登記所の管轄区域にまたがる場合の管轄登記所）

登記官　　職印

通　知　書

　下記建物について，えい行移転による不動産所在事項に関する変更の登記の申請があったので，不動産登記事務取扱手続準則第4条第2項の規定により，通知します。

記

変更前の建物	変更後の建物
所有者又は所有権登記名義人の氏名等	

（注）　通知事項の記載は，申請書の写しの添付で代えることができる。

（他の登記所の管轄区域にまたがる場合の管轄登記所）
　第5条　甲登記所において登記されている建物について，増築若しくは附属建物の新築がされ，又は乙登記所の管轄に属する建物をその附属建物とする登記がされたことにより，当該建物が乙登記所の管轄区域にまたがることとなった場合でも，当該建物の管轄登記所は，甲登記所とする。甲登記所において登記されている建物が，えい行移転又は管轄区域の変更により乙登記所の管轄区域にまたがることとなった場合についても，同様とする。

1　本条は，増築又は附属建物の新築等により建物が複数の登記所の管轄にまたがることとなった場合の管轄登記所の取扱いを定めている。旧準則第9条に相当する規定である。
2　甲登記所の管轄に属する既に登記がされている建物について，乙登記所

の管轄区域にまたがることとなる場合としては，①当該建物を増築したため，その増築部分が乙登記所の管轄区域にまたがるようになった場合，②当該建物の附属建物が乙登記所の管轄区域に建てられた場合，③乙登記所の管轄に属している建物を附属建物とする登記がされた場合等が考えられる。このような場合には，当該建物は，結果的に甲登記所と乙登記所の管轄にまたがることになり，更に他の登記所の管轄区域にまたがることもあり得る。

　本条の前段は，このような場合においても，常に当初の登記がされた甲登記所がその建物の登記を管轄するのであり，管轄指定等の特段の手続は要しないということを明らかにしている。したがって，この場合の増築の登記，附属建物の新築の登記，他の登記所の管轄の建物を附属建物とする変更の登記等の申請は，全て甲登記所に対してされることになる。

　なお，増築の場合について，従来の建物が甲登記所の管轄に属している限りは，増築部分の面積が従来の建物の面積に対してはるかに大きく，増築された結果，当該建物のほとんどが乙登記所の管轄区域に属するようになった場合でも，甲登記所が当該建物の登記を管轄することになる。

3　本条の後段は，甲登記所の管轄に属している既に登記がされている建物について，当該建物をえい行移転して，甲登記所と乙登記所の管轄線上に位置することとなった場合や，管轄区域が変更され，その敷地の一部が乙登記所の管轄に属することとなったことにより，当該建物が甲登記所と乙登記所の管轄区域にまたがることになった場合にも，依然として甲登記所が当該建物の登記を管轄することを明らかにしている。

　つまり，えい行移転を例にすれば，完全に他の登記所の管轄区域に移転した場合には，第4条の規定に基づき取り扱われることになるが，一部でも甲登記所の管轄区域に残っている限りは，依然として甲登記所が当該建物に係る登記を管轄することになる。

4　なお，これらのいずれの場合であっても，甲登記所においてその登記が完了したときは，甲登記所の登記官は，その旨を乙登記所の登記官に通知することになる（第119条第2項）。

　これは，甲登記所において登記された建物について，誤って乙登記所において別の建物として登記されることを防止するためである。

第6条（事務の停止の報告等）

> （事務の停止の報告等）
> 第6条　登記官は，水害又は火災等の事故その他の事由により登記所においてその事務を停止しなければならないと考えるときは，直ちに，当該登記官を監督する法務局又は地方法務局の長にその旨及び事務停止を要する期間を報告しなければならない。
> 2　前項の報告を受けた法務局又は地方法務局の長は，当該登記所の事務を停止しなければならない事由があると認めるときは，直ちに，法務大臣に別記第5号様式による意見書を提出しなければならない。

1　本条は，水害等により登記所の事務を停止しなければならない場合の取扱いを定めている。旧準則第12条に相当する規定である。

不登法第8条は，法務大臣は，登記所において事務を停止しなければならない事由が生じたときは，期間を定めて事務の停止を命じることができる旨規定しており，本条は，そのような事由が発生した場合における登記官の手続及び法務局長等から法務大臣へ提出する意見書の様式を定めている。

なお，旧準則においては，「具申」（上役や上位の機関に対して意見や事情を詳しく述べること）という表現が用いられていたが，新しい準則においては，漢字の使用を常用漢字に改めたほか，表記だけでなく表現についても公用文の作成基準に可能な限り即して，平易で分かりやすいものとなるよう配慮され，「具申」も「意見書を提出」と改められている。

2　登記所において，その事務を停止しなければならない事態とは，水害や火災等の事故が発生し，庁舎が損壊するなどして登記所において長期間事務処理を行うことができないようなこととなった場合のほか，このような事故により，コンピュータシステムが破壊され，その復旧に相当の期間を要する場合やコンピュータシステムに対する脅威（いわゆるサイバーテロや強力なコンピュータウィルスの発生など）に対応するため，一時的に登記情報システム等を停止したり，緊急にシステム改修を行う必要が生じたりする場合などが考えられるが，コンピュータシステムにこのような事態が生じた場合であっても，通信回線や電源設備が物理的に切断・破壊され，コンピュータシステムのバックアップ機能を利用してもその復旧に相当の期間が必要となるといった事態にならなければ，事務を停止することにはならないので，事務

を停止するかどうかの判断は，客観的状況を分析した上で慎重に行う必要がある。

3　本条により，登記官は，登記所における事務を停止する必要があると判断したときは，当該登記官を監督する法務局長等へ報告し（本条第1項），この報告を受けた法務局長等は，これが相当と認めたときは，直ちに別記第5号様式をもって法務大臣へ意見書を提出しなければならない（本条第2項）。

そして，この意見書を受けた法務大臣が，当該登記所の事務を停止せざるを得ないと判断したときは，その旨を当該登記所を監督している法務局長等を通じて当該登記官に命ずることになる。

本条においては，登記官から当該登記官を監督する法務局長等への報告様式が定められていないが，これは，登記所の事務を停止しなければならないとの判断をするということは，不測の事態が発生したためと考えられるところ，その報告も速やかに行わなければならず，実際には携帯電話や電子メールなどの方法が想定されるためと思われる。

なお，本条第2項の別記第5号様式は，次のとおりである。

別記第5号（第6条第2項関係）

日記第　　　　　号 平成　年　月　日 法務大臣　殿 　　　　　　　　　　法務局長　　[職印] 　　　　　　事務停止意見書 　登記所の事務の停止について，不動産登記事務取扱手続準則第6条第2項の規定により，下記のとおり意見を述べます。 　　　　　　　　　　記 　次に掲げる登記所の事務を停止するのが相当と考える。

第7条(登記官の交替)

```
登記所名

事務停止を必要とする理由

事務停止期間
```

```
(登記官の交替)
第7条　登記官は,その事務を交替する場合には,登記簿,地図等及び登記簿の附属書類その他の帳簿等を点検した上で,事務を引き継がなければならない。
2　前項の規定により事務の引継ぎを受けた登記官は,引き継いだ帳簿等を調査し,当該登記官を監督する法務局又は地方法務局の長にその調査結果を記載した別記第6号様式による報告書を提出するものとする。
```

1　本条は,登記官の交替時における事務の引継ぎに関する取扱いを定めている。旧準則第13条に相当する規定である。
2　登記官が事務を交替する場合とは,一般的には配置換えであるが,その他の事由により事務を交替するときでも,前任者と後任者の引継ぎが適切に行われなければならないことは当然であり,本条第1項においてそのことを明らかにするとともに,本条第2項において,引継ぎを受けた登記官から当該登記官を監督する法務局長等へ引継ぎの結果を報告すること及びその報告書の様式を定めている。
3　登記官が交替する場合には,登記官が管理責任を負っている諸記録及び帳簿等について,後任者に正しく引き継ぐ必要があることは当然のことであり,引継ぎの手続等を法務局又は地方法務局において定めても特段の問題はないものと思われるが,この帳簿等が正しく引き継がれていることを調査することは,後に事故が発生した場合に責任の所在を明確にする上でも重要であり,できる限り慎重かつ正確に行う必要がある。
　本条第2項では,このような意味において,その責任を明らかにするため

第7条（登記官の交替）

に，その調査の結果を監督法務局又は地方法務局の長に報告するものとされている。

　本条第2項に定める別記第6号様式は，次のとおりである。

別記第6号（第7条第2項関係）

	日　記　第　　　　　号 平成　　　年　　月　　　日
法務局長　殿	法務局　　出張所 登記官　　　　職印
報　　告　　書	
当庁登記官交替による事務の引継ぎに伴い，登記簿その他の帳簿等の調査をしたので，その結果を下記のとおり報告します。	
記	

第2章　登記所及び登記官

第 3 章

登記記録等

第8条(管轄転属による登記記録等の移送等)

第1節 総則

(管轄転属による登記記録等の移送等)
第8条 不動産の所在地が甲登記所の管轄から乙登記所の管轄に転属したこと(以下「管轄転属」という。)に伴い不動産登記規則(平成17年法務省令第18号。以下「規則」という。)第32条第1項の移送をする場合には,登記記録等(登記記録(共同担保目録及び信託目録を含む。),地図等(電磁的記録に記録されているものを含む。)及び登記簿の附属書類(電磁的記録に記録されているものを含む。)をいう。本条において同じ。)が紛失し,又は汚損しないように注意して,送付しなければならない。
2 前項の場合において,移送すべき地図等が1枚の用紙に記載された地図等の一部であるときは,その地図等と同一の規格及び様式により,管轄転属に係る土地又は建物に関する部分のみの写しを作成し,当該写しを送付するものとする。
3 第1項の移送をする場合には,別記第7号様式による移送書2通(目録5通を含む。)を添えてするものとする。
4 第1項の移送を受けた乙登記所の登記官は,遅滞なく,移送された登記記録等を移送書と照合して点検し,別記第8号様式による受領書2通(目録2通を含む。この目録は,移送書に添付した目録を用いる。)を甲登記所の登記官に交付し,又は送付するものとする。この場合には,受領書の写しを作成して保管するものとする。
5 移送書又は受領書を受け取った登記官は,別記第9号様式による報告書により,これに移送書又は受領書(いずれも目録1通を含む。)を添えて,当該登記官を監督する法務局又は地方法務局の長に登記記録等の引継ぎを完了した旨を報告するものとする。この場合において,甲登記所及び乙登記所が同一の法務局又は地方法務局の管内にあるときは,連署をもって作成した報告書により報告して差し支えない。
6 第1項の場合において,登記簿の附属書類(土地所在図等を除く。

以下この項において同じ。）を直ちに移送することが困難な特別の事情があるときは，第3項の移送書に附属書類を移送しない旨を記載した上，便宜甲登記所において保管しておくことを妨げない。この場合において，乙登記所に対し，甲登記所に保管している附属書類の閲覧の請求があった場合には，乙登記所の登記官は，直ちに甲登記所の登記官に当該書類の移送を請求しなければならない。

1　本条は，管轄転属に伴う登記記録等の移送等に関する手続を定めている。旧準則第4条に相当する規定である。

　不登法第6条では，不動産の所在地を管轄する登記所が，その不動産に係る登記の事務をつかさどることとし，登記所の事務の管轄を不動産の所在地を基準に定めることとしており，また，登記所の管轄区域は，行政区画を基準として定められている（設置規則）。この管轄区域は変更されることがあり，これを「管轄の変更」又は「管轄の転属」という。この管轄区域は，設置規則により定められていることから，設置規則の改正によって管轄の変更が生じるほか，市区町村の境界変更があった場合にも生じる。具体的には，例えば甲登記所の管轄区域に属していた市区町村の全部又は一部が乙登記所の管轄区域に属する市区町村に廃置分合されたような場合に，管轄の変更が生ずることとなる。管轄の変更があった場合は，規則第32条及び第33条の規定により登記記録等を移送しなければならないとされており，本条はその具体的な手続を明らかにしている。

　なお，旧準則第4条は，第3項において，旧細則第16条ノ3第1項の規定による共同担保目録の作成方法（共同担保目録に掲げられている不動産の一部について管轄転属があった場合の取扱い）が定められていたが，不登法の改正により，登記簿を磁気ディスクをもって調製するものとされ，共同担保目録についても登記官が作成することとされた（不登法第83条第2項）ことから，このような規定は設けられていない。

2　登記記録等の移送

　本条第1項は，管轄転属による登記記録等の移送の方法を定めている。

　不動産の所在地が甲登記所の管轄区域から乙登記所の管轄区域に転属した場合には，転属先の乙登記所において，登記の申請があった場合における登記事務及び登記事項証明書の交付の請求などの登記情報に係る公開の請求が

第8条（管轄転属による登記記録等の移送等）

あった場合における登記事務の処理を円滑に行わなければならないことから，当該不動産の登記記録（共同担保目録及び信託目録を含む。），地図等及び登記簿の附属書類を転属先の乙登記所に移送するものとされている（規則第32条第1項）。この移送に当たっては，登記記録等が紛失し，又は汚損しないよう注意しなければならない。

　この場合，登記記録については，一不動産ごとに記録されるので，甲登記所の管轄の一部が乙登記所に転属しても，その記録の移送に問題はないが，登記簿の附属書類については，一の申請書で複数の不動産に係る登記の申請をすることができることから（登記令第4条ただし書），一の申請書に記載されている複数の不動産のうちの一部のみが転属したときには，その一部の不動産のみの附属書類を移送することは物理的に不可能であるため，その写しを移送することとなる。

　なお，これら移送すべき記録等には，電磁的記録に記録されているもの，電磁的記録に記録されていないもののいずれも含まれる。また，移送について，旧準則第4条では，職員が自ら携帯して送付しなければならないこと，その方法により難い事情があるときは，配達証明付書留郵便によって送付して差し支えないことを定めていたが，平成16年改正後の本条には，この規定がない。しかし，これは，前記の送付方法のうち，郵送による送付を認めないこととする趣旨である。すなわち，移送に当たってこれらの記録等が紛失しないように送付することは当然であり，従前，原則的な送付方法とされていた職員が自ら携帯して行う方法によることが予定されていると解すべきである。

3　地図等の一部の移送

　本条第2項は，管轄転属により移送すべき地図等が，1枚の用紙に記載された地図等の一部である場合の取扱いを定めている。

　地図等については，通常，複数の土地又は建物が1枚の用紙に記載されているところ，その地図等に記載されている全部の土地又は建物が管轄転属する場合には，その図面をそのまま乙登記所に送付すれば足りるが，移送すべき地図等が1枚の地図等に記載された地図等の一部であるときは，その地図等の一部のみを移送することが物理的に不可能である。そこで，このような場合には，元の地図等と同じ規格及び様式により，管轄転属に係る土地又は建物に関する部分のみの写しを作成し，その写しを乙登記所に送付すること

とされている。

4 移送書と目録の通数
　本条第3項は，登記記録等の移送をする場合の移送書の様式等について定めている。
　登記記録等を移送する場合には，別記第7号様式による移送書2通と移送する不動産を明らかにした目録5通を添付することとされている。

5 登記記録等の照合・点検と受領書の交付
　本条第4項は，登記記録等の移送を受けたときの取扱いを定めている。
　管轄転属による登記記録等の移送においては，登記記録等の重要性からその受渡しを確実に行うとともに，その責任の所在を明らかにしておく必要がある。
　そこで，管轄転属による登記記録等の移送を受けた登記所の登記官は遅滞なくその照合・点検を行うこととされ，特段の異状がなかった場合は，転属元の登記所の登記官に別記第8号様式による受領書2通と目録2通を交付又は送付することとされている。
　なお，本条第3項により作成された移送書及び目録について，移送書1通及び目録1通は移送を受けた登記所が保管し，残りの移送書1通と目録1通は，本条第5項の規定による当該登記官を監督する法務局長等に対する報告用であり，残りの目録3通のうちの2通は，本項の規定により受領書に添付して転属前の甲登記所へ送付し，残り1通の目録は，同項後段の規定に基づき作成された受領書の控えに添付して移送を受けた乙登記所が保存することとなる。

6 引継ぎの完了報告の手続
　本条第5項は，登記記録等の引継ぎを完了した場合の手続を定めている。
　移送書を受け取った登記官及び受領書を受け取った登記官は，それぞれ所定の報告書により，登記記録等の引継ぎを完了した旨を，当該登記官を監督する法務局長等に報告しなければならないが，転属前の登記所及び転属先の登記所が同一の法務局又は地方法務局の管内にあるときは，その報告はそれぞれの登記官が個別にすることなく，報告書は1通作成し，連署して報告して差し支えないとされている。なお，同項においては，管轄転属による登記記録等の引継ぎ及びその報告の期限について明らかにされていないが，できる限り速やかに完了する必要があることは当然である。

第8条（管轄転属による登記記録等の移送等）

7　附属書類を移送しない場合の措置

　本条第6項は，附属書類についての例外的な取扱いを定めている。
　管轄転属に伴い，例えば登記簿の附属書類である申請書類を移送するためには，それらは，申請書類つづり込み帳に，受付番号の順序によりつづり込まれていることから，一定の範囲の土地や建物の登記記録に記録されている登記事項に係る申請書類等は，申請書類つづり込み帳の至る所に散在していることになり，そこから対象の不動産の申請書類を抽出し，場合によってはその写しを作成する作業が必要となるが，その量は膨大であるため，それらの作業を行うことは容易ではない。また，移送すべき記録等に申請書類等が含まれる趣旨は，それが不動産登記制度において関係者への閲覧に供される対象となっているからであるところ，この閲覧の請求がそれほど多くないことをも考慮し，登記簿の附属書類を直ちに移送することが困難な特別の事情があるときは，転属先の登記所へ送付する移送書に登記簿の附属書類を移送しない旨を記載した上，便宜転属前の登記所において保管して差し支えないこととされている。ただし，このようにして移送しなかった登記簿の附属書類について，転属先の登記所において閲覧の請求があった場合は，当該登記所の登記官は，直ちに転属前の登記所の登記官にその書類の移送を請求して，その閲覧の請求に応じなければならない。
　なお，本条に定める別記第7号様式から第9号様式までは，次のとおりである。

別記第7号（第8条第3項関係）

```
                              日 記 第        号
                              平成    年   月   日

    法務局    出張所　御中
                                    法務局    出張所
                                    登記官          職印

                    移　送　書
```

第8条（管轄転属による登記記録等の移送等）

　　平成何年何月何日管轄転属があったので，別紙目録記載の登記記録等を移送します。

目　　録

土地の登記記録

市区郡町村	大字（字）	筆　数
何	何	筆
何	何	筆
合　計		筆

建物の登記記録

市区郡町村	大字（字）	個　数
合　計		

目　録　等

種　類	枚　数	種　類	枚　数

地図，建物所在図又は地図に準ずる図面

市区郡町村	大字（字）	枚　数		
		地　図	建物所在図	地図に準ずる図面

第8条（管轄転属による登記記録等の移送等）

土地所在図等

種　　類	枚　　数	種　　類	枚　　数

申請書等

年度又は種類等	通　　数	年度又は種類等	通　　数

別記第8号（第8条第4項関係）

　　　　　　　　　　　　　　　　　　日　記　第　　　　　　号
　　　　　　　　　　　　　　　　　　平成　　年　　月　　日

　　　法務局　　　出張所登記官　殿

　　　　　　　　　　　　　　　　　　法務局　　　出張所
　　　　　　　　　　　　　　　　　　登記官　　　　　職印

　　　　　　　　　受　　領　　書

　平成何年何月何日付け日記第何号をもって移送を受けた別紙目録記載の登記記録等を受領しました。

別記第9号（第8条第5項関係）

```
                              日 記 第        号
                              平成    年  月  日

    法務局長　殿
                                  法務局    出張所
                                  登記官         職印


              報　告　書

    管轄転属に伴う登記記録等の引継ぎを別紙受領書（移送書）のとおり平成
  何年何月何日に完了したので，報告します。
```

（管轄転属による地番等の変更）
第9条　登記官は，規則第32条第1項の規定により登記記録の移送を受けた場合において，管轄転属に係る不動産について地番又は家屋番号の変更を必要とするときは，職権で，その変更の登記をしなければならない。
2　登記官は，規則第33条の規定により共同担保目録の記号及び目録番号，信託目録の目録番号又は地役権図面の番号（以下この条において「記号等」と総称する。）を改める場合には，従前の記号等を抹消する記号を記録して，第114条，第115条第2項又は規則第86条第3項の規定により新たに付した記号等を記録しなければならない。

1　本条は，管轄転属による地番等の変更が必要な場合におけるその登記手続及び管轄転属に伴い移送された共同担保目録等の記号の変更の手続を定め

第9条（管轄転属による地番等の変更）

たものである。
　本条第1項は旧準則第5条に，本条第2項は旧準則第6条に，それぞれ相当する規定である。

2　管轄転属による地番又は家屋番号の変更
　本条第1項は，管轄転属により移送を受けた登記記録について，地番又は家屋番号の変更を必要とする場合は，職権でその登記をしなければならない旨を定めている。
　甲登記所の管轄区域の一部が，乙登記所に管轄転属する場合において，管轄転属する区域が地番区域単位であるときは，地番又は家屋番号が重複することは考えられず，それらを変更する必要は生じないが，行政区画の境界が変更され，甲登記所の管轄に属していた行政区画の一部が，乙登記所の管轄に属する行政区画に合併されたことによる管轄転属の場合には，転属先の乙登記所において，一つの地番区域に地番や家屋番号が重複する不動産が生じることが考えられる。このような場合には，転属する甲登記所の管轄に属していた不動産について，転属先の乙登記所の当該地番区域の最終番号の順を追って新たに地番又は家屋番号を変更しなければならない。このように，管轄転属に伴い，移送を受けた登記記録の地番又は家屋番号の変更を必要とするときは，登記官が職権でその変更の登記をすることとなる。

3　管轄転属に伴う共同担保目録，信託目録及び地役権図面の記号等の変更
　本条第2項は，管轄転属により移送を受けた共同担保目録，信託目録及び地役権図面について，記号等を改める必要がある場合の取扱いを定めている。
　管轄転属により移送する登記記録等には，共同担保目録，信託目録及び地役権図面も含まれるが，これらの登記記録等を移送した場合に，移送後の登記所で移送された登記記録等と同一の記号等を使用しているときは，事務に支障を来すことから，規則第33条においては，それら登記記録等の移送を受けたときには記号等を改めることとしている。これら記号等を改める方法は，従前の記号等を抹消する記号を記録し，その従前の記号等の次に，重複又は欠番が生じないように，新たに付した記号等を記録することとされている。

> （事務の委任による登記記録等の移送）
> 第10条　前２条の規定は，法第７条の規定により一の登記所の管轄に属する事務を他の登記所に委任した場合について準用する。

1　本条は，登記事務の委任が行われた場合において，第８条及び第９条の規定を準用する旨を規定したものである。旧準則第７条に相当する規定である。
2　不登法第７条では，法務大臣は，一の登記所の管轄に属する事務を他の登記所に委任することができる旨規定しているが，例えば，災害等により一時的に管轄登記所における事務処理が不可能になったような場合に，法務大臣は，ある登記所の管轄に属する事務の全部又は一部を他の登記所に委任することができるということであり，これを登記事務の委任という。
　登記事務の委任がされた場合における登記記録等の移送に関しては，規則上，明文の規定は置かれていないが，その場合，事務の委任を受けた登記所に登記記録等を備えておき，登記事務を処理する必要のあることは，管轄転属の場合と同様である。そこで，登記事務の委任が行われた場合も，管轄転属の場合に準じて，関係の登記記録等を移送すべき旨を規定している。

> （管轄区域がまたがる場合の移送の方法）
> 第11条　規則第40条第１項の移送は，別記第10号様式による移送書によりするものとする。
> 　２　前項の移送は，配達証明付書留郵便によりするものとする。

1　本条は，不登法第６条第３項の規定により登記の申請がされた場合における管轄登記所の指定に基づいた当該申請に係る事件の移送の手続等を規定したものである。旧準則第10条に相当する規定である。
2　規則第40条第１項は，不登法第６条第３項の規定に従って，二以上の登記所の管轄区域にまたがる不動産について登記の申請がされた場合において，申請がされた登記所とは別の登記所がその不動産についての登記事務を

第11条（管轄区域がまたがる場合の移送の方法）

管轄する登記所に指定されたときに，その申請に係る事件を当該指定された別の登記所へ移送する旨を規定している。本条第1項は，この移送は，別記第10号様式による移送書によりすべきこと，本条第2項は，その移送の方法は，配達証明付書留郵便によりすべきことを明らかにしている。

　管轄転属による登記記録等の移送においては，職員が自ら携帯して行うことが予定されている一方，二以上の管轄区域にまたがる不動産について登記の申請がされた場合に，申請された登記所と異なる登記所が管轄登記所として指定されたときにする申請書等の移送の方法が配達証明付書留郵便によることとされているのは，この申請書は登記の処理中のものであり，申請書等が送付した翌業務日の業務開始までに当該登記所に届いていなくてもその処理に致命的な影響がないことからであると考えられる。

　なお，本条第1項に定める別記第10号様式は，次のとおりである。

別記第10号（第11条第1項関係）

	日　記　第　　　　　号
	平成　　年　　月　　日
法務局　　　出張所　御中	
	法務局　　　出張所
	登記官　　　　　[職印]

　　　　　　　　　　移　　送　　書

　貴庁に管轄指定のあった下記建物の登記申請書類を不動産登記規則第40条第1項の規定により，移送します。

　　　　　　　　　　　　　　記

第2節 地図等

> （地図の作成等）
> 第12条　地図を作成するときは，磁気ディスクその他の電磁的記録に記録するものとする。ただし，電磁的記録に記録することができないときは，ポリエステル・フィルム等を用いて作成することができる。
> 2　前項ただし書の場合には，地図は，別記第11号様式により作成するものとする。ただし，同様式の別紙の訂正票に記載する事項がないときは，当該訂正票を設けることを要しない。

1　本条は，地図の作成方法等について定めている。本条第1項本文は新設され，同項ただし書は旧準則第25条，本条第2項は旧準則第26条に相当する規定である。

2　旧制度においては，地図はポリエステル・フィルム等の図紙を用いて作成することとされていたが，新制度においては，地図は電子的な数値を持ったデータにより管理することを原則とすることとされた。また，一方で，地図を電磁的記録に記録することができないときは，従前どおりポリエステル・フィルム等を用いることができる旨を規定している。

3　本条第1項においては，地図は磁気ディスクその他の電磁的記録に記録することを原則としているが，これは，地図のコンピュータ化を踏まえたものである。

　法務局における地図のコンピュータ化は，「地図整備の具体的推進方策」（平成元年1月31日付け法務省民三第178号民事局長通知）に端を発し，平成元年以降，法務省民事局において，電子情報処理組織による地図の維持管理に関する研究が行われた。その研究の成果を実践するものとして，平成5年度からは，座標値データを持った地図を電磁的記録として維持管理する数値地図管理システムが一部の法務局に導入され，その後，数値地図以外の公図を同じく電磁的記録として管理することを可能とした地図管理システムが各法務局・地方法務局に順次導入された。これらにより，特に数値地図の維持管理の精度が高い水準に保たれることとなった。

第12条（地図の作成等）

　また，現在，全国の登記所へ導入されている地図情報システムは，平成10年に法務省民事局において実験システムの開発が行われ，その検証の後，平成13年度からパイロットシステムの開発が行われた。そして，平成15年度に水戸地方法務局に開発を終えたパイロットシステムが導入され，登記情報システムとの連動等，実際の登記事務処理を念頭に置いた様々なテストが行われ，その検証を行った上で，平成16年度から全国展開に備えた地図情報システムの開発が行われた。これらの経緯を経て，平成18年度から順次この地図情報システムが導入され，平成23年7月4日をもって全ての登記所への導入が完了した。
　先に導入された地図管理システムはスタンドアロン型（ネットワークに接続せず単独で動作する）のコンピュータであるため，他の登記所との連係を実現することができないものであったが，ネットワーク型で登記情報システムとの連動機能を持った地図情報システムは，その特性を活かし，情報交換サービスや証明書のオンライン交付請求サービスのほか，登記情報提供サービスなどの高度のサービスを提供することができるものである。

4　本条第2項は，地図等をポリエステル・フィルム等を用いて作成する場合の様式とその取扱いについて定めている。つまり，地図等を電磁的記録で作成することができない場合（ポリエステル・フィルム等により作成される場合）には，別記第11号様式により作成するものとしているが，旧不登法における地図の様式とは異なり，その大きさはA3判のサイズとすることとし，それに合わせて図郭の大きさも変更されている。これは，平成14年の国調法等の改正に伴って，地図の最大の供給源である地籍図のサイズが変更されたことと整合を図ったものである。

5　本条第2項ただし書は，地図等をポリエステル・フィルム等によって備え付けている場合であっても，地図の訂正事項がなければ，訂正票を設ける必要がない旨を定めている。地図等に誤りがあり，登記官がこれを訂正した場合，地図そのものには訂正後の筆界線が書き入れられるなどするが，訂正後の地図を見ただけでは，いつ，どの部分をどのように訂正したかが分からない。そこで，同項本文の別記第11号様式には地図とともに訂正票をも設けることとしている。すなわち，登記官が地図を訂正したときは，これに訂正した土地の地番と訂正の事項，訂正の年月日を記録することにより，いつ，どの部分をどのように訂正したかを明らかにすることとしている。

しかし，このような訂正票が必要なのは，登記官が地図を訂正したときであるから，1度も訂正をしたことのない地図には，訂正票に記録すべき内容もなく，訂正票の用紙のみを備え付けておく必要もない。

そこで，同項ただし書は，このように1度も訂正をしたことのない地図には，訂正票を設けることを要しない旨を明らかにしている。

なお，ポリエステル・フィルム等により作成されている地図等については，その訂正票は別途紙により作成することとなるが，地図等が地図情報システムに電磁的記録で記録されている場合は，訂正した事項についても電磁的記録により記録されることになるため，訂正事項がある場合であっても，訂正票を作成する必要はない。

同項に定める別記第11号様式は，次のとおりである。

別記第11号（第12条第2項関係）

(注)
1　座標値は，キロメートルを単位として小数点以下第5位まで表示する。
2　基準点，筆界点，地番の記号又は番号の様式は，地籍図の様式を定める省令（昭和61年11月18日総理府令第54号）に準ずるものとする。
3　括弧内の数字は，長さを表すものであり，その単位はミリメートルである。
4　縦の図郭線の上方向の方位が北でない場合は，欄外の「隣図見出」の上部に，方位を表示する。

第13条（地図に準ずる図面の備付け）

訂　正　票　　　　　　　　　　　　（別　紙）

地番区域	番　号							
A町1丁目	16							
訂正した土地	訂正の事項	訂正の年月日	登記官印	訂正した土地	訂正の事項	訂正の年月日	登記官印
26番1	地番26を26－1に訂正	平成17.3.18	印				
29 30	筆界線訂正	平成17.3.23	印				

> （地図に準ずる図面の備付け）
> 第13条　規則第10条第5項ただし書（同条第6項において準用する場合を含む。以下この条及び次条第4号において同じ。）に規定する場合において，これらの図面が地図に準ずる図面としての要件を満たすと認められるときは，地図に準ずる図面として備え付けるものとする。
> 2　地図に準ずる図面として備え付けた図面が，修正等により地図としての要件を満たすこととなったとき，又はその図面につき規則第10条第5項ただし書の特別の事情が消滅したときは，地図として備え付けるものとする。

1　本条は，国調法第20条第1項の規定により登記所に送付された地籍図について，地図としての要件は満たされていないものの，地図に準ずる図面としての要件は満たされていると認められる場合の図面の取扱いについて定めている。本条第1項は新設され，本条第2項は旧準則第29条に相当する規定である。

2　本条第1項は，地図として備え付けることを不適当とする特別の事情がある地籍図等について，地図に準ずる図面としての要件を備えているものであれば，地図に準ずる図面として備え付けることを定めている。

3　地籍図は，精度的に，不登法第14条第1項の地図としての要件を備えているということができる。そこで，国調法に基づく地籍調査が完了し，その成果の認証がされたときは，その成果である地籍図を同項の地図として備え付けることを前提に，その成果の写しが調査に係る土地を管轄する登記所に送付される（同法第20条第1項）。

　この地籍図は，これまでの地図行政において，新たに備え付けられる地図の最も大きな供給源となっているとおり，その作成の精度を勘案すれば，登記所に送付された地籍図を不登法第14条第1項の地図として備え付けることは当然のことである。そこで，規則第10条第5項本文は，国調法第20条第1項の地籍図が登記所に送付され，同条第2項又は第3項の規定による登記が完了したときは，その地籍図を地図として登記所に備え付けるものとしている。一方，不登法第14条第1項の地図は，一定の精度で土地の現況を正確に反映している必要があり，その作成方法や記録事項も規則第10条及び第13条に定められているところ，送付された地籍図が，万が一，これらの要件を満たさないものである場合は，これを地図として備え付けることは相当でない。そこで，規則第10条第5項ただし書は，地籍図が送付された場合において，地図として備え付けることを不適当とする特別の事情があるときは，これを地図として備え付けることを要しないとしている。

　しかし，登記所に送付された国土調査の成果である地籍図に，万が一，地図として備え付けることを不適当とする特別の事情がある場合であっても，これは，国又は都道府県知事の認証を受けて送付されるものであるから，土地の位置，形状を表示するという機能について見れば，一定程度の信頼性があるものと考えられる。そこで，本項は，送付された地籍図が，地図として備え付けることを不適当とする特別の事情がある場合であっても，一定の要件を満たしているときは，地図に準ずる図面として備え付けることを定めている。

　なお，土地改良事業又は土地区画整理事業等において作成された土地の全部についての所在図等についても同様に扱うこととなる。

4　規則第10条第5項ただし書の「地図として備え付けることを不適当とす

第13条（地図に準ずる図面の備付け）

る特別の事情」とは，昭和52年9月3日付け法務省民三第4474号民事局第三課長依命通知記の第2の1に掲げられているが，地図を電磁的記録で管理するものとされた現在においては，同依命通知のうち「地籍調査後，登記所に送付されるまでの間に異動が生じた土地につき，その異動に伴う地籍図の修正（その修正が不能の場合における筆界未定の処理を含む。）がされていない場合」が該当するほか，地籍調査が実施された地域のうち極めて広範囲において筆界未定になっている場合等が該当するものと考える。したがって，近時に送付される地籍図については，このような特別の事情があるものはほとんどないものと思われる。

5　本条第2項は，地図に準ずる図面として備え付けていた地籍図等について，不足していた要件を満たすこととなった場合又は地図とすることができない特別の事情が消滅した場合には，これを地図として備え付けることを定めている。

　地図に準ずる図面として備え付けていた地籍図等は，もともと国調法に基づき認証された図面であるから，登記所において地図として備え付けるために欠いていた要件を具備すれば，地図として備え付けるべきであることは言うまでもない。例えば，筆界が確認されていない地域があることが地図として備え付けることができない原因であった場合，その部分の筆界未定が解消され，筆界線を表示することができれば，地図として備え付けることになる。

6　ところで，本条は，地図に準ずる図面の備え付けについて定めているが，既に地図として備え付けられているものについて，その後に，地図として備え付ける要件が満たされていないものであることが分かった場合に，その地図を地図に準ずる図面とすることができるかどうか（地図の指定を解除することができるかどうか）といった問題がある。この問題については，従前から，指定の解除をすることができないとして取り扱われてきた。

　この問題について，地図の備付けを制度論として考えると，地籍調査の成果として登記所に送付された地籍図は，前述のとおり，所要の手続を経て備え付けられるものであり，地図を地図に準ずる図面に変更する手続は設けられていない。また，地籍調査の筆界確認に行政処分性はないとされ，その結果に基づき作成された地籍図を不登法第14条第1項の地図と備え付けることにも行政処分性はないとされている（注1）。すなわち，地図は，制度上，

筆界等について公信力的な効力を保証するものではなく，また，仮に誤りがあれば，申出又は登記官の職権によりこれを訂正する制度が設けられているので，何らかの方法で，その誤りを是正する方策を検討することが求められるものと思われる。

一方，全国の地図の備え付け状況を見ると，地図の備付けはいまだ55パーセントに止まることから，可能な限り早期に地図を備え付けることが求められている。

このようなことを総合して勘案すると，前述のように地図として備え付ける要件が満たされていないことが備え付けた後に分かった地図については，安易に地図の指定を解除し，これをそのまま放置するのではなく，国土調査の実施者に「再調査」を要請するほか，登記所としては，地図としての機能が低下することのないように，地図の適正な維持管理について特に留意し，国民が安心して地図を利用することができるように努める必要があると考える（注2）。

（注1） 最高裁昭和61年7月14日第二小法廷判決は，地籍調査について「土地の現況を調査記録するという単純な事実行為に過ぎない」として，地籍図の法的効力について「行政庁における内部資料に止まり，その記載及びその内容が対外的に効力を有するものではない」とし，また，登記所が送付された地籍図を地図として備え付けることについて，備え付けられた「地図は地籍調査の成果として当該土地について，その形状，位置関係等の事実状況の把握を目的とするものに過ぎず，これによって実体的に土地の権利関係，境界等を確定する効力を有するものでないから，これまた，当該土地の権利者である国民の具体的権利義務関係等に直接影響を及ぼすものとはいえない」とした原審（前橋地裁昭和60年1月29日判決・訟務月報31巻8号1973ページ）の判断を正当として是認できるとしている。

（注2） もっとも，大規模な震災や地殻変動を伴う災害が発生し，国家基準点を利用することができなくなったことにより，地図としての要件を満たさなくなった場合において，単に，備え付けられている地図を修正することでは地図としての機能を回復することができなくなり，かつ，新たな地図の作成についても相当の長期間を要することとなったときなどは，例外的に地図の指定を解除することを検討する余地もあると考える。

第14条(地図等の備付け等についての報告)

> (地図等の備付け等についての報告)
> 第14条　登記官は，次に掲げる場合は，遅滞なく，当該登記官を監督する法務局又は地方法務局の長に別記第12号様式による報告書を提出するものとする。
> (1)　国土調査法(昭和26年法律第180号)第20条第1項の規定により図面が送付され，又は規則第10条第6項に規定する土地の全部についての所在図が提供された場合
> (2)　前号の図面又は土地の全部についての所在図を規則第10条第5項(同条第6項において準用する場合を含む。)の規定により地図として備え付けた場合
> (3)　地図に準ずる図面として備え付けた図面を前条第2項の規定により地図として備え付けた場合
> (4)　規則第10条第5項ただし書の規定により地図として備え付けなかった図面を前条第1項の規定により地図に準ずる図面として備え付けた場合

1　本条は，地籍図等が送付又は提供された場合における報告及びそれらを地図又は地図に準ずる図面として備え付けた場合等における報告について定めている。旧準則第30条に相当する規定である。

2　本条第1号は，地籍図又は土地改良等により作成された土地の全部についての所在図等が登記所へ送付又は提供された場合，本条第2号は本条第1号により送付又は提供された図面を地図として備え付けた場合，本条第3号は地図に準ずる図面を地図として備え付けた場合，本条第4号は地籍図等を地図に準ずる図面として備え付けた場合に，それぞれ別記第12号様式の報告書を提出することを規定している。

この規定の趣旨は，監督する法務局長等が，登記官からの報告により，それぞれの法務局及び地方法務局における管内の地図に関する整備状況を把握するとともに，地図の備付けについての統一的な取扱いを実現するためのものである。

登記所に送付された図面等を地図又は地図に準ずる図面として備え付けた際に，その旨を監督する法務局長等に報告することは当然と考えるが，本条

第14条（地図等の備付け等についての報告）

　第1号は，このように備え付けた場合のみならず，登記所に送付があった場合にも報告することとしている。これは，法務局長等が，図面等の送付があったときから，送付された図面等を適切にかつ迅速に地図として備え付けるように指導監督することを可能としたものである。これにより，送付から備付けまでの間に時間を要し，備付けが遅れることのないように，また，地図として備え付けるべきものを誤って地図に準ずる図面として備え付けられることのないようにすることができると考えられる（注1）。
　なお，本条に定める別記第12号様式は，次のとおりである。
（注1）　旧準則においては，昭和52年改正前までは，地図を備え付けた場合のみに報告することとされていたが，同年の改正により送付があった場合にも報告するよう改められている。

別記第12号（第14条関係）

　　　　　　　　　　　　　　　　　　　日　記　第　　　　　号
　　　　　　　　　　　　　　　　　　　平成　　年　　月　　日

　法務局長　殿
　　　　　　　　　　　　　　　　　法務局　　　出張所
　　　　　　　　　　　　　　　　　登記官　　　　　職印

　　　　　　　　　　報　告　書

　不動産登記事務取扱手続準則第14条の規定により，下記のとおり報告します。

　　　　　　　　　　　　記

地番区域名	枚数	地図等の種類	送付年月日 （備付年月日）	備考
○○	○○枚	国土調査による地籍図	平成17.3.18 備　　付	地図
○○	○○枚	土地改良登記令による土地全部の所在図	平成17.3.23 送　　付	地図

第15条（建物所在図の作成等）

～～	～～	～～	～～	～～

(注)　備考欄には，①法第14条第1項の地図又は同条第4項の地図に準ずる図面の別，②地図として備え付けることが適当でない場合には，その事由，③第13条第2項に該当する場合には，その旨を，それぞれ記載すること。

（建物所在図の作成等）
第15条　建物所在図を作成するときは，磁気ディスクその他の電磁的記録に記録するものとする。ただし，電磁的記録に記録することができないときは，ポリエステル・フィルム等を用いて作成することができる。
2　建物所在図の縮尺は，原則として当該地域の地図と同一とする。
3　第1項ただし書の場合には，建物所在図は，別記第13号様式により作成するものとする。ただし，同様式の別紙の訂正票に記載する事項がないときは，当該訂正票を設けることを要しない。
4　登記官は，規則第11条第2項の規定により建物の全部についての所在図その他これに準ずる図面を建物所在図として備え付けたときには，遅滞なく，当該登記官を監督する法務局又は地方法務局の長に別記第12号様式に準ずる様式による報告書を作成して提出するものとする。

1　本条は，建物所在図の作成方法とその取扱いについて定めている。旧準則第32条，第33条及び第36条に相当する規定である。
2　本条第1項は，建物所在図についても，地図と同様に電磁的記録に記録するものとしている。建物所在図の作成方法については，規則第11条第1項において，「建物所在図は，地図及び建物図面を用いて作成することができる」旨規定している。
　これは，地図等の電子化と建物図面の電子化により，地図情報システムを利用するなどして，これらを重ね合わせることにより建物所在図を作成する

ことを考えられているものであるが，現状においては，建物所在図は地図情報システムにおいて電磁的記録に記録して管理することができないため，従前どおりポリエステル・フィルムにより作成することとなる（本条第1項ただし書）。

3　本条第2項は，建物所在図の縮尺について，当該地域の地図と同一の縮尺とするものとしている。これは，将来的に建物所在図を作成することとなった場合，地図と建物図面とを合わせて建物所在図を作成することが適当と考えられたため，基礎となる地図と同一の縮尺とすることとされたものである。

4　本条第3項は，建物所在図をポリエステル・フィルム等をもって作成する場合には別記第13号様式によることを規定している。また，建物所在図をポリエステル・フィルム等をもって作成する場合には，原則として，別紙として訂正票を作成することになるが，当該訂正票に記載する事項がないときは，これを設ける必要がないことを明らかにしている。訂正票を設ける趣旨等については，地図等をポリエステル・フィルム等により作成している場合に訂正票を設ける趣旨等と同じであり，詳細については，第12条の解説（31ページ）のとおりである。

5　本条第4項は，規則第11条第2項の規定により，新住宅市街地開発事業等による不動産登記に関する政令（昭和40年政令第330号）第6条第2項（同令第11条から第13条までにおいて準用する場合を含む。）の建物の全部についての所在図やこれに準ずる図面を建物所在図として備え付けたときは，別記第12号様式に準ずる様式により，登記官から当該登記官を監督する法務局又は地方法務局の長に報告するものとしているが，この取扱い及びその目的は，地図に関する取扱いに倣ったものである。

なお，本条第3項に定める別記第13号様式は，次のとおりである。

第15条（建物所在図の作成等）

別記第13号（第15条第3項関係）

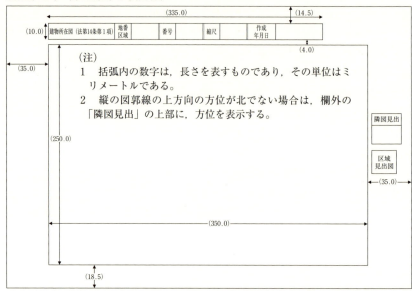

訂　正　票　　　　　　　　　　　　　　　（別　紙）

地番区域	番　号							
A町1丁目	20							
訂正した建物	訂正の事項	訂正の年月日	登記官印	訂正した建物	訂正の事項	訂正の年月日	登記官印
31番	家屋番号30を31に訂正	平成17.3.18	㊞				
46番	建物の所在訂正	平成17.3.23	㊞				

（地図等の変更の方法等）
第16条　地図又は地図に準ずる図面の変更又は訂正は，次に掲げるところによってするものとする。
　(1)　土地の表示に関する登記をしたとき，地図又は地図に準ずる図面の訂正の申出を相当と認めたときその他地図又は地図に準ずる図面の変更又は訂正をするときは，申請情報又は申出情報と併せて提供された土地所在図又は地積測量図及び実地調査の結果に基づいてする。規則第16条第15項の規定により職権で地図又は地図に準ずる図面の訂正をするときは，実地調査の結果及び既に登記所に備え付けている土地所在図又は地積測量図に基づいてする。
　(2)　地図又は地図に準ずる図面（電磁的記録に記録されたものを除く。）の変更又は訂正をする場合には，当該地図又は地図に準ずる図面に墨を用いて細字，細線により鮮明に所要の記載をし，変更前又は訂正前の記載を削除する。
　(3)　土地の表題登記をした場合には，地図又は地図に準ずる図面にその土地の位置を表示し，その地番を記録する。
　(4)　分筆の登記をした場合には，地図又は地図に準ずる図面に分筆線及び分筆後の地番を記録する。
　(5)　合筆の登記をした場合には，地図又は地図に準ずる図面に記録されている筆界線を削除し，合筆後の地番を記録して従前の地番を削除する。
　(6)　土地の異動が頻繁であるため地図又は地図に準ずる図面（電磁的記録に記録されたものを除く。）の記載が錯雑するおそれがある場合には，当該錯雑するおそれのある部分を謄写し，これをその部分に関する地図又は地図に準ずる図面として用いる。この場合には，地図又は地図に準ずる図面の当該部分及び謄写した図面に(イ)(ロ)(ハ)等の符号を付して，その関連を明らかにする。
　(7)　地図又は地図に準ずる図面（電磁的記録に記録されたものを除く。）の訂正をした場合には，当該地図又は地図に準ずる図面に付した訂正票にその旨を明らかにし，登記官印を押印する。
2　建物所在図の変更又は訂正は，次に掲げるところによってするもの

第16条（地図等の変更の方法等）

とする。
(1) 建物の表示に関する登記をしたときその他建物所在図の変更又は訂正をするときは，申請情報と併せて提供された建物図面及び実地調査の結果に基づいてする。規則第16条第15項の規定により職権で建物所在図の訂正をするときは，実地調査の結果及び既に登記所に備え付けている建物図面に基づいてする。
(2) 前項第2号の規定は，建物所在図の変更又は訂正をする場合について準用する。
(3) 建物の表題登記をした場合には，建物所在図にその家屋番号を記録する。
(4) 建物の分割又は区分の登記をした場合には，建物所在図に変更後の各家屋番号を記録し，変更前の家屋番号を削除する。
(5) 建物の合併の登記をした場合には，建物所在図に合併後の家屋番号を記録し，従前の家屋番号を削除する。
(6) 建物の合体による登記等をした場合には，建物所在図に記録されている合体前の建物の記録を削除し，合体後の建物を記録する。

1 本条は，地図，地図に準ずる図面及び建物所在図の変更又は訂正をする場合の具体的な取扱いを定めている。旧準則第115条に相当する規定である。
　なお，旧準則では第113条において，地図又は建物所在図の変更又は訂正に係る申出の規定が設けられていたが，これに相当する現行の規定は，規則第16条である。
2 本条第1項は，地図又は地図に準ずる図面の変更又は訂正をする場合の具体的な方法を示している。
　なお，地図又は地図に準ずる図面の変更とは，土地の表題登記，分筆の登記又は合筆の登記をした結果，備え付けられているこれらの図面の筆界や地番情報に変更が生じた場合である。また，これらの図面の訂正とは，地図訂正の申出や登記官の職権により，筆界や地番情報を訂正する場合である。
(1) 本条第1項第1号は，地図又は地図に準ずる図面の変更又は訂正をする場合の審査の対象について示している。
　まず，地図又は地図に準ずる図面の変更又は訂正をする場合として，土地の表示に関する登記をしたとき，訂正の申出を相当と認めたときが

考えられるが、これらの場合は、申請情報又は申出情報のほか、変更後又は訂正後の新しい土地所在図又は地積測量図及び実地調査の結果に基づいて行うものとしている。

　また、職権により訂正をする場合は、実地調査の結果及び登記所に備え付けられている土地所在図等に基づいて行うものとしている。

(2) 本条第1項第2号は、ポリエステル・フィルム等で作成されている地図又は地図に準ずる図面を変更又は訂正する場合の方法について示している。

　地図をポリエステル・フィルム等をもって作成する場合は、筆界は0.1ミリメートルの線で表示することとされている（法務省不動産登記法第14条第1項地図作成作業規程第60条。地籍図の様式を定める省令（昭和61年総理府令第54号））。地図の変更又は訂正をする場合も、その精度を保つために、これと同等の表記による必要がある。そこで、地図又は地図に準ずる図面の変更又は訂正をするために、ポリエステル・フィルム等に筆界等を書き入れる場合は、墨を用い細字、細線で描くこととしている。特に、地図の書き入れの場合は、筆界は0.1ミリメートルの線とする必要がある。

　なお、現在、地図又は地図に準ずる図面のほとんどは電磁的記録に記録され、地図情報システムにより管理されており、これらを変更又は訂正する場合にも、地図情報システムをもって行うこととなる。

(3) 本条第1項第3号は、土地の表題登記をした場合の地図又は地図に準ずる図面の処理方法について示している。

　土地の表題登記をしたときは、その土地の位置と地番を記録することとされているが、この「土地の位置を記録する」とは、表題登記をした土地の形状が地図又は地図に準ずる図面に全く記録されていない場合は、その土地の筆界を書き入れて、地図にあっては土地の区画を、地図に準ずる図面にあっては土地の位置と形状を表示することである。

(4) 本条第1項第4号は、分筆の登記をした場合の地図又は地図に準ずる図面の処理方法について示している。

　分筆の登記をした場合は、地図又は地図に準ずる図面の対象土地に分筆線を書き入れ、分筆後の各土地の地番を記録することとなる。

(5) 本条第1項第5号は、合筆の登記をした場合の地図又は地図に準ずる

第16条（地図等の変更の方法等）

図面の処理方法について示している。

　合筆の登記をした場合は，地図又は地図に準ずる図面の合筆により不要となった筆界線を削除するとともに，合筆により閉鎖された土地の地番を削除することとなる。電磁的記録で記録されている地図又は地図に準ずる図面では，地図情報システムで合筆の処理をすることにより不要となった筆界線及び地番は表示されなくなる。しかし，表示されなくなったこれらの情報も履歴情報としてシステム内に管理されており，必要があれば，合筆前の状態を表示することも可能である。

　なお，従前は，和紙公図については，めがね記号と呼ばれる2筆の土地が1筆になっていることを表す記号を記録した上で合筆により閉鎖された土地の地番を朱抹する方法や，対象土地の上に和紙の薄紙を貼って合筆後の土地の形状や地番を書き入れる方法などが採られ，合筆前の形状等が残されており，他方，和紙公図以外のポリエステル・フィルム等で作成された地図又は地図に準ずる図面については，朱抹線など登記記録のように抹消する記号を記録する方法ではなく，実際に，合筆により不要となった筆界線と地番を消し去る方法が採られていた。

(6)　本条第1項第6号は，土地の異動が頻繁に行われる地域の地図又は地図に準ずる図面に関し，その修正等による破損等を未然に防ぐための措置について示している。

　この規定も，ポリエステル・フィルム等により作成されている地図又は地図に準ずる図面に関するものであるが，特定の地域について，頻繁に分筆や合筆が繰り返された場合は，電磁的記録に記録されている地図又は地図に準ずる図面を除き，前記のいずれの処理を行ったとしても，その部分の地図の書き入れが困難となったり，地図の材質自体が傷んだりすることがある。そこで，同号は，このような不都合を防止するため，土地の異動が頻繁に行われる地域の地図については，その部分を写し取り，別の地図として管理することを認めている。

(7)　本条第1項第7号は，地図又は地図に準ずる図面の訂正をした場合の訂正票の取扱いについて示している。

　登記が完了した場合は，登記官が登記官を識別する記号を記録して（旧不登法においては，登記用紙に登記官の印を押して），その責任の所在を明らかにし，その登記が登記官の権限に基づいて行われることを担

保している。地図又は地図に準ずる図面の訂正についても，同様に登記官が権限に基づいて行ったことを明らかにしておくことが必要である。しかし，ポリエステル・フィルムで作成された地図又は地図に準ずる図面について，登記簿のように訂正した箇所に直接押印をした場合は，その後，押印箇所の筆界の形状等が分かりにくくなり，適切ではない。そこで，本号は，訂正票に訂正した土地の地番，訂正の事項及び訂正の年月日を記載した上で，その記載の末尾に登記官の印を押すことにより，訂正票に記載された訂正が，登記官の権限に基づいて行われることを担保することとしている。

なお，地図又は地図に準ずる図面が電磁的記録に記録されている場合は，地図情報システムを用いて処理することとなることは言うまでもない。

3　本条第2項は，建物所在図を変更又は訂正する場合の具体的な方法を示している。その取扱いは，基本的に本条第1項に規定する地図又は地図に準ずる図面の変更又は訂正における場合と同様と考えてよい。

建物の表示に関する登記をしたとき，その他建物所在図の変更又は訂正をするときは提出されている建物図面及び実地調査の結果により，職権をもって行うときは実地調査の結果及び登記所に備え付けられている建物図面によって行うものとされている（同項第1号）。

その他，ポリエステル・フィルム等をもって建物所在図が作成されている場合は，本条第1項第2号を準用するものとし（本条第2項第2号），建物の表題登記をしたときは，建物所在図にその家屋番号を記録し（同項第3号），建物の分割又は区分の登記をした場合の処理（同項第4号），建物の合併の登記をした場合の処理（同項第5号），建物の合体による登記等をした場合の処理（同項第6号）がそれぞれ規定されている。

第3節　登記に関する帳簿等

（帳簿の備付け及び保存期間）
第17条　登記所には，規則第18条各号に掲げる帳簿のほか，次の各号に

第17条（帳簿の備付け及び保存期間）

掲げる帳簿を備えるものとし、その保存期間は、当該各号に定めるところによる。
(1) 登記簿保存簿　作成の時から30年
(2) 登記関係帳簿保存簿　作成の時から30年
(3) 地図保存簿　作成の時から30年
(4) 建物所在図保存簿　作成の時から30年
(5) 登記識別情報通知書交付簿　作成の翌年から１年
(6) 登記事務日記帳　作成の翌年から１年
(7) 登記事項証明書等用紙管理簿　作成の翌年から１年
(8) 再使用証明申出書類つづり込み帳　作成の翌年から５年
(9) 登録免許税関係書類つづり込み帳　作成の翌年から５年
(10) 不正登記防止申出書類つづり込み帳　作成の翌年から３年
(11) 土地価格通知書つづり込み帳　作成の翌年から３年
(12) 建物価格通知書つづり込み帳　作成の翌年から３年
(13) 諸表つづり込み帳　作成の翌年から３年
(14) 雑書つづり込み帳　作成の翌年から１年
2　登記所には、規則第18条各号及び前項各号に掲げる帳簿のほか、次に掲げる帳簿を備えるものとする。
(1) 閉鎖土地図面つづり込み帳
(2) 閉鎖地役権図面つづり込み帳
(3) 閉鎖建物図面つづり込み帳

1　本条は、規則第18条に定められているもの以外の登記所に備える帳簿とその保存期間について定めている。登記識別情報通知書交付簿（本条第１項第５号）、登記事項証明書等用紙管理簿（同項第７号）及び不正登記防止申出書類つづり込み帳（同項第10号）に関する規定については新設の規定であり、その他は、旧準則第49条及び第50条に相当する規定である。

　登記簿並びに地図、地図に準ずる図面及び建物所在図以外で、登記事務を適正に行うために必要不可欠な法定帳簿については、不登法第15条の委任に基づいて、規則第18条に定められているところであるが、これらの帳簿のみでは、登記の事務処理を適正に行い、管理するためには、不十分なところもある。本条に規定する各帳簿等は、規則に定められた法定帳簿を補って、事

務処理を更に適正に管理するために必要なものとして定められたものである。すなわち，本条に規定する各帳簿等は，登記の事務処理を適正に行い，管理するために，必要不可欠な帳簿ではあるが，登記の申請人等にとっても重要な資料である登記簿の附属書類には該当せず，また，登記の正確性を担保するために必要不可欠なものとまではいえないことから，登記官がする登記事務の運用方針を定める通達（準則）で規定されている。

(注1)　閉鎖土地図面つづり込み帳，閉鎖地役権図面つづり込み帳及び閉鎖建物図面つづり込み帳について，その保存期間が定められていないのは，規則第28条第13号及び第14号において，これらつづり込み帳につづり込むべき情報について，それぞれ，閉鎖した日から30年間と規定されていることから，そのつづり込み帳について保存期間を定める実益が低いと判断されたためであると思われる（なお，平成20年46号省令による改正前の規則第28条においては，閉鎖土地図面及び閉鎖建物図面については閉鎖した日から5年間，閉鎖地役権図面については同じく10年間とされていたが，不動産登記の申請情報及びその添付情報等の保存期間の伸長に併せ，これら図面の保存期間についても30年に伸長されている。）。

(注2)　筆界特定に係る事務を適正に行うために必要不可欠な法定帳簿については，不登法第150条の委任に基づいて，規則第18条に定められているほか，筆界特定に係る事務を更に適正に管理するために備え付けるべき帳簿等は，筆界特定基本通達において定められている。

2　本条第1項の各帳簿について
(1)　登記簿保存簿

本条第1項第1号は，登記所には登記簿保存簿を備え付けること，その保存期間は作成の時から30年であることを定めている。旧準則第50条第3号に相当する規定である。

不登法上，登記簿について，これを備え付ける旨の規定は存しないが，これは，不登法は，「登記に関する制度について定め」るものであり（不登法第1条），登記は，「登記官が登記簿に登記事項を記録することによって行」われる（不登法第11条）ものであることから，登記簿が登記所に備え付けられていることは，改めてこれを規定するまでもなく当然であるからと思われる（なお，旧細則第14条第1項柱書には，登記簿を備え付ける旨の規定が置かれていた。）。

しかしながら，その登記簿を管理するための帳簿等は必要不可欠であるこ

第17条（帳簿の備付け及び保存期間）

とから、本条第1項第1号において、登記簿保存簿を備え付けること等が規定されている。

なお、登記簿保存簿の保存期間が30年とされている背景には、次のような経緯がある。すなわち、平成13年4月1日から施行されている行政機関の保有する情報の公開に関する法律（平成11年法律第42号）の施行に先立ち、平成13年3月30日に、同法第22条第2項の規定に基づいて、法務省行政文書管理規程（平成13年法務省秘文訓第340号大臣訓令）が定められ、同法と同時に施行されているところ、当該規程においては、最も重要な行政文書についての最長の保存期間が30年とされた（同規程第7条及び第8条）。そこで、平成15年2月12日に、旧準則において規定されていた不動産登記関係帳簿の保存期間についての見直しが行われ、登記簿保存簿の保存期間について、それまでの永久から、通達で規定することができる最長の期間である30年に短縮すること等を内容とする改正がされている（なお、法務省行政文書管理規則（平成23年法務省秘文訓第308号大臣訓令）の施行に伴い、法務省行政文書管理規程は廃止されたが、最長の保存期間が30年とされていることに変わりはない。）。

ところで、登記簿保存簿の様式を見ると、そこには、「土地・建物の別」、「地番区域名」、「地番又は家屋番号」、「備考」のほか、「冊号」を記載することとされていることから明らかなように、登記簿保存簿が対象としている登記簿とは、旧不登法における登記簿の概念のうち、登記用紙ではなく、バインダー式登記簿のバインダーの方の概念を指すものと解され、また、閉鎖登記簿についても、これが除外されるものではないことは言うまでもない。

このように、従来は、登記簿保存簿については、その保存期間は永久と規定されていたところ、法務省行政文書管理規程が定められたことに鑑みて、通達で規定することのできる上限である30年という保存期間に改められたという背景があり、他方、土地の閉鎖登記簿は閉鎖の日から50年間保存される（旧不登法第24条の2第2項、不登法附則第3条第4項）ことに照らすと、登記簿保存簿の保存期間が30年であるからといって、登記簿保存簿に登載されている土地の閉鎖登記簿の保存期間が満了する前に、登記簿保存簿の保存期間が満了したことのみをもって登記簿保存簿を廃棄することは相当ではなく、登記簿保存簿の保存期間が満了した場合であっても、そこに登載されている土地の閉鎖登記簿についての保存期間が満了するまでの間は、当該登記

簿保存簿については保存期間の延長手続を採るべきであると考えられるので，この点については十分に留意すべきである。

(2) 登記関係帳簿保存簿

本条第1項第2号は，登記所には登記関係帳簿保存簿を備え付けること，その保存期間が作成の時から30年であることを定めている。旧準則第50条第4号に相当する規定である。

登記関係帳簿保存簿には，登記簿を除く一切の登記関係帳簿の保存状況を記載するところ，改正前から変更は加えられていない。

(3) 地図保存簿

本条第1項第3号は，登記所には地図保存簿を備え付けること，その保存期間が作成の時から30年であることを定めている。旧準則第50条第5号に相当する規定である。

地図保存簿は，登記所で保管している地図及び地図に準ずる図面の保存状況を明らかにすることによって，その適正な維持管理を図ることができることから，本条第1項第3号において，備え付けること等が規定されている。

(4) 建物所在図保存簿

本条第1項第4号は，登記所には建物所在図保存簿を備え付けること，その保存期間が作成の時から30年であることを定めている。旧準則第50条第6号に相当する規定である。

建物所在図は，建物の特定及び二重登記の防止のため，建物の位置及び家屋番号を表示するものとして，登記所に備え付けられる図面であるところ（不登法第14条第1項及び第3項），旧不登法第18条第2項は，「建物ノ位置及ビ家屋番号」を「明確ニスル」ことを要求していたが，不登法では「表示する」ことで足りるとする（不登法第14条第3項）など，その要件が緩和されたところである。本号においては，登記所で保管している建物所在図の状況を明らかにすることができる建物所在図保存簿の備付け等が規定されている。

(5) 登記識別情報通知書交付簿

本条第1項第5号は，登記所には登記識別情報通知書交付簿を備え付けること，その保存期間が作成の翌年から1年であることを定めている。新設された規定である。

登記識別情報は，登記名義人となった申請人に登記識別情報を通知した上，次回の登記の申請においてその登記識別情報を提供させることによっ

第17条（帳簿の備付け及び保存期間）

て，登記名義人である申請人本人であることを形式的に確認する登記手続固有の本人確認手段として平成16年改正において創設された制度である。したがって，次回の登記の申請において，登記識別情報を提供した者が前回の登記で登記名義人となった本人であることを担保するためには，登記識別情報をその通知を受けることができる者に確実に通知する必要がある。そこで，登記所において登記識別情報通知書を交付する場合は，登記識別情報の通知を受ける者が真に登記識別情報通知書を受けることができる者であることを確認するとともに，形式的にもこれを担保するため，交付の際に，その登記において登記名義人となった者が申請書又は委任状に押した印と同一の印を登記識別情報通知書交付簿に押印させることとしている（第37条第4項）ことから，本条第1項第5号において，この交付簿を備え付けること等が規定されている。

なお，電子申請により登記の申請がされた場合に，登記識別情報の通知を電子情報処理組織を利用して（オンラインで）行った場合にあっては，登記識別情報通知書交付簿に登記識別情報通知書を交付した旨等の記載を行うことは不要であるが，これは，このような場合には，登記の申請時に，法務大臣が定めたプログラム（申請書用総合ソフトの登記識別情報関係様式作成機能）により，登記名義人本人であることを示すための情報を記録した取得者特定ファイルを作成し送信することにより，通知を受け取ることができる者本人に対して通知することが担保されているからである。

一方，電子申請の利用の促進を図るために平成20年1月15日から開始されたいわゆる特例方式の導入を契機として，特例方式によらないオンライン申請や書面申請の場合であっても，送付の方法による登記識別情報通知書の交付の求めがあったときには，登記識別情報通知書を送付することができることとされているところであるが，このような場合にあっては，前述のとおり，登記識別情報通知書を受けることができる者に確実に通知を行わなければならないという登記識別情報通知の性質に鑑み，送付の方法によって交付したことを明らかにしておく必要があることから，登記識別情報通知書交付簿に登記識別情報通知書を送付した旨を記載することとなる（第37条第6項，平成20年57号通達記の第2の3(3)）。

(6) **登記事務日記帳**

本条第1項第6号は，登記所には登記事務日記帳を備え付けること，その

保存期間が作成の翌年から1年であることを定めている。旧準則第50条第7号に相当する規定である。

登記事務日記帳には，受付帳その他の帳簿に記載しない書類の発送及び受領に関する事項を記載することとされている（第20条第4号）ことから，本条第1項第6号において，これを備え付けること等が規定されている。

(7) **登記事項証明書等用紙管理簿**

本条第1項第7号は，登記所には登記事項証明書等用紙管理簿を備え付けること，その保存期間が作成の翌年から1年であることを定めている。新設された規定である。

平成16年改正後の登記情報の公開の手続として行われている登記事項証明書等の発行のために使用される証明書の用紙の出納を明らかにするため，同号において，備え付けること等が規定されている。

なお，当該用紙については，地紋入り用紙を用いることとされ（平成16年12月8日付け法務省民二第3491号民事局民事第二課長・商事課長通知），その管理要領が定められている（平成17年3月2日付け法務省民商第591号民事局民事第二課長・商事課長通知及び平成18年11月13日付け法務省民二第2591号民事局民事第二課長通知）。

(8) **再使用証明申出書類つづり込み帳**

本条第1項第8号は，登記所には再使用証明申出書類つづり込み帳を備え付けること，その保存期間が作成の翌年から5年であることを定めている。旧準則第50条第8号に相当する規定である。

再使用証明申出書類つづり込み帳につづり込む書面については，第21条第1号に示されている。

(9) **登録免許税関係書類つづり込み帳**

本条第1項第9号は，登記所には登録免許税関係書類つづり込み帳を備え付けること，その保存期間が作成の翌年から5年であることを定めている。旧準則第50条第9号に相当する規定である。

登録免許税関係書類つづり込み帳につづり込む書面については，第21条第2号に示されている。

(10) **不正登記防止申出書類つづり込み帳**

本条第1項第10号は，登記所には不正登記防止申出書類つづり込み帳を備え付けること，その保存期間が作成の翌年から3年であることを定めてい

第17条（帳簿の備付け及び保存期間）

る。新設された規定である。

　登記名義人等は，自己が登記名義人となっている登記について第三者が成りすましにより何らかの登記の申請をしている事実やそのおそれがあることを知ったときは，その旨を記載した申出書を登記官に提出して不正登記防止申出をすることができることとされており（第35条第1項），登記官は不正登記防止申出を受けたときは，不正登記防止申出書類つづり込み帳に申出書及びその添付書面等の関係書類をつづり込むものとされている（同条第5項）ことから，本条第1項第10号において，同つづり込み帳を備え付けること等が規定されている。

(11)　**土地価格通知書つづり込み帳**

　本条第1項第11号は，登記所には土地価格通知書つづり込み帳を備え付けること，その保存期間が作成の翌年から3年であることを定めている。旧準則第50条第10号に相当する規定である。

　土地価格通知書つづり込み帳につづり込む書面については，第21条第3号に示されている。

(12)　**建物価格通知書つづり込み帳**

　本条第1項第12号は，登記所には建物価格通知書つづり込み帳を備え付けること，その保存期間が作成の翌年から3年であることを定めている。旧準則第50条第11号に相当する規定である。

　建物価格通知書つづり込み帳につづり込む書面については，第21条第3号に示されている。

(13)　**諸表つづり込み帳**

　本条第1項第13号は，登記所には諸表つづり込み帳を備え付けること，その保存期間が作成の翌年から3年であることを定めている。旧準則第50条第12号に相当する規定である。

　諸表つづり込み帳につづり込む書面については，第21条第4号に示されている。

　なお，本帳簿の保存期間については，平成16年改正前は10年であったが，3年へと変更されている。

(14)　**雑書つづり込み帳**

　本条第1項第14号は，登記所には雑書つづり込み帳を備え付けること，その保存期間が作成の翌年から1年であることを定めている。旧準則第50条第

13号に相当する規定である。

　雑書つづり込み帳につづり込む書面については，第21条第5号に示されている。

3　本条第2項の各帳簿について

(1)　閉鎖土地図面つづり込み帳

　本条第2項第1号は，登記所には閉鎖土地図面つづり込み帳を備え付けることを定めている。旧準則においては，その表紙の様式について定められていた（旧準則第49条第24号）。

(2)　閉鎖地役権図面つづり込み帳

　本条第2項第2号は，登記所には閉鎖地役権図面つづり込み帳を備え付けることを定めている。旧準則においては，その表紙の様式について定められていた（旧準則第49条第28号）。

(3)　閉鎖建物図面つづり込み帳

　本条第2項第3号は，登記所には閉鎖建物図面つづり込み帳を備え付けることを定めている。旧準則においては，その表紙の様式について定められていた（旧準則第49条第25号）。

　なお，閉鎖土地図面つづり込み帳，閉鎖地役権図面つづり込み帳及び閉鎖建物図面つづり込み帳について，改正前の「除却」が，改正後は「閉鎖」と改められているが，これは，当該図面が除却されるのは，当該図面が閉鎖されたことに起因するものであることから，このように改められたものと思われる。

（帳簿等の様式）

第18条　次の各号に掲げる帳簿等の様式は，当該各号に定めるところによる。

(1)　受付帳　別記第14号様式

(2)　土地図面つづり込み帳目録及び建物図面つづり込み帳目録　別記第15号様式

(3)　地役権図面つづり込み帳目録　別記第16号様式

(4)　職権表示登記等事件簿　別記第17号様式

第18条（帳簿等の様式）

　(5)　審査請求書類等つづり込み帳目録　別記第18号様式
　(6)　各種通知簿　別記第19号様式
　(7)　各種通知簿（法第23条第１項の通知事項に限る。）　別記第20号様式
　(8)　登記識別情報失効申出書類つづり込み帳目録　別記第21号様式
　(9)　登記簿保存簿　別記第22号様式
　(10)　登記関係帳簿保存簿　別記第23号様式
　(11)　地図保存簿　別記第24号様式
　(12)　建物所在図保存簿　別記第25号様式
　(13)　登記識別情報通知書交付簿　別記第14号様式
　(14)　登記事務日記帳　別記第26号様式
　(15)　登記事項証明書等用紙管理簿　別記第27号様式
　(16)　不正登記防止申出書類つづり込み帳目録　別記第28号様式
　(17)　次に掲げる帳簿の表紙　別記第29号様式
　　ア　申請書類つづり込み帳
　　イ　職権表示登記等事件簿
　　ウ　職権表示登記等書類つづり込み帳
　　エ　決定原本つづり込み帳
　　オ　審査請求書類等つづり込み帳
　　カ　各種通知簿
　　キ　登記識別情報失効申出書類つづり込み帳
　　ク　登記簿保存簿
　　ケ　登記関係帳簿保存簿
　　コ　地図保存簿
　　サ　建物所在図保存簿
　　シ　登記事務日記帳
　　ス　登記事項証明書等用紙管理簿
　　セ　再使用証明申出書類つづり込み帳
　　ソ　登録免許税関係書類つづり込み帳
　　タ　不正登記防止申出書類つづり込み帳
　　チ　土地価格通知書つづり込み帳
　　ツ　建物価格通知書つづり込み帳

テ　諸表つづり込み帳
　　　ト　雑書つづり込み帳
　　⒅　次に掲げる帳簿の表紙　別記第30号様式
　　　ア　土地図面つづり込み帳
　　　イ　地役権図面つづり込み帳
　　　ウ　建物図面つづり込み帳
　　　エ　閉鎖土地図面つづり込み帳
　　　オ　閉鎖地役権図面つづり込み帳
　　　カ　閉鎖建物図面つづり込み帳

1　本条は，受付帳等の帳簿等の様式について定めている。登記識別情報通知書交付簿，登記事項証明書等用紙管理簿，不正登記防止申出書類つづり込み帳目録，登記識別情報失効申出書類つづり込み帳及び不正登記防止申出書類つづり込み帳に関する規定ついては，新設の規定であり，その他は，旧準則第49条，第50条及び第55条に相当する規定である。

2　受付帳
　この受付帳の様式は，別記第14号様式として定められている（本条第1号）。
　平成16年改正前の受付帳の様式は，旧細則附録第6号様式及び同附録第6号ノ2様式として示されていた（旧細則第11条）ほか，旧細則第75条において，受付帳は，登記事務を電子情報処理組織により取り扱う場合には，磁気ディスクをもって調製しなければならない旨が定められていたところ，平成16年改正により，不登法において，コンピュータ化された登記簿が本則として規定された（不登法第2条第9号）ことから，受付帳も電磁的記録に記録することが本則とされ（規則第18条の2第2項），受付帳の様式も，その記録事項（規則第56条第1項（同条第4項において準用する場合を含む。））も含めて，旧細則第75条の規定に沿ったものとされている。

3　土地図面つづり込み帳目録及び建物図面つづり込み帳目録
　この土地図面つづり込み帳目録及び建物図面つづり込み帳目録の様式は，別記第15号様式として，また，その表紙の様式は，別記第30号様式として，それぞれ定められている（本条第2号並びに第18号ア及びウ）。
　登記官は，土地所在図若しくは地積測量図又は建物図面若しくは各階平面

第18条（帳簿等の様式）

図を土地図面つづり込み帳又は建物図面つづり込み帳につづり込んだときは，その帳簿の目録に，これらの図面をつづり込むごとに地番又は家屋番号，図面の種類，つづり込んだ年月日を記載して，登記官印を押印し（第55条第3項），図面の閉鎖又は管轄転属等により図面を土地図面つづり込み帳又は建物図面つづり込み帳から除却したときは，その帳簿の目録のうち閉鎖した図面に係る記載を抹消し，除却の年月日を記載して，登記官印を押印する（第58条第3項）必要があるなど，これらの図面の管理を厳重にするための方策が採られており，その趣旨に沿った様式とされている。

なお，平成16年改正後においては，地図等は電磁的記録で記録することができることとされ（不登法第14条第6項），土地所在図等についても同様に電磁的記録に記録して保存するものとされ（規則第17条第1項），又は電磁的記録に記録して保存することができるとされている（規則第20条第2項（第21条第2項及び第22条第2項において準用する場合を含む。））ところ，書面申請において提出された土地所在図等を電磁的記録に記録して保存したときは，電磁的記録に記録された情報を基に図面が公開される（不登法第121条第1項並びに規則第193条第1項，第201条第2項及び第202条第2項）ことから，その図面を他の添付書面と同様に申請書類つづり込み帳につづり込むこととされている（規則第20条第3項（第21条第2項及び第22条第2項において準用する場合を含む。））。

4　地役権図面つづり込み帳目録

この地役権図面つづり込み帳目録の様式は，別記第16号様式として，また，その表紙の様式は，別記第30号様式として，定められている（本条第3号及び第18号イ）。

地役権図面つづり込み帳目録についても，土地図面つづり込み帳目録及び建物図面つづり込み帳目録と同様に，図面の管理を厳重にするために採られている方策の趣旨に沿った様式とされている。

なお，書面申請において提出された地役権図面が電磁的記録に記録されているときに，これを申請書類つづり込み帳につづり込むこととされていることは，既に述べたとおりである。

5　職権表示登記等事件簿

この職権表示登記等事件簿の様式は，別記第17号様式として，また，その表紙の様式は，別記第29号様式として，それぞれ定められている（本条第4

号及び第17号イ)。

　平成16年改正前の職権表示登記事件簿の様式は，旧準則附録第40号様式として示されていた（旧準則第50条第1項第1号）ほか，登記事務を電子情報処理組織により取り扱う場合には，これに代え，磁気ディスクをもって調製する不動産立件事件簿を備えるとされていた（平成元年5月1日付け法務省民三第1698号民事局長通達）ところ，平成16年改正後，電磁的記録で作成された職権表示登記等事件簿を本則として取り扱うのは，受付帳の場合と同様である。そこで，職権表示登記等事件簿の様式は，受付帳と同様のものとしている。

6　審査請求書類等つづり込み帳目録

　この審査請求書類等つづり込み帳目録の様式は，別記第18号様式として，また，その表紙の様式は，別記第29号様式として，それぞれ定められている（本条第5号及び第17号オ)。

　登記官の処分を不当と考える者は，その処分の是正を求めるために，その処分をした登記官を監督する法務局又は地方法務局の長に対して審査請求をすることができ（不登法第156条第1項），さらに，これらの審査請求に対する法務局又は地方法務局の長の裁決に不服があるときは，裁決の取消しを求めるにつき法律上の利益を有する者は，裁決の取消しの訴えを提起することができる（行訴法第9条第1項）こととされていることから，審査請求に関する書類を適正に管理し，後日，その審査請求の裁決が適正に行われたかどうかを調査することができるようにする必要がある。このように，登記官の処分に対する審査請求がされた場合に，その管理に万全を期すために備え付けられている審査請求書類等つづり込み帳について，その趣旨に沿った様式とされている。

7　各種通知簿

　この各種通知簿の様式は，別記第19号様式及び第20号様式として，また，その表紙の様式は，別記第29号様式として，それぞれ定められており（本条第6号，第7号及び第17号カ），別記第20号様式は事前通知の，第19号様式は事前通知以外の通知の様式とされている。

　このように各種通知簿が二つの様式に分けて定められているのは，事前通知については，登記義務者の本人確認という登記の審査における最も重要な手続として利用される通知であることから，より適正に管理しなければなら

第18条（帳簿等の様式）

ないことに加え，通知から一定の期間内に登記の申請の内容が真実である旨の申請人からの申出がなければ，その申請が却下されることになるので，申出があった場合の管理もする必要があるなど，通知簿により管理すべき事項について，他の通知とは異なるものがあり，これらと同じ通知簿で管理した場合には管理が煩雑になるなどの問題があることから，別に管理することとされたことによるものと思われる。

8　登記識別情報失効申出書類つづり込み帳目録

この登記識別情報失効申出書類つづり込み帳目録の様式は，別記第21号様式として，また，その表紙の様式は，別記第29号様式として，それぞれ定められている（本条第8号及び第17号キ）。

登記識別情報は，それ自体が情報であるから，登記済証のように，登記名義人が物理的に廃棄することはできないこと及び登記識別情報を盗み見られたおそれがある場合などに，これを利用した不正な登記の申請を防止する必要があることなどから，登記名義人又はその相続人その他の一般承継人の申出により，登記識別情報を失効させる制度が設けられている（規則第65条）。

この登記識別情報の失効の手続は，その後は，その登記識別情報を利用した登記の申請をすることができないこととするものであり，登記手続において重要な手続であり，後日，適正な手続によりされたものであるかどうかを調査することができるようにしておく必要があることから，その趣旨に沿った様式とされている。

9　登記簿保存簿

この登記簿保存簿の様式は，別記第22号様式として，また，その表紙の様式は，別記第29号様式として，それぞれ定められている（本条第9号及び第17号ク）。

なお，登記簿保存簿の解説については，第17条第1項第1号の解説（49ページ）を参照されたい。

10　登記関係帳簿保存簿

この登記関係帳簿保存簿の様式は，別記第23号様式として，また，その表紙の様式は，別記第29号様式として，それぞれ定められている（本条第10号及び第17号ケ）。

登記関係帳簿保存簿には，登記簿を除く一切の登記関係帳簿の保存状況を記載するところ（第20条第2号），その様式について定めてあるが，改正前

から変更は加えられていない。

11 地図保存簿

この地図保存簿の様式は，別記第24号様式として，また，その表紙の様式は，別記第29号様式として，それぞれ定められている（本条第11号及び第17号コ）。

地図保存簿は，登記所で保管している地図及び地図に準ずる図面の状況を明らかにすることによって，その適正な維持管理を図ることができることから，その様式及び記載内容が定められている。

なお，改正前は，地図保存簿は，建物所在図保存簿と同一の様式とされていたが，識別の容易さを確保するために，各別のものにされたと思われる。

12 建物所在図保存簿

この建物所在図保存簿の様式は，別記第25号様式として，また，その表紙の様式は，別記第29号様式として，それぞれ定められている（本条第12号及び第17号サ）。

改正前は，建物所在図保存簿は，地図保存簿と同一の様式とされていたが，識別の容易さを確保するために，各別のものにされたと思われる。

13 登記識別情報通知書交付簿

この登記識別情報通知書交付簿の様式は，別記第14号様式として定められている（本条第13号）。

第17条第1項第5号によって新たに備え付けるものとされた登記識別情報通知書交付簿であるが，当該通知書の交付は，受け付けられた登記の申請のうち，該当する申請に対して行われるものであり，記録しておくべき情報は，「受付番号」，「登記の目的」及び「対象不動産」であることから，受付帳の様式と同一のものとされたものと思われる。

なお，実際の事務処理に当たっては，業務日ごとに日々出力しておき，登記識別情報を書面で交付する場合には，その登記において登記名義人となった者に対して，申請書又は委任状に押した印と同一の印を押印させる（第37条第4項）などとしている。

14 登記事務日記帳

この登記事務日記帳の様式は，別記第26号様式として，また，その表紙の様式は，別記第29号様式として，それぞれ定められている（本条第14号及び第17号シ）。

第18条（帳簿等の様式）

　登記事務日記帳には，受付帳その他の帳簿に記載しない書類の発送及び受領に関する事項を記載することとされており（第20条第4号），その様式を定めている。

15　登記事項証明書等用紙管理簿
　この登記事項証明書等用紙管理簿の様式は，別記第27号様式として，また，その表紙の様式は，別記第29号様式として，それぞれ定められている（本条第15号及び第17号ス）。
　平成16年改正後の登記情報の公開の手続として行われている登記事項証明書等の発行のために使用される証明書の用紙の出納を明らかにするため，様式が定められている。

16　不正登記防止申出書類つづり込み帳目録
　この不正登記防止申出書類つづり込み帳目録の様式は，別記第28号様式として，また，その表紙の様式は，別記第29号様式として，それぞれ定められている（本条第16号及び第17号タ）。
　第17条第1項第10号によって新たに備え付けるものとされた不正登記防止申出書類つづり込み帳の目録の様式を定めたものである。

別記第14号（第18条第1号，第13号関係）
受付帳〈不動産〉

平成　　年			平成何年何月何日　何時何分作成	
【第　何　号】　　　　　既）土地	何月何日受付　何市何町何丁目何－何	（単独）	所有権移転売買	
【第　何　号】　　　　　既）土地	何月何日受付　何市何町何丁目何－何	（単独）	所有権の保存（申請）	
【第　何　号】　　　　　既）土地	何月何日受付　何市何町何丁目何－何	（単独）	抹消登記	
【第　何　号】　　　　　既）土地	何月何日受付　何市何町何丁目何－何	（単独）	表題	
【第　何　号】　　　　　既）土地	何月何日受付　何市何町何丁目何－何	（単独）	所有権移転売買	
【第　何　号】　　　　　既）建物	何月何日受付　何市何町何丁目何－何	（単独）	所有権移転売買	

第18条（帳簿等の様式）

【第 何 号】 既）土地	何月何日受付 何市何町何丁目何－何	（単独）抹消登記	
【第 何 号】 既）土地	何月何日受付 何市何町何丁目何－何	（単独）信託に関する登記	
【第 何 号】 既）建物	何月何日受付 何市何町何丁目何－何	（単独）所有権移転売買	
【第 何 号】 既）土地	何月何日受付 何市何町何丁目何－何	（単独）所有権移転売買	
【第 何 号】 既）建物	何月何日受付 何市何町何丁目何－何	（連先）抹消登記	
【第 何 号】 既）建物	何月何日受付 何市何町何丁目何－何	（連続）所有権移転売買	
【第 何 号】 既）土地	何月何日受付 何市何町何丁目何－何	（単独）所有権移転売買	
〜〜〜〜〜〜〜〜〜〜〜〜〜〜〜〜〜〜〜〜〜〜〜〜〜〜〜〜〜〜〜〜〜			
【第 何 号】 既）土地	何月何日受付 何市何町何丁目何－何	（単独）所有権移転売買	

別記第15号（第18条第2号関係）

地番区域						地番区域					
地番又は家屋番号	図面の種類	つづり込みの年月日	登記官印	除却の年月日	登記官印	地番又は家屋番号	図面の種類	つづり込みの年月日	登記官印	除却の年月日	登記官印
	測・所 建・平						測・所 建・平				
	測・所 建・平						測・所 建・平				
	測・所 建・平						測・所 建・平				
	測・所 建・平						測・所 建・平				
	測・所 建・平						測・所 建・平				
	測・所 建・平						測・所 建・平				

第18条（帳簿等の様式）

	測・所 建・平					測・所 建・平				
	測・所 建・平					測・所 建・平				
	測・所 建・平					測・所 建・平				
	測・所 建・平					測・所 建・平				

（注）　目録の記載は，図面のつづり込みの順による。

別記第16号（第18条第3号関係）

番号	受付年月日	受付番号	登記 官印	除却の 年月日	登記 官印
～～	～～	～～	～～	～～	～～

別記第17号（第18条第4号関係）
職権表示登記等事件簿
平成　　　年　　　　　　　　　　　　　　　　平成何年何月何日　何時何分作成

【第　何　号】　　　　　何月何日受付　（単独）　※ 既）土地　何市何町何丁目何－何					
【第　何　号】　　　　　何月何日受付　（単独）　※表示に関するその他 既）土地　何市何町何丁目何－何					
【第　何　号】　　　　　何月何日受付　（単独）　※ 既）建物　何市何町何丁目何－何					
【第　何　号】　　　　　何月何日受付　（単独）　※ 既）土地　何市何町何丁目何－何					
【第　何　号】　　　　　何月何日受付　（単独）　※表示に関するその他 既）建物　何市何町何丁目何－何					

第18条（帳簿等の様式）

〰〰〰〰〰〰〰〰〰〰〰〰〰〰〰〰〰〰〰〰〰〰〰〰〰〰〰〰〰〰	
【第 何 号】　　　　何月何日受付　（単独）　※ 既）土地　何市何町何丁目何－何	

別記第18号（第18条第5号関係）

受付の 年月日	日記 番号	土地・建 物 の 別	不 動 産 所在事項	審査請求人 等 の 氏 名	備考
〰	〰	〰	〰	〰	〰

別記第19号（第18条第6号関係）

通知 番号	通知書 発送の 年月日	土地・ 建物の 別	不動産 所在事 項	通知事項	通知を受け る者の氏名	備考
〰	〰	〰	〰	〰	〰	〰

第3章　登記記録等

第18条（帳簿等の様式）

別記第20号（第18条第7号関係）

文書番号	通知番号	受付年月日	受付番号	登記義務者の氏名	通知書発送年月日	期間満了年月日	申出の有無及び申出年月日	備考

（注）通知番号は，無作為に付番した規則性のない番号とする。

別記第21号（第18条第8号関係）

受付年月日	受付番号	土地・建物の別	不動産所在事項	申出人の氏名	備考

第18条（帳簿等の様式）

別記第22号（第18条第9号関係）

土地・建物の別	地番区域名		土地・建物の別	地番区域名	
地番又は家屋番号	冊　号	備　考	地番又は家屋番号	冊　号	備　考
〜〜〜	〜〜〜	〜〜〜	〜〜〜	〜〜〜	〜〜〜

別記第23号（第18条第10号関係）

帳簿の名称		保存年限				
年　度	番　号	冊　数	保存終期	廃棄年月日	備　考	
〜〜〜	〜〜〜	〜〜〜	〜〜〜	〜〜〜	〜〜〜	

第18条（帳簿等の様式）

別記第24号（第18条第11号関係）

地番区域名				地図枚数			換算枚数		
地図の番号	地図の種類	材質	縮尺	規格 cm×cm	送付又は提出年月日	備付年月日	閉鎖年月日（閉鎖の事由）	備考	

（注）1 「地図枚数」欄には当該地番区域における地図の総枚数を，「換算枚数」欄には当該地図の規格を50cm×60cm（図郭内40cm×50cm）に換算した場合の総枚数を記載する。ただし，閉鎖したものを除く。
　　2 「地図の種類」欄には，地図の種類を「地籍図」，「土地改良図」，「附属地図」等の例により略記する。
　　3 「材質」欄には，地図の材質を「ポリエステル・フィルム」については「P・F」と，「アルミケント紙」については「A・K」等の例により略記して差し支えない。
　　4 「備付年月日」欄には，法第14条第1項の地図又は同条第4項の地図に準ずる図面の別と備え付けた年月日を記載する。
　　5 「閉鎖年月日」欄には，一図葉の全部について閉鎖した場合にその年月日及び事由を記載し，地図又は地図に準ずる図面の番号を朱抹する。
　　6 「備考」欄には，字，地番等を必要に応じて記載して差し支えない。

別記第25号（第18条第12号関係）

地番区域名				建物所在図枚数			換算枚数		
建物所在図の番号	建物所在図の種類	材質	縮尺	規格 cm×cm	送付又は提出年月日	備付年月日	閉鎖年月日（閉鎖の事由）	備考	

第18条（帳簿等の様式）

(注) 1 「建物所在図枚数」欄には当該地番区域における建物所在図の総枚数を，「換算枚数」欄には当該建物所在図の規格を50cm×60cm（図郭内40cm×50cm）に換算した場合の総枚数を記載する。ただし，閉鎖したものを除く。
　　 2 「建物所在図の種類」欄には，「全部所在図」等と記載する。
　　 3 「材質」欄には，建物所在図の材質を「ポリエステル・フィルム」については「P・F」と，「アルミケント紙」については「A・K」等の例により略記して差し支えない。
　　 4 「備付年月日」欄には，法第14条第3項の建物所在図として備え付けた年月日を記載する。
　　 5 「閉鎖年月日」欄には，一図葉の全部について閉鎖した場合にその年月日及び事由を記載し，建物所在図の番号を朱抹する。
　　 6 「備考」欄には，字，地番等を必要に応じて記載して差し支えない。

別記第26号（第18条第14号関係）

日記番号	接受又は発送の月日	書面の日付	書面の発送者又は受領者	書面の要旨	備考

第3章　登記記録等

第18条（帳簿等の様式）

別記第27号（第18条第15号関係）

年月日	受入枚数	払出枚数	残枚数	印	備考

別記第28号（第18条第16号関係）

申出年月日	申出番号	土地・建物の別	不動産所在事項	申出人の氏名	本人確認調査の要否	備考

第18条（帳簿等の様式）

別記第29号（第18条第17号関係）

登　記　帳　簿			
年　　　度			
保存簿番号	第　　　　号	保　存　終　期	平成　年　月　日
名　　称			
庁　　名			法務局　　出張所

第19条（申請書類つづり込み帳）

別記第30号（第18条第18号関係）

　　何市区郡何町村大字何

　　　　　　　　　　図面つづり込み帳

　　　　　　　　　　　第　　　　冊

　　　　　　　　　　　　　　　　　　　法務局　　　出張所

（申請書類つづり込み帳）
第19条　申請書類つづり込み帳には，申請書類を受付番号の順序に従ってつづり込むものとする。ただし，権利に関する登記の申請書類と表示に関する登記の申請書類とは，各別の申請書類つづり込み帳につづり込んで差し支えない。
2　前項ただし書の場合には，申請書類つづり込み帳の表紙にその区別を明示しなければならない。
3　申請書類つづり込み帳は，原則として，1冊の厚さを10センチメートル程度とする。
4　登記官は，申請書類つづり込み帳を格納する場合には，処理未済がないかどうか，登録免許税用又は手数料用の印紙等に異常がないかどうかを調査し，その結果を申請書類つづり込み帳の表紙（裏面を含む。）の適宜の箇所に記載して登記官印を押印するものとする。
5　申請書類つづり込み帳の表紙には，つづり込まれた最初の申請書類の受付番号及び最終の申請書類の受付番号並びに分冊ごとに付した番

号を記載するものとする。この番号は，1年ごとに更新するものとする。
6 登記官は，管轄転属等により申請書類つづり込み帳につづり込まれている申請書類の一部を移送した場合には，その旨を申請書類つづり込み帳の表紙の裏面に記載して登記官印を押印するものとする。
7 登記官は，管轄転属等により申請書類の移送を受けた場合には，当該申請書類に関する申請書類つづり込み帳を別冊として保管するものとする。

1 本条は，規則第18条第2号によって登記所に備えるものとされた申請書類つづり込み帳のつづり込みの方法等について定めている。旧準則第47条及び第48条に相当する規定である。

申請書類つづり込み帳には，書面申請により提出された申請書及びその添付書面，通知書，許可書，取下書その他の登記簿の附属書類（申請に係る事件を処理するために登記官が作成したものを含むが，登記簿の附属書類であっても，他のつづり込み帳等につづり込まれて適正に管理される情報（規則第18条第3号から第5号まで及び第7号の帳簿につづり込むもの）を除く。）をつづり込むものとされている（規則第17条第2項及び第19条）。

なお，電子申請により提供された申請情報及びその添付情報その他の登記簿の附属書類は，電磁的記録として登記情報システムの磁気ディスクに記録されて保存されるので，申請書類つづり込み帳にはつづり込まれない（規則第17条第1項）ものの，電子申請により提供された申請情報及びその添付情報は，登記官による調査・審査を容易にするため，受付時に，いったんその内容が印刷されることとなっており，その書面は，審査終了後，事実上，適宜のつづり込み帳につづり込んで，当分の間，保管されることになる（施行通達記の第2の1(2)及び9(2)）。

おって，申請書類つづり込み帳の表紙は，別記第29号様式として定められている（第18条第17号ア）。

2 本条第1項は，まず，原則として，権利に関する登記の申請書類も，表示に関する登記の申請書類も，受付番号の順序に従って申請書類つづり込み帳につづり込むことを定めている。その上で，登記所が，それぞれ別冊とする取扱いを行いたい場合には，各別の申請書類つづり込み帳につづり込んで

第19条（申請書類つづり込み帳）

も差し支えないとしている。
　そして，別冊とする取扱いを行う場合について，本条第２項において，申請書類つづり込み帳の表紙にその区別を明示しなければならないものとしている。
　しかしながら，権利に関する登記申請書類と，表示に関する登記の申請書類とを各別に保存することの利点は，不動産登記規則等の一部を改正する省令（平成20年法務省令第46号）による改正前の規則において，これらの保存期間が，前者については10年間，後者については５年間と異なっていたことに由来するものであり（当該改正前の規則第28条第９号及び第10号），保存期間が同一とされた現在においては，分冊することの意義は従前よりも小さくなったと思われる。
　なお，配偶者からの暴力の防止及び被害者の保護等に関する法律（平成13年法律第31号）第１条第２項に規定する被害者に係る登記簿の附属書類の閲覧請求等についての特別の措置が講じられているところ，その対象となる登記に係る申請書及びその添付書面その他の登記簿の附属書類を申請書類つづり込み帳につづり込む場合には，当該特別の措置の対象となるものであることを明らかにするため，当該申請書に一定の明示措置を施すものとされている（平成27年３月31日付け法務省民二第198号民事局民事第二課長通知）。
３　本条第３項は，申請書類つづり込み帳を分冊する場合の厚さの基準を示しているが，これは一定の目安を示したものである。
　本条第４項は，申請書類つづり込み帳を書庫に格納する場合の手続を規定したものであるが，その場合には，登録免許税納付用又は手数料納付用の印紙等に異常がないかどうか等を点検し，その結果をつづり込み帳の表紙の裏面に記載して，点検した登記官が押印することとされたものである。
　本条第５項は，その後における検索の便のための手続を明らかにしている。
　本条第６項及び第７項は，管轄転属等により，申請書類つづり込み帳につづり込まれている申請書類の一部の移送を行う場合の手続を定めたものである。

> （登記簿保存簿等）
> 第20条　次の各号に掲げる帳簿には，当該各号に定める事項を記載するものとする。
> (1)　登記簿保存簿　登記記録の保存状況
> (2)　登記関係帳簿保存簿　登記簿を除く一切の登記関係帳簿の保存状況
> (3)　地図保存簿又は建物所在図保存簿　地図等（閉鎖したものを含む。）の保存状況
> (4)　登記事務日記帳　受付帳その他の帳簿に記載しない書類の発送及び受領に関する事項

1　本条は，登記簿保存簿等の記載事項について定めている。新設及び旧準則第50条第3項から第5項までに相当する規定である。

2　**登記簿保存簿**

　第17条第1項第1号において備付け及び保存期間が定められている登記簿を管理するための帳簿である登記簿保存簿について，その記載事項を定める規定で，新設されたものである。

　なお，その様式については，第18条第9号において，別記第22号様式による旨規定されている。

3　**登記関係帳簿保存簿**

　第17条第1項第2号において備付け及び保存期間が定められている登記関係帳簿保存簿について，その記載事項を定める規定であり，旧準則第50条第3項に相当する規定である。

　登記関係帳簿保存簿は，規則第18条各号及び第17条第1項各号に掲げられている各帳簿について，帳簿ごとの保存状況を管理することができるようにするために備え付けるものであり，各ページを帳簿の名称ごとに作成することとして，帳簿ごとに何冊の帳簿が現在備え付けられているのか，また，その保存終期がいつなのか等について，容易に管理することができるようにしている。

　なお，その様式については，第18条第10号において，別記第23号様式による旨規定されている。

第21条（再使用証明申出書類つづり込み帳等）

4　地図保存簿又は建物所在図保存簿

　第17条第1項第3号又は第4号において備付け及び保存期間が定められている地図保存簿又は建物所在図保存簿について，その記載事項を定める規定であり，旧準則第50条第4項に相当する規定である。

　地図保存簿は，登記所で保管している地図及び地図に準ずる図面の状況を明らかにすることによってその適正な維持管理に資するために備え付けるものであり，地番区域ごとにどのような種類の地図が備え付けられているのか等を管理することができるようにしている。

　また，建物所在図保存簿は，建物の特定及び二重登記の防止のため，建物の位置及び家屋番号を表示するものとして登記所に備え付けている建物所在図の適正な維持管理に資するために備え付けるものであり，地番区域ごとに，どのような種類の建物所在図が備え付けられているのか等を管理することができるようにしている。

　なお，その様式については，それぞれ，第18条第11号及び第12号において，別記第24号及び第25号様式による旨規定されている。

5　登記事務日記帳

　第17条第1項第6号において備付け及び保存期間が定められている登記事務日記帳について，その記載事項を定める規定であり，旧準則第50条第5項に相当する規定である。

　なお，その様式については，第18条第14号において，別記第26号様式による旨規定されている。

（再使用証明申出書類つづり込み帳等）

第21条　次の各号に掲げる帳簿には，当該各号に定める書類をつづり込むものとする。

(1)　再使用証明申出書類つづり込み帳　登録免許税用領収証書又は収入印紙の再使用の申出書

(2)　登録免許税関係書類つづり込み帳　納付不足額通知書写し，還付通知書写し，還付通知請求書及び還付申出書（添付書類を含む。）

(3)　土地価格通知書つづり込み帳又は建物価格通知書つづり込み帳

地方税法（昭和25年法律第226号）第422条の3の規定による土地又は建物の価格に関する市町村長の通知書
(4) 諸表つづり込み帳　登記事件及び登記以外の事件に関する各種の統計表
(5) 雑書つづり込み帳　規則第18条第2号から第5号まで，第7号から第9号まで，第11号及び第12号に掲げる帳簿並びに第17条第1項第8号から第13号まで及び第2項に掲げる帳簿につづり込まない書類

1　本条は，①再使用証明申出書類つづり込み帳，②登録免許税関係書類つづり込み帳，③土地価格通知書つづり込み帳又は建物価格通知書つづり込み帳，④諸表つづり込み帳及び⑤雑書つづり込み帳について，それらの帳簿につづり込むべき書類を定めている。旧準則第50条第6項から第10項までに相当する規定である。

2　再使用証明申出書類つづり込み帳

登記官は，登記を受ける者から，登記の申請の取下げの際に，当該登記の申請書に貼り付けられた登録免許税の領収証書又は印紙で使用済みの旨の記載又は消印がされたものをその登記所における登記について取下げの日から1年以内に再使用したい旨の申出があったときは，申請書又は登録免許税納付用紙に再使用することができる領収証書の金額又は収入印紙の金額を記載して，これに再使用することができる旨の証明を付して還付することとされている（税法第31条第3項，税法施行令第32条第1項及び第2項並びに第129条第1項及び第2項）。この証明を受けようとする者から別記第94号様式により，登記所に提出されるこれらの収入印紙等の再使用の申出書が再使用証明申出書類であり，これをつづり込むものが再使用証明申出書類つづり込み帳である。

3　登録免許税関係書類つづり込み帳

納付不足額通知書写し，還付通知書写し，還付通知請求書及び還付申出書（添付書類を含む。）が登録免許税関係書類であり，これらの書類をつづり込むものが登録免許税関係書類つづり込み帳である。

(1) 納付不足額通知書写し

登記官は，登録免許税の納期限後において，納付すべき登録免許税の額に

不足がある事実を知った場合には，遅滞なく，その登記を受けた者の登録免許税の納税地（納税義務者の住所地，所在地等）の所轄税務署長に対し，税法第28条第1項の規定に基づく通知を行わなければならないところ，この通知は，別記第91号様式による納付不足額通知書及びその写しを作成してする（第127条第1項）こととされており，納付不足額通知書写しは登記所に保管される。

(2) **還付通知書写し**

登記官は，登録免許税を納付してされた登記の申請を却下したとき，登録免許税を納付してされた登記の申請の取下げがあったとき又は過大に登録免許税を納付してされた登記申請について登記をしたときは，遅滞なく，その登記を受けた者の登録免許税の納税地の所轄税務署長に対し，税法第31条第1項の規定に基づく通知を行わなければならないところ，この通知は，別記第93号様式による還付通知書及びその写しを作成してする（第128条第1項）こととされており，還付通知書写しは登記所に保管される。

(3) **還付通知請求書**

登記を受けた者は，登記の申請情報に表示した登録免許税の課税標準又は税額の計算が国税に関する法律の規定に従っていなかったこと又は計算に誤りがあったことにより，登録免許税の過誤納があるときは，その登記を受けた日から5年を経過する日までに，その旨を登記官に申し出て，所轄税務署長に対して還付の通知をすべきことを請求することができる（税法第31条第2項）。この請求は，一定の事項を記載した請求書を登記官に提出してしなければならないものとされている（税法施行令第31条第2項）ところ，この書面が還付通知請求書であり，昭和42年794号依命通知においてその様式が定められており（還付金を登記の申請代理人が受領する場合は，平成26年事務連絡別記第1号），80ページに掲げるとおりである。

なお，登記実務においては，登記官は，登記を受けた者からの請求がない場合においても，また，登記を受けた日から1年を経過した後においても，税法第31条第1項に該当する事実があると認めるときは，税務署長に対して還付の通知をしなければならないものとされている（昭和42年7月22日付け民事甲第2121号民事局長通達記の第1の2(3)1）。

(4) **還付申出書**

使用済みの登録免許税の領収証書又は印紙を再使用することができる証明

を受けた者は，その領収証書又は印紙を再使用しないこととなったときは，証明をした登記官に対し，証明のあった日から１年を経過した日までに，その証明を無効とするとともに，その領収証書で納付した登録免許税又は印紙の額に相当する登録免許税の還付を受けたい旨の申出をすることができ（税法第31条第５項前段），この場合には，その申出を新たな登記の申請の却下又は取下げとみなし，登記官が還付通知をすることとなる（税法第31条第５項後段）。この申出は，昭和42年794号依命通知及び平成26年事務連絡によりその様式が定められており，81ページに掲げるとおりである。

4 土地価格通知書つづり込み帳・建物価格通知書つづり込み帳

地方税法第422条の３の規定によれば，市町村長は，土地及び家屋の基準年度の価格又は比準価格を決定し，又は修正した場合には，その基準年度の価格又は比準価格を，遅滞なく，当該決定又は修正した土地又は家屋の所在地を管轄する登記所に通知することとされており，この通知書が土地価格通知書又は建物価格通知書であり，これをつづり込むものが土地価格通知書つづり込み帳又は建物価格通知書つづり込み帳である。

この地方税法第422条の３の規定の趣旨は，不動産の登記に係る登録免許税の課税標準である不動産の価格は，原則として，その登記の時点における不動産の価額による（税法第10条第１項前段）とされ，当分の間は，地方税法第341条第９号に掲げる固定資産課税台帳の登録価格を基礎として算定した価額によることができる（税法附則第17条）とされているので，市町村において固定資産の価格を決定し，又は修正したときは，その旨を登記所に対して通知させ，これを登記所において不動産の登記に係る登録免許税の課税標準である不動産の価格の算定基礎とするためである。

もっとも，従前は，市町村においてこれらの通知を一括してすることについては事務処理上の負担が大きかったことや，登記所側においても迅速な事件処理を行うことの妨げとなる面があったことから，不動産の登記の際，登録免許税の徴収上必要を生じた場合に，登記所の依頼に応じて，その都度個別に通知してもよいこととし，その方法として，登記の申請を必要とする者に対して，登記官が申請の対象となる不動産についての市町村長に宛てた固定資産評価証明書交付依頼書（登記官の押印のあるもの）を手交し，これを市町村に持参して交付を受けた固定資産評価証明を申請人が登記の申請書に添付する取扱いによっても差し支えないこととされていた（昭和42年６月26

第21条（再使用証明申出書類つづり込み帳等）

日付け民事三第676号民事局第三課長通知）ほか，実務上は，申請人が市町村において有料で交付を受けた固定資産課税台帳登録証明書を登記の申請書に添付して申請されることも多かった。

しかし，行政文書等の電子化や不動産登記事務のコンピュータ化の進展を踏まえ，地方税法第382条及び第422条の3の規定に基づく登記所と市町村との間における通知の電子化を進めることとされ（平成18年3月31日付け法務省民二第740号民事局民事第二課長通知），前記の原則的な取扱いによることになり，そのような取扱いがされている登記所においては，申請人は，登記の申請に当たって，市町村から交付を受けた固定資産税納付通知書に記載された不動産の価格に基づき登録免許税額を算出し，登記官は，市町村から送付されるデータに基づき，申請された登録免許税額が適正かを審査することになる。

第1号様式

還付通知請求書				
登 記 の 区 分				
申請の年月日 受 付 番 号	平成　　　年　　　月　　　日 受　付　第　　　　　号			
課 税 標 準 額	申　請　書　記　載　額		金	円
	正　　　　当　　　　額		金	円
登 録 免 許 税 額	納　　　付　　　額		金	円
	正　　　当　　　額		金	円
	過　　誤　　納　　額		金	円
納　　税　　地	（住所に同じ）			
請 求 の 理 由				
納付方法及び 収納機関の名称	1．印紙　2．領収証書	（	銀行 支店	郵便局 税務署
希 望 す る 還 付 場 所	市 区 郡	町 　　番地 村	（	銀行 支店 口座	郵便局 税務署

第21条（再使用証明申出書類つづり込み帳等）

上記のとおり登録免許税法第31条第2項の規定により請求します。 　　　　　平成　　年　　月　　日 　　　　　　　　申請人　住所 　　　　　　　　　　　　氏名　　　　　　　　㊞ 　　法　務　局　　　　支　　局　　　御中 　　　　　　　　　　　出　張　所

(注) 1　不要の文字は消して下さい。
　　 2　登記の区分欄には，当該登記の目的及び原因を例えば，所有権移転（贈与）のように記載して下さい。

第3号様式

還付申出書		
還付を受くべき金額	金　　　　　円	
納　税　地	（住所に同じ）	
納付方法及び収納機関の名称	1. 印紙　2. 領収証書	（　　銀行　　　郵便局 　　　支店　　　税務署
希望する還付場所	市　　　町 区　　　　　　番地 郡　　　村	（　　銀行　　　郵便局 　　　支店 　　　口座　　　税務署
備　　　　考		
上記のとおり登録免許税法第31条第5項の規定により申し出ます。 　　　　　平成　　年　　月　　日 　　　　　　　　申請人　住所 　　　　　　　　　　　　氏名　　　　　　　　㊞ 　　法　務　局　　　　支　　局　　　御中 　　　　　　　　　　　出　張　所		

(注) 1　不要の文字は消して下さい。
　　 2　この申出書に再使用証明がされた領収証書又は印紙を添附して下さい。

第23条（帳簿等の廃棄）

> （つづり込みの方法）
> 第22条　規則第18条第8号から第11号までに掲げる帳簿及び第17条第1項第5号から第14号までに掲げる帳簿は，1年ごとに別冊とする。ただし，1年ごとに1冊とすることが困難な場合には，分冊して差し支えない。
> 2　前項の規定にかかわらず，所要用紙の枚数が少ない帳簿については，数年分を1冊につづり込むことができる。この場合には，1年ごとに小口見出しを付する等して年の区分を明らかにするものとする。

本条は，各種の帳簿のつづり込みの方法について定めている。旧細則第14条第2項及び旧準則第51条に相当する規定である。

各種の帳簿は，毎年1年分を別冊にするのが原則的な考え方であるが，1年分でも大量の用紙が必要であるというときには，分冊しても差し支えないこととし，他方，1年分でもごくわずかの用紙しか必要でないというときには，数年分を合わせてつづり込むこととしても差し支えないことにされたものである。

> （帳簿等の廃棄）
> 第23条　登記官は，次に掲げる帳簿等について規則第29条の認可を受けようとするときは，別記第31号様式による認可申請書を提出しなければならない。
> (1)　閉鎖登記記録
> (2)　閉鎖した土地所在図及び地積測量図
> (3)　閉鎖した地役権図面
> (4)　閉鎖した建物図面及び各階平面図
> (5)　受付帳
> (6)　申請書類つづり込み帳
> (7)　職権表示登記等事件簿
> (8)　職権表示登記等書類つづり込み帳

(9) 決定原本つづり込み帳
(10) 審査請求書類等つづり込み帳
(11) 各種通知簿
(12) 登記簿保存簿
(13) 登記関係帳簿保存簿
(14) 地図保存簿
(15) 建物所在図保存簿

　本条は，規則第29条の規定に基づいて，登記所に備え付けられている帳簿等を廃棄しようとする際に，法務局長等の認可を受けなければならない帳簿等を定めたものであり，認可を受けるために法務局長等に提出する認可申請書の様式についても，併せて定めている。新設及び旧準則第46条に相当する規定である。
　したがって，ここに列挙してある帳簿等以外の帳簿は，ほかに特に局長の認可を受けなければならないことになっていない限りは，少なくとも登記法上は，適宜廃棄して差し支えないこととなる。もっとも，本条各号に掲げられていないものであっても，登記事務を遂行する上で必要な文書については，いわゆる行政文書として適正に管理する体制が採られるべきであり，通常，法務局・地方法務局ごとに定められた文書管理規程により，保存期間が定められているほか，廃棄の際に法務局長等の認可が必要とされている。
　なお，平成16年改正に伴う準則の改正において，職権表示登記等事件簿，職権表示登記等書類つづり込み帳，登記簿保存簿，登記関係帳簿保存簿，地図保存簿及び建物所在図保存簿が新たに追加されているが，これらの帳簿は，規則第18条又は第17条第１項において，登記所の備付帳簿とされているところであり，規則第29条の規定の趣旨からいっても，これらの帳簿の廃棄についても本条において規定するべきであることから，追加されたものと思われる。
　おって，別記第31号様式は，次のとおりである。

第23条（帳簿等の廃棄）

別記第31号（第23条関係）

	日記第　　　　号 平成　年　月　日
法務局長　殿	法務局　　出張所 登記官　　　　[職印]

帳簿等の廃棄認可申請書

　下記（又は別紙目録）の帳簿等は，保存期間を経過したので，廃棄につき認可を申請します。

記

年度	名　称	冊数	保存期間	保存始期	備考
				保存終期	

第4節　雑　　則

> （登記記録等の滅失又は滅失のおそれがある場合）
> 第24条　次の各号に掲げる報告又は意見の申述は，当該各号に定める報告書又は意見書によりするものとする。
> 　(1)　規則第30条第1項の規定による報告　別記第32号様式又は別記第33号様式による報告書
> 　(2)　規則第30条第3項において準用する同条第1項の規定による報告　別記第34号様式，別記第35号様式又は別記第36号様式による報告書
> 　(3)　規則第30条第2項の規定による意見の申述　別記第37号様式又は別記第38号様式による意見書
> 　(4)　規則第30条第3項において準用する同条第2項の規定による意見の申述　別記第39号様式，別記第40号様式又は別記第41号様式による意見書
> 2　前項の報告書又は意見書には，滅失の事由又は滅失のおそれがあると考える事由を詳細かつ具体的に記載しなければならない。

1　本条は，登記記録等が滅失した場合又は滅失のおそれがある場合における報告又は意見の申述の方法について定めている。旧準則第39条，第41条，第42条及び第44条に相当する規定である。

2　旧不登法は，いわゆる紙の登記簿を原則としていたため，本条に相当する旧準則の規定は，登記用紙が滅失した場合，当該登記用紙の回復手続を行う端緒として法務大臣等が報告を受けるためのものであった。一方，平成16年改正後の不登法では，登記簿は，磁気ディスクをもって調製することが本則として規定（不登法第2条第9号）され，その結果，規則第9条第1項に法務大臣において副登記記録を調製することが規定された。また，平成22年の規則の改正により，規則第9条第2項及び第3項が新設された。すなわち，同条第2項では，登記簿に記録した登記記録によって事務を行うことができないときは，副登記記録により事務を行うことができるものとし，さら

第24条（登記記録等の滅失又は滅失のおそれがある場合）

に，その副登記記録に記録された内容は，登記記録に記録された事項とみなされた。同条第3項では，登記簿に記録した登記記録によって登記事務を行うことができるようになったときは，直ちに，副登記記録に記録した事項を登記記録に記録しなければならないとされた。このように，仮に登記記録が一時的にき損したとしても，副登記記録から登記記録を回復することが可能であるため，極めて広範囲にわたって大規模災害が発生するなどの事態が生じない限り，通常は，登記記録と副登記記録との両方が滅失するような事態は想定されないことから，本条各号に掲げる報告又は意見の申述は，専ら書面により保管されている不登法附則第3条第1項に規定する電子情報処理組織による取扱いに適合しない登記簿（いわゆる改製不適合の登記簿（規則附則第3条第1項ただし書及び第14条の2参照））や登記簿の附属書類が滅失又は滅失するおそれがある場合に意義を有することとなったものと考えられる。

　なお，規則第9条第2項及び第3項の規定は，規則第15条の2第2項及び第27条の3第2項において準用されていることから，電磁的記録として記録されていない（紙で調製されている）地図や建物所在図等が滅失した場合又は滅失するおそれがある場合にも，本条各号に掲げる報告又は意見の申述をすることになる。

3　不登法第13条は，「法務大臣は，登記記録の全部又は一部が滅失したときは，登記官に対し，一定の期間を定めて，当該登記記録の回復に必要な処分を命ずることができる」と規定しているが，その端緒となるのは，登記官からの報告によるものである。そのため，規則第30条第1項では，「登記官は，登記記録又は地図等が滅失したときは，速やかに，その状況を調査し，当該登記官を監督する法務局長等に報告しなければならない」と規定し，同条第2項では，「前項の法務局又は地方法務局の長は，同項の報告を受けたときは，相当の調査をし，法務大臣に対し，意見を述べなければならない」と規定している。また，同条第3項では，「前二項の規定は，登記記録，地図等又は登記簿の附属書類が滅失するおそれがあるときについて準用する」と規定している。

　本条は，規則の規定を受けて，その報告又は意見の申述をするときの報告書又は意見書の様式等について定めている。

4　本条第1項は，報告又は意見の申述をするときの様式を定めている。

⑴　本条第1項第1号は，規則第30条第1項の規定による報告に用いる報告書の様式を定めている。
⑵　本条第1項第2号は，規則第30条第3項において準用する同条第1項の規定による報告に用いる報告書の様式を定めている。
⑶　本条第1項第3号は，規則第30条第2項の規定による意見申述に用いる意見書の様式を定めている。
⑷　本条第1項第4号は，規則第30条第3項において準用する，同条第2項の規定による意見申述に用いる意見書の様式を定めている。

5　本条第2項は，3により作成する報告書又は意見書には，その滅失の事由又は滅失のおそれがあると考える事由を詳細かつ具体的に記載しなければならないことを定めている。登記記録若しくは地図等が滅失した場合又は登記記録，地図等若しくは登記簿の附属書類が滅失するおそれがある場合には，それがどのような原因により発生したものであるのかはその後の措置を講じる上で重要な事項となる。そこで，登記官並びに法務局長及び地方法務局長が報告書又は意見書を作成する際の行為規範として，滅失の事由又は滅失のおそれがあると考える事由を詳細かつ具体的に記載することを求めている。

　なお，本条において規定する別記第32号様式から別記第41号様式までは，次のとおりである。

別記第32号（第24条第1項第1号関係）

　　　　　　　　　　　　　　　　　　　日　記　第　　　　　号
　　　　　　　　　　　　　　　　　　　平成　　年　　月　　日

　　法務局長　殿

　　　　　　　　　　　　　　　　　　法務局　　出張所
　　　　　　　　　　　　　　　　　　登記官　　　　職印

　　　　　　　登記記録の滅失に関する報告書

　不動産登記規則第30条第1項の規定により，下記のとおり報告します。

第24条（登記記録等の滅失又は滅失のおそれがある場合）

記

滅失した登記記録	
滅　失　の　事　由	
滅　失　の　年　月　日	

別記第33号（第24条第1項第1号関係）

日　記　第　　　　　号
平成　　年　　月　　日

法務局長　殿

　　　　　　　　　　　　　法務局　　出張所
　　　　　　　　　　　　登記官　　　　　職印

地図等の滅失に関する報告書

不動産登記規則第30条第1項の規定により，下記のとおり報告します。

記

滅失した地図等	
滅　失　の　事　由	
滅　失　の　年　月　日	

第24条（登記記録等の滅失又は滅失のおそれがある場合）

別記第34号（第24条第１項第２号関係）

```
                              日 記 第        号
                              平成    年  月  日

   法務局長  殿

                              法務局    出張所
                              登記官      [職印]
```

滅失のおそれがある登記記録に関する報告書

不動産登記規則第30条第３項の規定により，下記のとおり報告します。

記

滅失のおそれがある登記記録に記録された不動産所在事項	
滅失のおそれがあると考える事由	
滅失のおそれがあることを発見した年月日	

（注）不動産が５個以上の場合には，不動産所在事項を別紙の目録に記載することができる。

（別紙）

市区郡町村	大字（字）	土地又は建物の別	地番（又は家屋番号）	筆個数
何	何	土地	何番，何番，何番，何番	何筆
何	何	土地	何番，何番何，何番何，何番，何番	何筆
何	何	土地	何番から何番 何番何，何番	何筆
何	何	建物	何番，何番，何番 何番	何個
何	何	建物	何番，何番の何，何番の何，何番，何番	何個

第24条（登記記録等の滅失又は滅失のおそれがある場合）

別記第35号（第24条第1項第2号関係）

```
                                 日 記 第         号
                                 平成    年   月   日

    法務局長　殿

                                      法務局    出張所
                                     登記官       職印

           滅失のおそれがある地図等に関する報告書

    不動産登記規則第30条第3項の規定により，下記のとおり報告します。

                        記
```

滅失のおそれがある地図等	
滅失のおそれがあると考える事由	
滅失のおそれがあることを発見した年月日	

別記第36号（第24条第1項第2号関係）

```
                                 日 記 第         号
                                 平成    年   月   日

    法務局長　殿

                                      法務局    出張所
                                     登記官       職印

       滅失のおそれがある登記簿の附属書類に関する報告書

    不動産登記規則第30条第3項の規定により，下記のとおり報告します。

                        記
```

第24条（登記記録等の滅失又は滅失のおそれがある場合）

滅失のおそれがある登記簿の附属書類	
滅失のおそれがあると考える事由	
滅失のおそれがあることを発見した年月日	

別記第37号（第24条第1項第3号関係）

　　　　　　　　　　　　　　　日記第　　　　号
　　　　　　　　　　　　　　　平成　年　月　日

　法務大臣　殿

　　　　　　　　　　　　　法務局長　　[職印]

　　　　　　登記記録の滅失に関する意見書

　不動産登記規則第30条第2項の規定により，下記のとおり意見を述べます。

　　　　　　　　　　　記

管　轄　登　記　所　名	
滅失した登記記録	
滅　失　の　事　由	
滅　失　の　年　月　日	
調査の結果及び意見	

第3章　登記記録等

第24条(登記記録等の滅失又は滅失のおそれがある場合)

別記第38号(第24条第1項第3号関係)

　　　　　　　　　　　　　　　　　　日　記　第　　　　　号
　　　　　　　　　　　　　　　　　　平成　　年　　月　　日
　　　　法務大臣　殿
　　　　　　　　　　　　　　　　法務局長　　　　　｜職印｜

　　　　　　　　地図等の滅失に関する意見書

　不動産登記規則第30条第2項の規定により,下記のとおり意見を述べます。

　　　　　　　　　　　記

管轄登記所名	
滅失した地図等	
滅失の事由	
滅失の年月日	
調査の結果及び意見	

別記第39号(第24条第1項第4号関係)

　　　　　　　　　　　　　　　　　　日　記　第　　　　　号
　　　　　　　　　　　　　　　　　　平成　　年　　月　　日
　　　　法務大臣　殿
　　　　　　　　　　　　　　　　法務局長　　　　　｜職印｜

　　　　　滅失のおそれがある登記記録に関する意見書

不動産登記規則第30条第3項の規定により，下記のとおり意見を述べます。

記

管 轄 登 記 所 名	
滅失のおそれがある登記記録に記録された不動産所在事項	
滅失のおそれがあると考える事由	
滅失のおそれがあることを発見した年月日	
調査の結果及び意見	

(注)　不動産が5個以上の場合には，不動産所在事項を別紙の目録に記載することができる。この場合には，別記第34号様式に準ずる。

別記第40号（第24条第1項第4号関係）

日　記　第　　　　号
平成　　年　　月　　日

法務大臣　殿

法務局長　　　　［職印］

滅失のおそれがある地図等に関する意見書

不動産登記規則第30条第3項の規定により，下記のとおり意見を述べます。

記

第24条（登記記録等の滅失又は滅失のおそれがある場合）

管 轄 登 記 所 名	
滅失のおそれがある地図等	
滅失のおそれがあると考える事由	
滅失のおそれがあることを発見した年月日	
調査の結果及び意見	

別記第41号（第24条第１項第４号関係）

日 記 第　　　号
平成　年　月　日

法務大臣　殿

　　　　　　　　　　　　　　法務局長　　　　職印

滅失のおそれがある登記簿の附属書類に関する意見書

不動産登記規則第30条第３項の規定により，下記のとおり意見を述べます。

記

管 轄 登 記 所 名	
滅失のおそれがある登記簿の附属書類	
滅失のおそれがあると考える事由	

滅失のおそれがあることを発見した年月日	
調査の結果及び意見	

（登記簿等を持ち出した場合）
第25条　登記官は，規則第31条第2項の規定により裁判所に関係書類を送付するときは，該当する書類の写しを作成し，当該関係書類が返還されるまでの間，これを保管するものとする。
2　登記官は，前項の関係書類を送付するときは，申請書類つづり込み帳の送付した書類をつづり込んであった箇所に，裁判所からの送付に係る命令書又は嘱託書及びこれらの附属書類を同項の規定により作成した写しと共につづり込むものとする。
3　登記官は，第1項の関係書類が裁判所から返還された場合には，その関係書類を前項の命令書又は嘱託書の次につづり込むものとする。この場合には，第1項の規定により作成した写しは，適宜廃棄して差し支えない。
4　前3項の規定は，裁判所又は裁判官の令状に基づき検察官，検察事務官又は司法警察職員（以下「捜査機関」という。）が関係書類を押収する場合について準用する。
5　規則第31条第3項に規定する報告は，別記第42号様式による報告書によりするものとする。

1　本条は，規則第31条第2項及び第3項に規定する登記簿，地図等及び登記簿の附属書類を登記所の外に持ち出した場合の措置について定めている。旧準則第38条及び第45条に相当する規定である。
2　登記簿，地図等及び登記簿の附属書類は，天災，地変，火災その他の事変を避けるためにする場合を除き，原則として登記所の外に持ち出すことが禁じられている（規則第31条第1項）。

第25条（登記簿等を持ち出した場合）

　しかし，登記簿の附属書類は，登記に関して紛争が生じた場合や不正な登記がされた場合などは，これを解決し，又は捜査するための証拠となる場合も少なくなく，民事又は刑事の訴訟の証拠書類として，裁判所から提出を求められる場合もある。そこで，規則第31条第2項では，裁判所から登記簿の附属書類を送付すべき命令又は嘱託があった場合は，その関係する部分に限り，登記簿の附属書類の送付をすることを規定し，同条第1項の例外を定めている。

3　本条第1項は，裁判所の命令又は嘱託に基づいて関係書類を送付する際には，送付する書類の写しを作成し，当該書類が裁判所から返還されるまでの間，登記所で保管すべきことを定めている。

　裁判所に登記簿の附属書類を送付した場合には，それが返還されるまでの間は，登記所では当該書類の内容を確認することができないこととなるが，それでは，その後の事務に支障が生ずることとなる。

　そこで，本条第1項では，送付すべき登記簿の附属書類の写しを作成して保管するものとされている。

4　本条第2項は，裁判所に関係書類を送付する場合は，申請書類つづり込み帳の送付した書類をつづり込んであった箇所に，裁判所からの送付に係る命令書又は嘱託書及びこれらの附属書類を本条第1項の規定により作成した写しとともにつづり込むことを定めている。

　書面申請において提出された登記簿の附属書類は，原則として，規則第19条により申請書類つづり込み帳につづり込むこととされている。

　そこで，本条第2項は，申請書類つづり込み帳につづり込まれた登記簿の附属書類を裁判所の命令又は嘱託に基づき送付した場合には，申請書類つづり込み帳の送付した書類をつづり込んであった箇所に，裁判所からの送付に係る命令書又は嘱託書及びこれらの附属書類を本条第1項により作成した写しとともにつづり込むこととし，後日，当該附属書類が裁判所に送付されていることが容易に分かるようにするための措置を定めている。

5　本条第3項は，裁判所に送付した登記簿の附属書類が返還された場合の取扱いについて定めている。

　同項前段は，裁判所に送付した登記簿の附属書類が返還された場合には，本来，当該附属書類がつづり込まれるべき箇所につづり込むことを定めている。

また，同項後段では，裁判所に送付した登記簿の附属書類が返還された場合には，本条第1項により作成した登記簿の附属書類の写しを保管する必要はなくなるため，その写しを廃棄して差し支えないことを確認的に定めている。

6　本条第4項は，登記簿の附属書類の持ち出しに係る本条第1項から第3項までの規定を裁判所又は裁判官の令状に基づき検察官，検察事務官又は司法警察職員が関係書類を押収する場合にも準用することを定めている。

刑訴法第218条では，検察官，検察事務官又は司法警察職員が犯罪の捜査をするについて必要があるときは，裁判官の発する令状により差押え，捜索又は検証をすることができることが定められている。

不動産登記については，これまでも住民票の写しや印鑑に関する証明書など公的機関が発行する書類が偽造されたり，登記原因証明情報として提供される契約書面などが偽造されたりするなどして，不正な登記が申請されることが少なくない。犯罪捜査を検察官等が機動的に行うには，このような偽造書類について速やかに証拠資料として押収することが求められる。

そこで，本条第4項では，裁判所又は裁判官の令状に基づいて，検察官等が登記簿の附属書類を押収する場合に，本条第1項から第3項までの規定を準用することとして，犯罪捜査に資することとしている。

7　本条第5項は，規則第31条第3項の規定により，登記官が，天災，地変，火災その他の事変を避けるために登記簿，地図等及び登記簿の附属書類を登記所の外に持ち出した場合に，その旨を当該登記官を監督する法務局長等に報告する必要があるため，当該報告をする際の報告書の様式を定めている。

なお，本条第5項において規定する別記第42号様式は，次のとおりである。

第26条（通知番号の記載）

別記第42号（第25条第5項関係）

日 記 第　　　　　号	
平成　　年　　月　　日	

　　　　法務局長　殿

　　　　　　　　　　　　　　　　　法務局　　出張所
　　　　　　　　　　　　　　　　　登記官　　　　［職印］

　　　　　　　　　登記簿等持出報告書

不動産登記規則第31条第3項の規定により，下記のとおり報告します。

　　　　　　　　　　　　記

持ち出した登記簿等	
持 ち 出 し た 理 由	
持 　 出 　 場 　 所	
登 記 簿 等 の 現 況	

（通知番号の記載）
　第26条　通知書には，各種通知簿に記載した際に付した通知番号を記載
　　するものとする。

1　本条は，各種通知簿に記載した通知書には，各種通知簿における通知番号を記載することを定めている。旧準則第52条に相当する規定である。
2　各種通知簿には第117条の規定により各種の通知に係る所要の事項を記載することとなるが，その際に付した通知番号を当該通知書にも記載するこ

ととしている。これにより，通知書を送付した後に，その名宛人から照会を受けた場合でも，当該通知書に付した通知番号の教示を受け，各種通知簿を確認することにより，どのような通知を発出したのかなど容易に把握することができることとなる。

> （日記番号等の記載）
> 第27条　登記事務日記帳に記載した書面には，登記事務日記帳に記載した年月日及び日記番号を記載するものとする。

1　本条は，登記事務日記帳に記載した書面には，登記事務日記帳における記載年月日及び日記番号を記載することについて定めている。旧準則第53条に相当する規定である。
2　登記事務日記帳には，受付帳，各種通知簿その他の帳簿に記載しない書類の発送及び受領に関する事項（第20条第4号）として，その日記番号，接受又は発送の日，書面の日付，書面の発送者又は受領者，書面の要旨等を記載することとなる（別記第26号様式）ところ，当該書面の特定を容易にし，その管理の適正を図るため，このうちの書面の日付（登記事務日記帳に記載した年月日）及び日記番号を当該書面に記載するものとしたものである。

第 4 章

登記手続

第28条（申請の却下）

第1節 総　則

第1款 通　則

（申請の却下）
第28条　申請の却下の決定書は，申請人に交付するもののほか，登記所に保存すべきものを1通作成しなければならない。
2　登記官は，前項の登記所に保存すべき決定書の原本の欄外に決定告知の年月日及びその方法を記載して登記官印を押印し，これを日記番号の順序に従って決定原本つづり込み帳につづり込むものとする。
3　第1項の場合には，受付帳に「却下」と記録し，書面申請にあっては，申請書に却下した旨を記載し，これを申請書類つづり込み帳につづり込むものとする。
4　登記官は，不動産登記令（平成16年政令第379号。以下「令」という。）第4条ただし書の規定により一の申請情報によって二以上の申請がされた場合において，その一部を却下するときは，受付帳に「一部却下」と記録した上，書面申請にあっては，申請書に次の各号に掲げる却下の区分に応じ，当該各号に定める記録をしなければならない。
(1)　二以上の登記の目的に係る申請のうち一の登記の目的に係る申請についての却下　却下に係る登記の目的についての記載の上部に，別記第43号様式による印版を押印し，当該登記の目的を記録すること。
(2)　2以上の不動産のうち一部についての却下　却下に係る不動産の所在の記載の上部に，別記第43号様式による印版を押印すること。
5　規則第38条第2項の規定により申請人に送付した決定書の原本が所在不明等を理由として返送されたときでも，何らの措置を要しない。この場合において，当該返送された決定書の原本は，当該登記の申請書（電子申請にあっては，第32条第3項に規定する電子申請管理用紙）と共に申請書類つづり込み帳につづり込むものとする。

第28条（申請の却下）

　6　登記官は，規則第38条第3項ただし書の規定により添付書面を還付しなかった場合は，申請書の適宜の余白にその理由を記載するものとする。この場合において，還付しなかった添付書面は，当該登記の申請書と共に申請書類つづり込み帳につづり込むものとする。

　7　捜査機関が申請書又は規則第38条第3項ただし書の規定により還付しなかった添付書面の押収をしようとするときは，これに応じるものとする。この場合には，押収に係る書面の写しを作成し，当該写しに当該捜査機関の名称及び押収の年月日を記載した上，当該書面が捜査機関から返還されるまでの間，前項の規定により申請書類つづり込み帳につづり込むべき箇所に当該写しをつづり込むものとする。

　8　法第25条第10号の規定により却下する場合には，期間満了日の翌日の日付をもってするものとする。法第23条第1項の通知（以下「事前通知」という。）を受けるべき者から申請の内容が真実でない旨の申出があったとき又は通知を受けるべき者の所在不明若しくは受取拒絶を理由に当該通知書が返戻されたときも，同様とする。

1　本条は，申請の却下をする場合における取扱い等について定めている。旧準則第68条に相当する規定である。

　旧準則第68条第1項は，却下決定書を申請人ごとに交付すること及び代理人による申請のときにはその代理人に交付することを定めていた。また，同条第2項においては，却下決定書を交付又は送付するときには申請書以外の書類を還付するとされていた。しかし，準則は登記官の業務を規律する通達であり，このような申請人と関係が密接な手続は，省令において規定するのが相当であることから，これらの手続に関しては規則第38条に規定されている。

2　本条第1項は，却下決定書を登記所においても保存すべき旨を定めている。

　却下決定書を申請人（代理人による申請のときは，その代理人。以下同じ。）に交付することは当然であるが，申請人にどのような却下決定書を交付したのかを後日確認するためには，登記所においても保存すべきであることから，登記所に保存すべきものを1通作成しなければならないことを明らかにしたものである。

第4章　登記手続

第28条（申請の却下）

3　本条第2項は，登記所に保存すべき却下決定書の取扱いを明らかにしたものである。

　本条第1項の規定により登記所に保存すべき却下決定書の原本には，その欄外に決定告知の年月日及びその方法を記載して登記官印を押印し，これを日記番号の順序に従って決定原本つづり込み帳につづり込むものとされている。却下決定書の交付は，窓口において交付する方法によるほか，規則第38条第2項の規定により，送付する方法によりすることができることから，いつ，どのような方法で決定を告知したかを記録しておく必要があるが，この記録の方法は，登記所に保存すべき却下決定書の原本の欄外に記載することにより行うとされている。

4　本条第3項は，申請を却下した場合には，それを明らかにするために，当該申請に係る受付帳に「却下」と記録し，書面申請にあっては，申請書にも却下した旨を記載し，その申請書は，一般の申請書と同じように申請書類つづり込み帳につづり込むことを明らかにしたものである。また，電子申請にあっては，電子申請管理用紙（第32条第3項参照）に書面申請における申請書と同様の処理を行うこととなる（施行通達記の第2の8(2)）。

　なお，電子申請を却下する場合には，調査未了の補正情報又は取下情報がないかどうかを確認しなければならない（施行通達記の第2の5）ことに留意する必要がある。

5　本条第4項は，登記令第4条ただし書の規定により一の申請情報によって二以上の申請がされた場合において，その一部を却下するときの記録の取扱いを明らかにしたものである。申請の一部を却下をするときは，一部却下である旨及び却下の対象となった内容を明らかにしておく必要があるところ，当該申請に係る受付帳に「一部却下」と記録した上，書面申請にあっては，申請書に次のとおり記録しなければならないとされている。すなわち，2以上の登記の目的に係る申請のうち一の登記の目的に係る申請を却下したときは，却下に係る登記の目的が記載されている上部に別記第43号様式による印版を押印し，当該登記の目的を記録しなければならない。また，二以上の不動産のうちその一部について申請を却下したときは，却下に係る不動産の所在が記載されている上部に別記第43号様式による印版を押印しなければならない。

　なお，電子申請においても，電子申請管理用紙に申請書と同様の処理を行

うこととなる（施行通達記の第２の８(3)）。

6　本条第５項は，規則第38条第２項の規定により申請人に送付した却下決定書の原本が所在不明等を理由として返送されたときでも，何らの措置を要しない旨を定めている。返送された却下決定書は，申請書（電子申請にあっては，電子申請管理用紙）とともに申請書類つづり込み帳につづり込むだけで足りることを明らかにしたものである。

7　本条第６項は，規則第38条第３項ただし書の規定により，偽造された書面その他の不正な登記の申請のために用いられた疑いのある書面であるとして，添付書面を還付しなかった場合の取扱いを定めている。

　偽造された書面等であるとして添付書面を還付しなかった場合には，申請書の適宜の余白にその理由を記載し，還付しなかった書面は，当該登記の申請書とともに申請書類つづり込み帳につづり込まなければならない。

8　本条第７項は，捜査機関が申請書又は偽造された書面その他の不正な登記の申請のために用いられた疑いのある書面であるとして，規則第38条第３項ただし書の規定により還付しなかった添付書面を押収しようとする場合の登記所の取扱い等を定めている。

　申請書類つづり込み帳につづり込まれた申請書等は，登記簿の附属書類とされており，登記簿の附属書類は，事変を避ける場合を除き，登記所の外に持ち出してはならない（規則第31条第１項）。しかし，偽造された書面その他の不正な登記の申請のために用いられた疑いのある書面は，捜査をするための証拠として，捜査機関が押収しようとすることが想定される。本条第７項前段は，登記簿の附属書類については，規則第31条第２項の規定により，裁判所から送付するよう命令又は嘱託があったときは，これに応じて差し支えないこととされているところ，刑訴法の規定に基づき，捜査機関が押収しようとする場合についても，これと同様に考えて差し支えないことから，捜査機関の押収に応じることを明らかにしたものである。また，本条第７項後段においては，押収に応じた場合には，押収された書類が返還されるまでの間は，登記所では当該書類の内容を確認することができないこととなることから，第25条と同様の措置を講ずることを定めている。

9　本条第８項は，不登法第25条第10号の規定により申請を却下する場合の却下の日付を定めたものでる。

　事前通知に基づく登記義務者の申出は，当該通知を発送した日から２週間

第29条（申請の取下げ）

以内にしなければならないとされているが，登記義務者が外国に住所を有する場合は，4週間以内とされている（規則第70条第8項）。この期間内に申出がなかったときには，その申請は，不登法第25条第10号の規定により却下することになるが，その却下の日付は，この期間満了日の翌日の日付である旨を明らかにしている。事前通知を受けるべき者から申請の内容が真実でない旨の申出があったとき又は通知を受けるべき者の所在不明若しくは受取拒絶を理由に当該通知書が返戻されたときも，却下の日付は，真実でない旨の申出があった日付あるいは通知書が返戻された日付ではなく，当該期間満了日の翌日である。

なお，本条に定める別記第43号様式は次のとおりである。

別記第43号（第28条第4項第1号，第2号関係）

約3.5cm

約0.8cm

一　部　却　下

（申請の取下げ）

第29条　登記官は，申請が取り下げられたときは，受付帳に「取下げ」と記録しなければならない。

2　規則第39条第1項第2号に規定する書面（以下「取下書」という。）には，申請の受付の年月日及び受付番号を記載し，これを申請書類つづり込み帳につづり込むものとする。

3　登記官は，規則第39条第3項の規定により申請書を還付する場合には，第32条第1項の規定により申請書にした押印又ははり付けた書面の記載事項を朱抹しなければならない。この場合において，当該申請書に領収証書又は収入印紙がはり付けられていないときは，登記官は，取下書の適宜の箇所に「ちょう付印紙等なし」と記載し，登記官印を押印しなければならない。

4　登記官は，令第4条ただし書の規定により一の申請情報によって二以上の申請がされた場合において，その一部の取下げがあったとき

は，受付帳に「一部取下げ」と記録した上，書面申請にあっては，申請書に次の各号に掲げる取下げの区分に応じ，当該各号に定める記録をしなければならない。
　(1)　二以上の登記の目的に係る申請のうち一の登記の目的に係る申請についての取下げ　取下げに係る登記の目的についての記載の上部に，別記第44号様式による印版を押印し，当該登記の目的を記録すること。
　(2)　二以上の不動産のうち一部についての取下げ　取下げに係る不動産の所在の記載の上部に，別記第44号様式による印版を押印すること。
5　前項の場合において，申請情報の登録免許税に関する記録があるときは，申請人に補正させ，書面申請であるときは，当該取下げ部分のみに関する添付書面を還付するものとする。
6　前条第6項及び第7項の規定は，規則第39条第3項後段において準用する第38条第3項の規定により添付書面を還付しない場合について準用する。

1　本条は，申請が取り下げられた場合の取扱い等について定めている。旧準則第69条に相当する規定である。
　旧準則第69条は，本条第1項において，申請の取下げは書面によるべき旨を，本条第2項において，申請の取下げは登記完了後はすることができない旨を定めていた。申請の取下げは，法令上の明文の規定はなかったが，申請をした後，申請人が申請意思を撤回することがあり得ることから，旧準則の規定により，申請の取下げを認めることとしていたものである。しかし，準則は登記官の事務を規律する通達であり，このような申請人と関係が密接な手続は，省令において規定するのが相当であることから，これらの手続に関しては規則第39条に規定されている。
2　本条第1項及び第2項は，申請が取り下げられたときは，当該申請が取り下げられたことを明らかにするために，当該申請に係る受付帳に「取下げ」と記録し，取下書には，申請の受付の年月日及び受付番号を記載し，これを申請書類つづり込み帳につづり込むものとすることを定めたものである。

第29条（申請の取下げ）

3 本条第3項は、書面によりされた申請が取り下げられた場合の申請書及び添付書面を還付する（規則第39条第3項）ときの具体的な取扱いを定めている。

　受け付けられた申請書には、第32条第1項の規定により、申請の受付の年月日及び受付番号等について、押印し、又はこれを記載した書面が貼り付けているところ、申請が取り下げられた場合には、当該申請書にした押印又は貼り付けた書面の記載事項を朱抹した上で、申請書を還付しなければならないことを定めたものである。また、同条後段では、この場合において、申請書に領収証書又は収入印紙が貼り付けられていないときは、登記官は、取下書の適宜の箇所に「ちょう付印紙等なし」と記載して、登記官印を押印しなければならないことを定めている。申請を取り下げた場合の申請書に貼り付けられた領収証書又は収入印紙については、登録免許税額の還付を受けることができることから、取り下げられた申請について登録免許税の納付がされていない場合には、後日の紛争を防止するため、その旨を明らかにしておくことを定めたものと考えられる。

4 本条第4項及び第5項は、登記令第4条ただし書の規定により、一の申請情報によって二以上の申請がされた場合において、その一部が取り下げられたときの取扱いを明らかにしたものである。

　申請の一部が取り下げられた場合には、一部取下げである旨及び取下げの対象となった内容を明らかにしておく必要があるところ、当該申請に係る受付帳に「一部取下げ」と記録した上、書面申請にあっては、申請書に次のとおり記録しなければならないとされた。すなわち、二以上の登記の目的に係る申請のうち一の登記の目的に係る申請について取り下げられたときは、取下げに係る登記の目的が記載されている上部に別記第44号様式による印版を押印し、当該登記の目的を記録しなければならない。また、二以上の不動産のうちその一部について申請が取り下げられたときは、取下げに係る不動産の所在が記載されている上部に別記第44号様式による印版を押印しなければならない。

　なお、電子申請においても、電子申請管理用紙に申請書と同様の処理を行うこととなる（施行通達記の第2の8(2)及び(3)）。

　申請の一部が取り下げられた場合に、申請情報の登録免許税に関する記録があるときは、取り下げられた部分に係る登録免許税額が過大となることか

ら，申請人に補正させなければならない。また，書面申請であるときは，当該取下げ部分のみに関する添付書面を還付するものとされている。
　なお，電子申請であっても，登記令附則第5条第1項の規定により添付書面を登記所に提出する方法によって添付書面が提出されているときは，同様に当該取下げ部分のみに関する添付書面を還付することとなる（平成20年57号通達記の第1の5）。
5　本条第6項は，申請が取り下げられた場合の添付書面の取扱いについて，偽造された書面その他の不正な登記の申請のために用いられた疑いがある書面については，申請の却下の場合と同様に，還付をしない取扱いとされており（規則第39条第3項，第38条第3項），還付をしなかった添付書類の取扱いも申請の却下の場合と同様であることを定めている。
　なお，本条に定める別記第44号様式は次のとおりである。

別記第44号（第29条第4項第1号，第2号関係）

約3.5cm

約0.8cm

一　部　取　下

（原本還付の旨の記載）
第30条　規則第55条第3項後段の原本還付の旨の記載は，同条第2項の謄本の最初の用紙の表面余白に別記第45号様式による印版を押印してするものとする。

1　本条は，書面申請における添付書面を原本還付する場合の取扱いについて定めている。旧準則第196条に相当する規定である。
2　書面により登記の申請をした申請人は，申請書の添付書面（磁気ディスクを除く。）の原本の還付を請求することができるものとされており（規則第55条第1項本文），この請求をするためには，申請人は，原本と相違ない旨を記載した当該添付書面の謄本を提出しなければならない（同条第2項）。
　登記官は，原本還付の請求があった場合には，調査完了後，当該請求に係

第31条（申請の受付）

る書面の原本を還付しなければならないところ，この場合には，登記官は，提出された謄本と当該請求に係る原本を照合し，これらの内容が同一であることを確認した上，その謄本に原本還付の旨を記載し，これに登記官印を押印しなければならない（同条第3項）。

3　本条は，この原本還付の旨の記載場所及び記載の要領を示したものである。すなわち，原本還付の旨の記載は，還付すべき書類の謄本の最初の用紙の表面余白に別記第45号様式による印版を押印してするものとしている。

4　規則第55条は，書面申請をした場合について規定しているものであるが，不登令附則第5条第1項の規定による，いわゆる別送方式により提出された添付書面についても原本還付の請求ができることとされており（規則附則第24条第2項，平成20年57号通達記の第1の1(11)），本条は，この場合にも適用されることとなる。

なお，本条に定める別記第45号様式は，次のとおりである。

第2款　受付等

（申請の受付）
第31条　登記官は，登記の申請書の提出があったときは，直ちに，受付帳に規則第56条第1項に規定する事項のうち受付番号及び不動産所在事項を記録しなければならない。規則第56条第4項各号（第2号を除く。）の許可，命令又は通知があった場合についても，同様とする。
2　登記官は，二以上の申請書が同時に提出された場合には，当該二以上の申請書に係る申請に一連の受付番号を付するものとする。この場合には，法第19条第3項後段に規定する場合を除き，適宜の順序に従って受付番号を付して差し支えない。

第31条（申請の受付）

　3　提出された申請書類に不備な点がある場合でも，第1項の手続を省略して申請人又はその代理人にこれを返戻する取扱いは，しないものとする。
　4　登記の申請を却下しなければならない場合であっても，登記官が相当と認めるときは，事前にその旨を申請人又は代理人に告げ，その申請の取下げの機会を設けることができる。

1　本条は，登記の申請書の提出があったときにする受付の取扱いについて定めている。本条第1項，第3項及び第4項は，旧準則第54条に相当する規定であり，本条第2項は，新設された規定である。
2　本条第1項は，申請書の提出があったときは，登記官は，直ちに，受付帳に受付番号及び不動産所在事項を記録しなければならない旨を定めている。
　(1)　規則第56条第1項は，申請情報が提供されたときは，登記官は，受付帳に登記の目的，申請の受付の年月日及び受付番号並びに不動産所在事項を記録しなければならないと規定しているところ，本条第1項前段は，「申請書の提出があったとき」，すなわち書面申請により申請書の提出があったときにおける受付の処理を定めており，このときには，登記官は，直ちに，受付帳に受付番号及び不動産所在事項を記録しなければならないとしている。

　　　これは，書面申請の場合においては，受付担当者が申請書を受け取ったにもかかわらず，受付番号の発番処理がされないままでいると，その間にされた電子申請に順位が後れることとなるから，これを防止し，申請の順位の適正を確保するため，直ちに，その処理をすることとしたものであり，また，事件の処理が完了するまでの間，申請のあった不動産の登記情報について，登記事項証明書が交付されるなどの公示がされないようにするため，直ちに，不動産所在事項を記録することとしたものである。

　　　本条第1項前段には，規則第56条第1項に規定する事項のうち登記の目的及び申請の受付の年月日は掲げられていないが，これらの事項は受付帳に記録されないということではなく，登記の目的については登記の申請の調査を終えた後に受付帳に記録し，受付の年月日についてはシス

第4章　登記手続　111

第31条（申請の受付）

　　テムにより自動的に記録されるという実務上の取扱いを踏まえた規定となっている。また，電子申請により登記の申請がされた場合については，システムにより自動的に受付処理がされることから，本条第1項の対象とされていない。
(2)　本条第1項後段は，登記の申請以外の受付の処理をする場合，すなわち規則第56条第4項各号（第2号を除く。）に規定する許可，命令又は通知があった場合についても，本条第1項前段と同様の取扱いをする旨を定めている。

　　なお，規則第56条第4項第2号の場合（職権による登記の抹消（不登法第71条））については，本条第1項の規定からは除外されているが，職権による登記の抹消については，当該登記を抹消する旨の通知に対し異議を述べた者がない場合にあっては異議申出の期間満了後直ちに，当該異議を述べた者があり，かつ，当該異議を却下した場合にあっては当該却下の決定後直ちに同項の手続を採らなければならない旨が第110条第1項において規定されている。

3　本条第2項は，二以上の申請書が同時に提出された場合における受付の処理について定めている。

　不登法第19条第3項後段は，同一の不動産に関し同時に二以上の申請がされたときは，同順位の申請であることを明らかにするため，同一の受付番号を付さなければならないとしているところ，本条第2項は，そのようないわゆる同時申請ではない二以上の申請書が同時に提出された場合について，適宜の順序に従い一連の受付番号を付すことを定めている。

　例えば，登記実務においては，所有権の移転の登記とその前提として必要となる所有権登記名義人の住所の変更の登記のように，関連する二以上の申請について順序を付して連続して申請するいわゆる連件申請が広く行われているところ，同項によれば，このような二以上の申請書が同時に提出された場合には，申請の順序に従い，一連の受付番号を付して受付処理を行うこととなる。

　なお，同一の不動産に関し同時に二以上の申請がされた場合において，例えば，甲から乙への所有権の移転の登記の申請と甲から丙への所有権の移転の登記の申請とが同時にされた場合のように，申請に係る登記の目的である権利が相互に矛盾するときは，いずれの申請も却下することとなる（登記令

第20条第6号)。

4 本条第3項は,提出された申請書類に不備がある場合であっても,受付帳への記録を省略して,申請人又はその代理人に当該申請書類を返戻するような便宜的な取扱いをしてはならない旨を明示的に定めている。

不動産登記制度においては,申請の受付の順位がその登記の効力に大きく影響を及ぼすことから,仮に申請に不備があったとしても,一旦受付の処理をした上で,定められた規定にのっとり,却下,取下げ又は補正の手続を行うことによって,登記の申請の受付の順序を適正に管理する必要があることから,このような規定が設けられたものと考えられる。

5 本条第4項は,登記の申請に却下事由がある場合の取扱いについて定めている。

登記の申請に不備があり,その不備が登記官が定めた相当の期間内に補正されない場合又はその不備が補正することができないものである場合には,登記官は,当該申請を却下しなければならない(不登法第25条)ところ,却下された場合には,当該申請書は申請人に還付されず,登記所において保管されることになるため(規則第17条第2項及び第38条第3項),却下後に改めて申請をする場合には,再度申請書を作成しなければならないといった不便を生ずることとなる。そこで,申請人の便宜を図る観点から,申請に却下事由がある場合でも,登記官が相当と認めるときは,直ちに却下することなく,事前にその旨を申請人又はその代理人に告げ,申請の取下げの機会を与えることができることとしたものである。

(申請書等の処理)
第32条 登記官は,前条第1項の手続をした申請書,許可書,命令書又は通知書の1枚目の用紙の表面の余白に別記第46号様式及び別記第47号様式若しくは別記第48号様式による印版を押印して該当欄に申請の受付の年月日及び受付番号を記載し,又は別記第49号様式若しくは別記第50号様式による申請の受付の年月日及び受付番号を記載した書面をはり付けるものとする。
2 前項の規定により押印した印版又ははり付けた書面には,受付,調

第32条（申請書等の処理）

> 査，記入，校合等をしたごとに該当欄に取扱者が押印するものとする。
> 3　電子申請にあっては，申請ごとに印刷した申請の受付の年月日及び受付番号を表示した書面（以下「電子申請管理用紙」という。）に前項に準じた処理をするものとする。

1　本条は，受付における申請書等の処理について定めている。本条第1項及び第2項は旧準則第56条及び第57条に相当する規定であり，本条第3項は新設された規定である。

2　本条第1項は，登記の申請書等に申請の受付年月日及び受付番号を記載する場合の具体的な方法を定めている。

　規則第56条第2項は，登記官は，書面申請がされた場合には，申請書に申請の受付の年月日及び受付番号を記載しなければならないことを規定しているところ，本条第1項は，その具体的方法として，申請書等の1枚目の用紙の表面の余白に，別記第46号様式及び別記第47号様式若しくは別記第48号様式による印版を押印して該当欄に申請の受付の年月日及び受付番号を記載し，又はシールプリンタにより印刷した別記第49号様式（送付された申請書を受け付けた場合は別記第50号様式）による申請の受付の年月日及び受付番号を記載した書面（受付シール）を貼り付けることとしている。

3　本条第2項は，申請書に押印した印版又は貼り付けた受付シールに，受付，調査，記入，校合等の事務処理工程ごとに当該事務の取扱者が押印し，その処理をした事実を明らかにすることを定めている。

　これは，登記実行の手順に従い，前記の各事務を担当した者が，それぞれの処理をした都度押印して，その責任の所在を明らかにするためのものである。

4　本条第3項は，電子申請を受け付けた場合の具体的な処理について定めている。

　すなわち，電子申請の場合には，書面申請の場合と異なり，コンピュータシステムにより自動的に受付がされるため，受付印の押印等の処理は不要である。しかし，その後の適正な事務処理や責任の所在を明らかにしておく必要があることは書面申請の場合と同じであることから，電子申請の場合にも，申請ごとに印刷した電子申請管理用紙（施行通達別記第1号様式）を用

いて，書面申請の場合に準じた処理をするものとしている。

別記第46号（第32条第1項関係）

受付	平成　　年　　月　　日
	第　　　　　　　号

約2cm ／ 約6cm

別記第47号（第32条第1項関係）

受付	調査	地図調査	記入
地図記入	図面整理	校合	通知

約4cm ／ 約8cm

別記第48号（第32条第1項関係）

第32条（申請書等の処理）

別記第49号（第32条第1項関係）

受　付	識別照合	調　査	地図調査	記　入	地図記入	図面整理	校　合	通　知

年　　月　　日　　第　　号－　　－	
登識失効最終番号：第　　　号	効力証明最終番号：第　　　号
窓口	
不動産	

別記第50号（第32条第1項関係）

受　付	識別照合	調　査	地図調査	記　入	地図記入	図面整理	校　合	通　知

年　　月　　日　　第　　号－　　－	
登識失効最終番号：第　　　号	効力証明最終番号：第　　号
郵送　第　　号－　　－～第　　号－	
不動産	

施行通達別記第1号様式

受　付	識別照合	調　査	地図調査	記　入	地図記入	図面整理	校　合	通　知

年　　月　　日	第　　　号
区分	
申　請　番　号	
登識失効最終番号：第　　　号	効力証明最終番号：第　　　号
備考	

（注）　以下に，申請情報を表示する。

（登記官による本人確認）
第33条　次に掲げる場合は，法第24条第１項の申請人となるべき者以外の者が申請していると疑うに足りる相当な理由があると認めるときに該当するものとする。
　⑴　捜査機関その他の官庁又は公署から，不正事件が発生するおそれがある旨の通報があったとき。
　⑵　申請人となるべき者本人からの申請人となるべき者に成りすました者が申請をしている旨又はそのおそれがある旨の申出（以下「不正登記防止申出」という。）に基づき，第35条第７項の措置を執った場合において，当該不正登記防止申出に係る登記の申請があったとき（当該不正登記防止申出の日から３月以内に申請があった場合に限る。）。
　⑶　同一の申請人に係る他の不正事件が発覚しているとき。
　⑷　前の住所地への通知をした場合において，登記の完了前に，当該通知に係る登記の申請について異議の申出があったとき。
　⑸　登記官が，登記識別情報の誤りを原因とする補正又は取下げ若しくは却下が複数回されていたことを知ったとき。
　⑹　登記官が，申請情報の内容となった登記識別情報を提供することができない理由が事実と異なることを知ったとき。
　⑺　前各号に掲げる場合のほか，登記官が職務上知り得た事実により，申請人となるべき者に成りすました者が申請していることを疑うに足りる客観的かつ合理的な理由があると認められるとき。
２　登記官は，登記の申請が資格者代理人によってされている場合において，本人確認の調査をすべきときは，原則として，当該資格者代理人に対し必要な情報の提供を求めるものとする。
３　規則第59条第１項の調書（以下「本人確認調書」という。）は，別記第51号様式又はこれに準ずる様式による。
４　本人確認調書は，申請書（電子申請にあっては，電子申請管理用紙）と共に保管するものとする。
５　登記官は，文書等の提示を求めた場合は，提示をした者の了解を得て，当該文書（国民年金手帳（国民年金法（昭和34年法律第141号）

第33条（登記官による本人確認）

> 第13条第1項に規定する国民年金手帳をいう。）にあっては基礎年金番号（同法第14条に規定する基礎年金番号をいう。以下この項において同じ。）が記載された部分を除き，個人番号カード（行政手続における特定の個人を識別するための番号の利用等に関する法律（平成25年法律第27号）第2条第7項に規定する個人番号カードをいう。）にあってはその裏面を除く。）の写しを作成し，本人確認調書に添付するものとする。ただし，了解を得ることができない場合にあっては，文書の種類，証明書番号その他文書を特定することができる番号等の文書の主要な内容（基礎年金番号及び個人番号（同条第5項に規定する個人番号をいう。）を除く。）を本人確認調書に記録すれば足りる。

1　本条は，不登法第24条に規定する登記官による本人確認制度について，登記官が本人確認調査をすべき場合やその方法等について定めている。新設された規定である。

2　不登法では，旧不登法において採用されていた出頭主義が廃止されたことから，登記の正確性を確保するため，当該申請が申請権限のある者からの申請かどうか疑わしい事情が存するときには，登記官は，対面審査等の方法により本人確認調査を行わなければならないものとされた（不登法第24条）。

そこで，本条は，登記官が本人確認調査をすべき場合や調査を行う場合の事務処理等について明らかにしたものである。

なお，この本人確認調査は，飽くまでも申請人の申請権限の有無についての調査，すなわち，申請人となるべき者が申請しているかどうかを確認するものであり，申請人の申請意思の有無はその調査の対象ではないことに留意する必要がある（施行通達記の第1の1(6)）。

3　本条第1項は，登記官が本人確認調査をすべき場合について定めている。

不登法第24条第1項は，登記官は，登記の申請があった場合において，申請人となるべき者以外の者が申請していると疑うに足りる相当な理由があると認めるときは，当該申請を却下すべき場合を除き，申請人等に対し，本人確認調査をしなければならないと定めているが，本条第1項では，この「相当な理由があると認めるとき」に該当するものとして，同項第1号から第7号までの7つの事由を掲げている。

これらの事由は，いずれも犯罪等により不正に登記の申請がされている蓋

然性が高いケースであり，不登法の目的が，国民の権利の保全を図り，もって取引の安全と円滑に資することとされていることを考えると，これらの事由に該当する場合には，登記申請を却下すべきときを除き，登記官は，必ず本人確認調査を実施した上で，登記の可否を判断しなければならないのは当然である。

　本条第1項各号に定める事由のうち，特に留意すべき点は次のとおりである。

(1)　本条第1項第2号は，第35条に規定する不正登記防止申出に係る登記の申請があったときは，登記官による本人確認調査をすることを定めている。すなわち，登記官は，不正登記防止申出を受けた後，その申出が相当であると認め，不正登記防止申出書類つづり込み帳の目録に第35条第7項の措置を執った場合において，その申出に係る登記の申請が申出の日から3か月以内にあったときに，その不正登記防止申出を契機として，本人確認調査をすることになる。

(2)　本条第1項第4号は，前の住所地への通知（不登法第23条第2項，規則第71条）に係る登記の申請について異議の申出があったときは，登記官による本人確認調査をすることを定めている。これは，本人が知らない間に住民基本台帳上の住所の移転手続がされ，成りすましによる不正な登記の申請がされることを防止しようというものである。すなわち，所有権の移転の登記の前にされた住所移転等による登記義務者の住所の変更の登記又は更正の登記が，本人の知らない間に第三者によって勝手に住所移転等の届出をして不当にされたものであるときは，登記義務者本人は，なお前の住所地に居住しており，当該前の住所地に宛てて通知をすれば，本人が受領することになると考えられるところ，当該前の住所地への通知に対し，異議の申出があったときは，本人以外の者が申請している蓋然性が高いことから，本人確認調査をすることになる。

(3)　本条第1項第7号は，同項第1号から第6号までに掲げる事由のほか，登記官が職務上知り得た事実により，申請人となるべき者に成りすました者が申請していることを疑うに足りる「客観的かつ合理的な理由」があると認められるときは，登記官による本人確認調査をすることを定めているが，この「客観的かつ合理的な理由」に当たるかどうかについては，より慎重に判断する必要がある。例えば，同項第7号にいう

第33条（登記官による本人確認）

　本人確認調査の契機となる「登記官が職務上知り得た事実」として，登記官が不正登記防止申出の方法について相談を受けたことなどが考えられるが，不正登記防止申出の方法について相談を受けた事実だけでは，単に，疑わしき事実が存在する可能性を認知したということにとどまり，本人確認調査をすべき客観的かつ合理的な理由，すなわち不登法第24条第1項の「相当な理由」があるとまではいえない場合が多いと思われる。したがって，このような場合には，この知り得た事実を契機として，他の資料等を慎重に調査した上で，総合的な判断として「客観的かつ合理的な理由」があると認められるときには，本人確認調査を行うことになる。

4　本条第2項は，登記の申請が資格者代理人によってされている場合の本人確認調査の方法について定めている。

　不登法第24条第1項では，本人確認調査をする相手方を「申請人又はその代表者若しくは代理人」と規定しているところ，資格者代理人によって登記申請がされている場合には，原則として，当該資格者代理人に対する質問等により本人確認調査を行うこととしたものである。もっとも，事案によっては，資格者代理人に対して調査をすることが相当でないケースも考えられ，その場合には，適宜の調査方法を選択する必要がある。

　なお，資格者代理人に対する調査により，申請人となるべき者からの申請であることを確認することができた場合には，改めて本人に対して調査を行う必要はない（施行通達記の第1の1(3)）。

5　本条第3項は，登記官が本人確認調査を行った場合に，規則第59条第1項の規定により作成することとされている調書（本人確認調書）の様式（別記第51号様式）を定めている。

　なお，不登法第24条第2項の規定に基づき他の登記所の登記官に本人確認調査を嘱託した場合には，調査を行った登記官が本人確認調書を作成し，嘱託をした登記所に送付することとなる（第34条第3項）。

6　本条第4項は，本人確認調書の保管方法を定めている。

　本人確認調査を終了したときは，当該申請の申請書又は電子申請管理用紙とともに，作成した本人確認調書（本条第5項本文の規定に基づき本人確認調書に添付された文書の写し等を含む。）を申請書類つづり込み帳につづり込み（第19条第1項，施行通達記の第2の9(1)），受付の日から30年間保存

することになる（規則第28条第9号及び第10号）。

7　本条第5項は，文書等の提示を求める方法により本人確認調査を行った場合の処理について定めている。

　本人確認調査の方法については，「出頭を求め，質問をし，又は文書の提示その他必要な情報の提供を求める方法によ」るとされており（不登法第24条第1項），この方法として，例えば，登記所に出頭した者に対して，身分証明書等の提示を求めて本人確認を行うことが想定されるところ，当該身分証明書等を証拠として保全するため，原則として，提示をした者の了解を得て，当該身分証明書等の写しを作成し，本人確認調書に添付することとしたものである。この身分証明書等としては，個人番号カードや国民年金手帳が該当する。このうち，個人番号カードについては，その裏面に個人番号が記載されているところ，特定個人情報（個人番号をその内容に含む個人情報をいう。番号利用法第2条第8項）の収集及び保管は禁止されていることから（同法第20条），個人番号カードが提示された場合の本人確認調書の作成に当たっては，個人番号カードの裏面の写しは作成しないこととしている。また，国民年金手帳については，基礎年金番号が記載されているところ，基礎年金番号の告知を求めること等は禁止されていることから（国民年金法第108条第4項），国民年金手帳が提示された場合の本人確認調書の作成に当たっては，国民年金手帳の基礎年金番号部分の写しは作成しないこととしており，具体的には，国民年金手帳の写しの基礎年金番号部分は塗抹することとされている（平成27年874号通達記の第2の3(2)）。

　本条5項ただし書では，身分証明書等の写しを作成することについての了解を得ることができなかった場合には，代替措置として，文書の種類，証明書番号その他文書を特定することができる事項を本人確認調書に記載することとしている。そして，前記と同様の趣旨から，個人番号カード又は国民年金手帳の写しを作成することの了解が得られない場合には，当該個人番号カード又は国民年金手帳を特定することができる事項として，個人番号又は基礎年金番号は本人確認調書に記載しないこととしており，この場合には，「生年月日」，「性別」及び「有効期間が満了する日」又は「交付年月日」が当該個人番号カード又は国民年金手帳を特定することができる文書の内容となる。

第33条（登記官による本人確認）

別記第51号（第33条第3項関係）

本 人 確 認 調 書

調 査 年 月 日	平成　　　年　　　月　　　日
調 査 担 当 者	㊞
調査対象の登記	受付の年月日【平成　　　年　　　月　　　日】 受 付 番 号【第　　　　　　　　　　　号】 登 記 の 目 的【　　　　　　　　　　　】
調 査 対 象 者 （　申　請　人　）	住　　所 氏　　名 □登記義務者□登記権利者□その他（　　　　　　　）
申請人となるべき者以外の者が申請していると疑うに足りる相当の理由の概要	
調査内容	調査の相手方	□本人 □資格者代理人（氏名　　　　　）□その他（　　　）
	調 査 方 法	□面談による調査（　年　月　日午前・午後　時　分） □電話による事情聴取（　年　月　日午前・午後　時　分） □資料の提出 □その他（　　　　　　　　　　　　　　　）
	確 認 資 料 □原本 （　注1　） □写し （　注1　）	①運転免許証　②在留カード　③特別永住者証明書 ④個人番号カード（注2）　⑤住民基本台帳カード　⑥旅券 ⑦被保険者証（　注3　）　⑧共済組合員証 ⑨国民年金手帳（注4）
		⑩その他（　　　　　　　　　　　　　　　　　）
調査結果	申請の権限の有無の判断	申請の権限が　□ある。 　　　　　　　□ない。
	理　　　　由	
証 拠 資 料	□確認資料の写し（　　　　　　注1　　　　　） □その他（　　　　　　　　　　　　　　　）	

（注1）　確認した資料の番号を記載する。
（注2）　裏面の写しは作成しない。また，個人番号は記載しない。
（注3）　被保険者証の種類を記載する。
（注4）　写しの基礎年金番号部分は塗抹する。また，基礎年金番号は記載しない。

第34条（他の登記所の登記官に対する本人確認の調査の嘱託）

> （他の登記所の登記官に対する本人確認の調査の嘱託）
> 第34条　登記官が本人確認の調査のため申請人等の出頭を求めた場合において，申請人等から遠隔の地に居住していること又は申請人の勤務の都合等を理由に他の登記所に出頭したい旨の申出があり，その理由が相当と認められるときは，当該他の登記所の登記官に本人確認の調査を嘱託するものとする。
> 2　前項の嘱託は，別記第52号様式による嘱託書を作成し，これに登記事項証明書及び申請書の写しのほか，委任状，印鑑証明書等の本人確認の調査に必要な添付書面の写しを添付して，当該他の登記所に送付する方法によって行うものとする。
> 3　第1項の嘱託を受けた登記官が作成した本人確認調書は，調査終了後，嘱託書と共に嘱託をした登記所に送付するものとする。

1　本条は，第33条に規定する登記官による本人確認の調査を他の登記所の登記官に嘱託すべき場合とその方法等について定めている。新設された規定である。

2　本条第1項は，登記官が他の登記所の登記官に対して本人確認調査を嘱託すべき場合について定めている。

　不登法第24条第1項において登記官による本人確認調査の権限が規定され，申請人となるべき者以外の者が申請していると疑うに足りる相当な理由があると認めるときは，登記官は申請人等に出頭を求めることができることとされた。しかし，当該申請人等は，必ずしも登記を申請した登記所の管轄区域内あるいはその近隣に居住しているとは限らず，申請人等にとって，申請した登記所に出頭することが大きな負担となる場合もあることから，同条第2項は，本人確認調査の相手方となる申請人等が遠隔の地に居住しているとき，その他登記官が相当と認めるときは，他の登記所の登記官に対し本人確認調査を嘱託することができるものと規定している。

　そこで，本条第1項は，登記官が本人確認調査のため申請人等の出頭を求めたところ，申請人等から他の登記所に出頭したい旨の申出があり，その理由が相当と認められるときは，他の登記所の登記官に本人確認調査を嘱託すべきことを明示的に定めたものである。

第34条（他の登記所の登記官に対する本人確認の調査の嘱託）

他の登記所に出頭したい旨の申出が相当と認められる理由として，申請人等が遠隔地に居住している場合や勤務地が遠隔地にある場合のほか，申請人の長期出張や病気による入院等により，遠隔地に滞在している場合が考えられる。

3　本条第2項は，本人確認調査を他の登記所の登記官に対して嘱託する場合の具体的な事務処理について定めている。

本人確認調査を他の登記所の登記官に嘱託する場合は，別記第52号様式により所要の事項を記載した嘱託書を作成し，これに当該申請に係る登記事項証明書及び申請書の写しのほか，委任状，印鑑証明書等の本人確認調査に必要な添付書面の写しを添付して，他の登記所に送付することとしている。このように，当該登記の申請において提出された申請書や添付書面の写しを送付することとしたのは，当該申請書や添付書面の原本については，当該登記の申請がされた登記所において保存する必要がある（規則第17条）ためである。

なお，送付する添付書面の写しは，本人確認調査に必要な限度で足りることから，本人確認調査に必要のない添付書面の写しについては，送付する必要はない。

4　本条第3項は，本人確認調査の嘱託を受けた登記官が本人確認調査を行った後の事務処理について定めている。

本人確認調査の嘱託を受けた登記所の登記官は，その調査を終了したときは，規則第59条第1項後段の規定により本人確認調書を作成し，この本人確認調書とともに送付を受けた嘱託書を，嘱託をした登記所に送付することとしている。

なお，嘱託書とともに送付された登記事項証明書，申請書及び添付書面の写しについては，嘱託を受けた登記所において適宜廃棄して差し支えないとされている（施行通達記の第1の1(8)）。

別記第52号（第34条第2項関係）

```
                                  日 記 第        号
                                  平成   年 月 日

  法務局    出張所登記官　殿
                                      法務局    出張所
                                    登記官        職印

                  嘱　　託　　書

  不動産登記法第24条第2項の規定により，下記のとおり本人確認の調査を
  嘱託します。

                         記

  1  本人確認を要する申請人又はその代表者若しくは代理人の氏名又は名
     称

  2  申請人となるべき者以外の者が申請していると疑うに足りる相当な理
     由の概要

  3  添付書面の表示
```

（不正登記防止申出）
第35条　不正登記防止申出は，登記名義人若しくはその相続人その他の一般承継人又はその代表者若しくは代理人（委任による代理人を除く。）が登記所に出頭してしなければならない。ただし，その者が登記所に出頭することができない止むを得ない事情があると認められる場合には，委任による代理人が登記所に出頭してすることができる。
2　不正登記防止申出は，別記第53号様式又はこれに準ずる様式による申出書を登記官に提出してするものとする。

第35条（不正登記防止申出）

　3　前項の申出書には，登記名義人若しくはその相続人その他の一般承継人又はその代表者若しくは代理人が記名押印するとともに，次に掲げる書面を添付するものとする。
　(1)　登記名義人若しくはその相続人その他の一般承継人又はその代表者若しくは代理人（委任による代理人を除く。）の印鑑証明書。ただし，登記申請における添付書面の扱いに準じて，その添付を省略することができる。
　(2)　登記名義人又はその一般承継人が法人であるときは，当該法人の代表者の資格を証する書面。ただし，前項の申出書に当該法人の会社法人等番号（商業登記法（昭和38年法律第125号）第7条（他の法令において準用する場合を含む。）に規定する会社法人等番号をいう。次号及び第46条第2項において同じ。）をも記載したときは，その添付を省略することができる。
　(3)　代理人によって申出をするときは，当該代理人の権限を証する書面。ただし，登記名義人若しくはその一般承継人又はその代理人が法人である場合において，前項の申出書に当該法人の会社法人等番号をも記載したときは，登記申請における添付書面の扱いに準じて，その添付を省略することができる。
　4　登記官は，不正登記防止申出があった場合には，当該申出人が申出に係る登記の登記名義人又はその相続人その他の一般承継人本人であること，当該申出人が申出をするに至った経緯及び申出が必要となった理由に対応する措置を採っていることを確認しなければならない。この場合において，本人であることの確認は，必要に応じ規則第72条第2項各号に掲げる方法により行うものとし，登記名義人の氏名若しくは名称又は住所が登記記録と異なるときは，氏名若しくは名称又は住所についての変更又は錯誤若しくは遺漏を証する書面の提出も求めるものとする。
　5　登記官は，不正登記防止申出を受けたときは，不正登記防止申出書類つづり込み帳に第2項の申出書及びその添付書面等の関係書類をつづり込むものとする。
　6　前項の場合は，不正登記防止申出書類つづり込み帳の目録に，申出に係る不動産の不動産所在事項，申出人の氏名及び申出の年月日を記

載するものとする。
7　登記官は，不正登記防止申出があった場合において，これを相当と認めるときは，前項の目録に本人確認の調査を要する旨を記載するものとする。
8　不正登記防止申出の日から3月以内に申出に係る登記の申請があったときは，速やかに，申出をした者にその旨を適宜の方法で通知するものとする。本人確認の調査を完了したときも，同様とする。
9　登記官は，不正登記防止申出に係る登記を完了したときは，第2項の申出書を不正登記防止申出書類つづり込み帳から除却し，申請書（電子申請にあっては，電子申請管理用紙）と共に保管するものとする。この場合には，不正登記防止申出書類つづり込み帳の目録に，登記を完了した旨及び除却の年月日を記載するものとする。

1　本条は，不正登記防止申出の申出人，申出の方法，申出があった場合における措置等について定めている。新設された規定である。
　平成16年改正により，出頭主義が廃止されたことに伴い，登記官が申請人となるべき者以外の者が申請していると疑うに足りる相当な理由があると認めるときは，申請を却下すべき場合を除き，登記官は申請人の権限の有無を調査しなければならないことが明確にされた（不登法第24条第1項）。そこで，登記官は，申請人となるべき者本人から，申請人となるべき者に成りすました者が申請をしている旨又はそのおそれがある旨の申出がされた場合には，これを不正登記防止申出（第33条第1項第2号）として取り扱い，登記官による本人確認調査の契機とすることとしている。
　このような取扱いについては，平成16年改正以前においても，不動産の登記名義人等から，印鑑証明書や登記済証の盗難があったことなどを理由に不正な登記が申請されるおそれがあるとの申出があった場合において，その申出に係る登記の申請があったときは，申請がされた旨をその申出人に連絡する等，不正な登記を防止する措置を執っていた登記所もあった。そこで，平成16年改正により，このような取扱いを「不正登記防止申出」として準則に位置付けることにより，全ての登記所において取扱いを統一することとしたものである。
2　本条第1項は，不正登記防止申出の申出人について定めている。

第35条（不正登記防止申出）

　不正登記防止申出は，原則として，登記名義人若しくはその相続人その他の一般承継人又はその代表者若しくは法定代理人が登記所に出頭してしなければならないとされ，委任による代理人からの申出は，特別の事情がなければすることができない。このように委任による代理人からの申出を除外したのは，登記名義人又はその法定代理人が登記所に出頭して申し出ることを要件としているからである。ただし，登記名義人等が遠方に居住しているなど，直ちに出頭することができないようなやむを得ない事情があると認められる場合には，例外的に，委任による代理人が登記所に出頭してすることができるものとしている。

　不正登記防止申出が，登記申請と異なり，申出人本人の出頭を原則としているのは，この申出が犯罪等に関係する不正事案に係るものであり，申出人が本人であるかどうかを十分に確認した上で，登記官による本人確認を行うかどうかを判断するため，申出人本人から事情を聴取し，また，この申出に係る措置等について，直接申出人本人に説明し，申出人本人が，その後にすべき行動に遺漏がないようするためであると思われる。

3　本条第2項及び第3項は，不正登記防止申出の方法について定めている。

　不正登記防止申出は，書面（別記第53号様式又はこれに準ずる様式による申出書）によりすることとされている（本条第2項）ほか，登記官が当該申出が本人又は権限のある代理人からの申出であるかどうかを判断する必要があるため，申出人が申出書に押印した印鑑に係る印鑑証明書（本条第3項第1号本文），代表者の資格を証する書面（申出人が法人である場合。同項第2号本文）及び代理人の権限を証する書面（代理人によって申出をする場合。同項第3号本文）の添付が必要となる。

　ただし，これらの添付書面のうち，印鑑証明書については，「登記申請における添付書面の扱いに準じて」，すなわち，規則第48条第1項各号に掲げる場合には，その添付を省略することができる（本条第3項第1号ただし書）。

　また，代表者の資格を証する書面については，法人の会社法人等番号をも申出書に記載したときは，その添付を省略することができる（同項第2号ただし書）。さらに，代理人の権限を証する書面については，①登記名義人若しくはその一般承継人又は②その代理人が法人である場合において，申出書

第35条（不正登記防止申出）

に当該法人の会社法人等番号をも記載したときは，「登記申請における添付書面の扱いに準じて」，その添付を省略することができる（同項第3号ただし書）。すなわち，①登記名義人若しくはその一般承継人が法人である場合には，支配人等の法人の代理人が当該法人の会社法人等番号をも申出書に記載したときに，その添付を省略することができ，②司法書士法人等の法人である代理人が当該法人の会社法人等番号をも申出書に記載した場合には，委任状を除き，その添付を省略することができる。これらはいずれも，平成27年262号政令により申請人が法人である場合における添付情報が資格証明情報から会社法人等番号へと変更されたこと等に伴う準則の改正点であり，不正登記防止申出の手続においても申出人の負担軽減等が図られたものである。

4　本条第4項は，不正登記防止申出があった場合に，登記官が確認すべきことを定めている。

　登記官は，不正登記防止申出があった場合には，当該申出が権限のある者からされていることを確認するとともに，申出人が不正登記防止申出をするに至った経緯及び申出が必要となった理由に対応する措置を採っていることを確認する必要がある。

　申出人の本人確認は，印鑑証明書によるほか，事案に応じて規則第72条第2項各号に掲げる方法（運転免許証等の提示）により行うが，登記名義人の住所又は氏名に変更があり，登記記録と一致しない場合には，その変更等の事実を証する書面の提出も求めることとなる。

　また，「申出が必要となった理由に対応する措置」とは，例えば，①印章又は印鑑証明書の盗難を理由とする場合には警察等の捜査機関に被害届を提出したこと，②第三者が不正に印鑑証明書の交付を受けたことを理由とする場合には印鑑証明書を交付した市区町村長に当該印鑑証明書を無効とする手続を依頼したこと，③本人の知らない間に当該不動産の取引がされている等の情報を得たことを理由とする場合には警察等の捜査機関又は関係機関への防犯の相談又は告発等をしたことなどが掲げられる。ただし，不正登記防止申出の内容が，緊急を要するものである場合には，あらかじめこれらの措置を採っていないときであっても，申出を受け付けて差し支えないが，申出人には，直ちに，何らかの措置を採ることを求めるものとされている（施行通達記の第1の2(2)）。

　なお，申出人が当然採るべき措置を採っていない場合において，登記官が

第35条（不正登記防止申出）

促したにもかかわらず、申出人が直ちに適切な措置を採らないときは、いわゆる心変わりによる虚偽の申出であることもあり得るので、申出人において、合理的な理由がなく何らかの措置を採らない場合には、仮にその申出に係る登記の申請があったとしても、本人確認の調査をする必要はないと思われる。

5 本条第5項から第7項までは、不正登記防止申出があった場合の事務処理について定めている。

登記官は、不正登記防止申出を受けたときは、不正登記防止申出書類つづり込み帳に申出書、添付書類等の関係書類をつづり込み（本条第5項）、作成の翌年から3年間保存しなければならない（第17条第1項第10号）。不正登記防止申出書類つづり込み帳の目録には、申出に係る不動産の所在事項、申出人の氏名及び申出の年月日を記載する（本条第6項）。そして、登記官は、当該不正登記防止申出の内容を相当と認めるときは、不正登記防止申出書類つづり込み帳の目録に、本人確認調査を要する旨を記載して管理することとされている（本条第7項）。

これにより、当該不正登記防止申出の日から3か月以内に申出に係る登記の申請があった場合には、本人確認調査が実施されることになる（第33条第1項第2号）。

このように、本人確認調査の契機とする期間を申出の日から3か月以内としたのは、申出に係る不正な登記の申請に添付される印鑑証明書等の有効期限が3か月とされている（登記令第16条第3項、第17条第1項及び第18条第3項）こと等によるものと思われる。

なお、3か月が経過した後の取扱いとして、不正登記防止申出の更新の手続は設けられていないが、当事者が再度、同じ案件について不正登記防止申出をすることは可能であり、再度申出があったときには、登記官は、その時点でその申出が相当であると認められれば、更に同様の取扱いをすることは差し支えないと考えられる。

6 本条第8項は、不正登記防止申出に係る登記の申請があった場合における取扱いについて定めている。

不正登記防止申出に係る登記の申請があったとしても、直ちに当該登記の申請が却下事由に該当するわけではない。すなわち、登記官は、不正登記防止申出があり、その内容が相当であると判断した場合に、本人確認調査を行

い，その結果，申請人となるべき者以外の者が申請していると判断したときに，当該登記の申請を却下することとなる（不登法第25条第4号）。

そこで，不正登記防止申出の日から3か月以内に申出に係る登記の申請があったとき及び本人確認の調査を完了したときは，登記官は，速やかに申出をした者に対し，その旨を適宜の方法で通知することとされた。この通知は，申出人が採ることができる何らかの措置がある場合に，可能な限り速やかに，その手続に着手することができるように配意されたものと思われる。

また，このような取扱いがされることについて，申出人が理解をすることができるようにするため，登記官は，不正登記防止申出を受けたときは，申出人に対して，申出があったことのみより申出に係る登記の申請を却下するものではないこと，申出に係る措置は申出の日から3か月以内の間に申出に係る登記の申請があった場合にするものであること等の不正登記防止申出の取扱いの趣旨を十分に説明する必要がある（施行通達記の第1の2(1)）。

7　本条第9項は，不正登記防止申出に係る登記を完了した場合の処理について定めている。

登記官は，不正登記防止申出に係る登記を完了したときは，不正登記防止申出書類つづり込み帳から申出書を除却して，申請書（電子申請については，電子申請管理用紙）とともに保管し，不正登記防止申出書類つづり込み帳の目録に，登記を完了した旨及び除却の年月日を記載する。

第35条（不正登記防止申出）

別記第53号（第35条第2項関係）

不正登記防止申出書

申出年月日	平成　年　月　日	申出番号	
申出人の表示	住　　所 氏　　名　　　　　　　㊞ □ 登記名義人　□ 相続人　□ その他（　　　　　） 連絡先（自宅・携帯・勤務先） 　　　（　　）－		
代理人の表示	住　　所 代理資格 氏　　名　　　　　　　㊞ 連絡先（自宅・携帯・勤務先） 　　　（　　）－		
委任による代理人による理由	別添委任状に記載した理由により，申請人が登記所に出頭できない。		
種別	市・区・郡・町・村	大字・字	地　番	家屋番号
1 □土地 2 □建物				
3 □土地 4 □建物				
5 □土地 6 □建物				
申出の事由	平成　年　月　日ころ，所有者（登記名義人）　　　の　　　が，①盗難にあった　②不正に交付された　③その他（　　　）ため，不正な登記の申請がされるおそれがあるので，上記不動産に対して登記の申請があった場合は，連絡願います。			
被害届・告訴の有無等	□ 有（平成　年　月　日被害届・告訴　　　警察署） □ 無			
対応期間	申出の日から3か月（平成　年　月　日まで）			

上記のとおり申出します。

　　　法務局（地方法務局）　　　　　　　　　　支　局
　　　　　　　　　　　　　　　　　　　　　　出張所　御中

(補正期限の連絡等)
第36条　登記官は，電子申請についての不備が補正することができるものである場合において，登記官が定めた補正を認める相当期間を当該申請の申請人に告知するときは，次に掲げる事項を記録した補正のお知らせを作成して，登記・供託オンライン申請システムに掲示してするものとする。
(1)　補正を要する事項
(2)　補正期限の年月日
(3)　補正期限内に補正がされなければ，申請を却下する旨
(4)　補正の方法
(5)　管轄登記所の電話番号
2　登記官は，書面申請についての不備が補正することができるものである場合において，登記官が定めた補正を認める相当期間を当該申請の申請人に告知するときは，電話その他の適宜の方法により第1項各号に掲げる事項を連絡してするものとする。
3　申請書又は添付書面の不備を補正させる場合は，登記官の面前でさせるものとする。この場合において，当該書面が資格者代理人の作成によるものであるときは，当該資格者代理人本人に補正させるものとする。
4　申請の不備の内容が規則第34条第1項各号に掲げる事項に関するものであるときその他の法第25条に規定する却下事項に該当しないときは，補正の対象としない。申請情報の内容に不備があっても，添付情報（公務員が職務上作成したものに限る。）により補正すべき内容が明らかなときも，同様とする。
5　補正期限内に補正されず，又は取り下げられなかった申請は，当該期限の経過後に却下するものとする。

1　本条は，登記の申請の補正に関する取扱いについて定めている。新設された規定である。
　不登法第25条ただし書は，登記の申請に却下事由がある場合であっても，その申請の不備が補正することができるものである場合において，登記官が

第36条（補正期限の連絡等）

定めた相当の期間内に，申請人がこれを補正したときは，却下しない旨を規定している。

　この補正の取扱いについては，旧不登法においても，申請人が申請の欠缺を即日補正した場合には，申請を却下しない旨が規定されていた（旧不登法第49条ただし書）が，補正の方法等については具体的な規定はなかった。そこで，不登法下においては，補正に係る処理が適正に行われるように，規則第60条において補正の方法や補正がされるまでの処理に係る規定が設けられたことから，本条において具体的な補正の処理等について明らかにしたものである。

2　本条第1項は，電子申請により登記の申請をした場合の補正の告知方法等について定めている。

　電子申請による登記の申請は，登記・供託オンライン申請システムを経由して行われるため，申請人に対する補正の告知についても，同システムに補正のお知らせを掲示する方法により行うこととしている。

　具体的には，登記所から，補正のお知らせが同システムに送信され，申請用総合ソフトの「処理状況表示」画面の「補正」欄に補正のお知らせが掲示される。補正のお知らせの内容には，①補正を要する事項，②補正期限の年月日，③補正期限内に補正がされなければ，申請を却下する旨，④補正の方法及び⑤管轄登記所の電話番号を含めなければならない。

　申請人は，補正のお知らせの内容に基づき，補正情報を作成し，原則としてオンラインにより登記所に送信する（規則第60条第2項第1号）が，登録免許税を追加納付することについては，オンラインにより補正して電子納付をする方法のほか，登録免許税納付用紙（第124条第1項）に必要な登録免許税額に相当する国庫金納付の領収証書又は収入印紙を貼り付けて登記所に提出する方法により補正することも認められている（税法第24条の2，施行通達記の第2の4(2)）。

3　本条第2項は，書面申請により登記の申請をした場合の補正の告知方法等について定めている。

　書面申請の場合の補正の告知は，電話その他の適宜の方法（資格者代理人への告知等）により行うこととしており，告知すべき内容は，本条第1項の電子申請の場合と同様である。

　補正の告知を受けた申請人は，登記所に提出した書面を補正し，又は補正

に係る書面を登記所に提出する方法により補正することとなる（規則第60条第2項第2号）。

4　本条第3項は，書面申請の場合における補正方法について定めている。

　申請人が申請書又は添付書面の補正をする場合には，補正とは関係のない部分を不正に改ざんされたり，書面を誤って持ち帰られたりすることのないように注意する必要がある。そのため，書面申請の場合の補正は，登記官の面前でさせることとしている。

　また，既に提出された書面を訂正することができるのは，その書面の作成権限のある者に限られることから，当該書面が資格者代理人により作成されたものであるときは，当該資格者代理人本人に補正させるものとしている。他方，申請人又は代理人以外の第三者が作成した添付書面については，作成権限を有しない申請人又は代理人が補正することはできない。

5　本条第4項は，申請の不備のうち補正の対象としない事項について定めている。

　不登法第25条ただし書により認められている補正とは，登記の申請の却下事由に該当する不備がある場合に，申請人にその不備を訂正する機会を与えるものであるから，却下事由に該当しない申請の不備については，ここにいう補正の対象ではない。そのため，本条第4項前段で，申請の不備が不登法第25条に規定する却下事項に該当しないときは補正の対象としないとしているのは，当然のことを注意的に規定したにすぎない。

　同項では，却下事由に該当しない申請の不備として，任意的な申請情報の内容である規則第34条第1項各号に掲げる事項（申請人の電話番号等）に関する内容の不備が例示されているが，これらの情報は，登記の申請を適正かつ迅速に処理する観点から，申請人に提供を求めている情報であって，その内容に誤り等があったとしても，不登法第25条に規定する却下事由に該当するものではないことから，補正の対象にはならない。

　また，本条第4項後段では，申請情報の内容に不備があっても，公務員が職務上作成した添付情報により補正すべき内容が明らかなときも，補正の対象とはしないものとしている。これは，例えば申請人の住所の表記に不備があった場合は，却下事由に該当する（不登法第25条第7号）ため，本条第4項前段によれば補正の対象になるが，補正すべき申請情報の内容が住民票の写しなどの添付情報により明らかなときは，あえて補正させるまでもないた

第37条（登記識別情報の通知）

め，補正の対象としないこととされたものである。

6 本条第5項は，補正期限内に補正されなかった場合の処理について定めている。

不登法第25条ただし書に基づく補正は，登記官が定めた補正期限までに行わなければならず，不備が補正されなかった場合には，当該申請は却下されることになる。もっとも，補正を要する申請がされた場合には，登記官は直ちに却下しなければならないのが原則であり，必ず補正を認めなければならないという義務はないが，登記官が補正期間を定めて補正を命じたにもかかわらず，その補正期間が経過する前に補正に係る却下事由を根拠に却下することは，いわば信義則に反することになる。そこで，規則第60条第1項は，登記官が補正期間を定めたときは，当該期間内は，補正に係る不備を理由に申請を却下することができない旨を定めている。これを受けて，本条第5項では，補正期限までに補正されず，又は申請が取り下げられなかった場合には，当該期限の経過後に申請を却下するとの取扱いを明示的に定めているものである。

第3款　登記識別情報

（登記識別情報の通知）

第37条　登記識別情報の通知は，登記識別情報のほか，次に掲げる事項を明らかにしてするものとする。

(1)　不動産所在事項及び不動産番号
(2)　申請の受付の年月日及び受付番号又は順位番号並びに規則第147条第2項の符号
(3)　登記の目的
(4)　登記名義人の氏名又は名称及び住所
(5)　当該登記識別情報その他の登記官の使用に係る電子計算機において登記名義人を識別するために必要な情報を表すバーコードその他これに類する符号

2　規則第63条第1項第2号又は同条第3項に規定する登記識別情報を記載した書面（以下「登記識別情報通知書」という。）は，別記第54号様式によるものとし，同条第2項の措置として，登記識別情報及び

第37条（登記識別情報の通知）

　　前項第5号に規定するバーコードその他これに類する符号を記載した部分が見えないように用紙を折り込みこれを被覆し，その縁をのり付けするものとする。
3　登記識別情報通知書は，申請人に交付するまでの間，厳重に管理しなければならない。
4　登記識別情報通知書を登記所において交付する場合には，交付を受ける者に，当該登記の申請書に押印したものと同一の印を登記識別情報通知書交付簿に押印させて，登記識別情報を交付することができる者であることを確認するとともに，当該登記識別情報通知書を受領した旨を明らかにさせるものとする。
5　前項の場合において，登記官が必要と認めるときは，身分証明書等の文書の提示を求める方法により，登記識別情報を交付することができる者であるか否かを確認し，その際，交付を受ける者の了解を得て，当該文書の写しを作成し，登記識別情報通知書交付簿に添付するものとする。ただし，了解を得ることができない場合にあっては，文書の種類，証明書の番号その他文書を特定することができる番号等の文書の主要な記載内容を登記識別情報通知書交付簿に記載するものとする。
6　登記識別情報通知書を送付の方法により交付する場合には，登記識別情報通知書交付簿に登記識別情報通知書を送付した旨を記載するものとする。

1　本条は，登記識別情報の通知の方法などについて定めている。新設された規定である。
2　不登法第21条は，「登記官は，その登記をすることによって申請人自らが登記名義人となる場合において，当該登記を完了したときは，法務省令で定めるところにより，速やかに，当該申請人に対し，当該登記に係る登記識別情報を通知しなければならない」と規定している。
　本条は，この規定を受けて，主に書面申請における登記官が申請人に登記識別情報を通知する際の細目的な内容を規定している。
　なお，電子申請における登記識別情報の通知は，登記・供託オンライン申請システムにより通知されることとなるが，規則第63条第1項柱書の法務大

第37条（登記識別情報の通知）

臣が定める場合として，電子申請の場合であっても，当面，登記識別情報通知書の交付を申し出ることができる（http://www.moj.go.jp/MINJI/minji144.html）とされており，このときには，書面申請における登記識別情報の通知と同様の方法により通知することとなる。

3　本条第1項は，登記識別情報を通知する際に，当該登記識別情報のほかに明らかにすべき事項を定めている。

　登記識別情報は，「アラビア数字その他の符号の組合せにより，不動産及び登記名義人となった申請人ごとに定める」こととされている（規則第61条）。そのため，申請人に登記識別情報を通知する際に，当該登記識別情報のみを通知した場合には，その登記識別情報が，どの不動産のどの登記名義人に係るものであるかを特定することができない。登記識別情報は，後日，登記名義人が一定の登記を申請する際に，その申請情報とともに当該登記識別情報を提供させることにより，登記官が当該申請人の申請権限の有無を確認するために通知されるものであるが，どの不動産のどの登記名義人に係るものであるかを特定することができなければ，申請情報とともに提供することは困難となる。

　そこで，登記識別情報を通知する際には，当該登記識別情報のほかに，同項各号に規定する事項を明らかにすることとされている。

　同項第5号は，平成26年852号民事局長通達における改正によって追加されたものであり，同号の符号としては，登記官の使用に係る電子計算機において登記名義人を識別するために必要な情報を格納したQRコード（二次元バーコード）が該当する。これは，申請人が電子申請をする際における登記識別情報の入力の負担軽減及び登記官が申請人から提供された登記識別情報の照合を行う際における負担軽減を図るためのものである。

4　本条第2項は，登記識別情報通知書を交付する方法により登記識別情報を通知する際の当該書面の様式などを定めている。

　登記識別情報は，申請人（申請人から登記識別情報を知ることを許された代理人（規則第62条）を含む。以下本条の解説において同じ。）にのみ通知される極めて秘匿性の高い情報であるため，規則第63条第2項では，登記官が登記識別情報の通知をするに当たり，「法第21条本文の規定により登記識別情報の通知を受けるべき者及び前条第1項各号に定める者並びに同条第2項の代理人（略）以外の者に当該通知に係る登記識別情報が知られないよう

にするための措置を講じなければならない」と規定しており，本条第2項は，この規定を受けて，登記識別情報の秘匿の方法等を明らかにしている。

具体的には，登記識別情報通知書を交付する方法により登記識別情報を通知する際は，別記第54号様式により作成するとともに，登記識別情報及び前記3の登記官の使用に係る電子計算機において登記名義人を識別するために必要な情報を格納したQRコードが記載されている部分を見えないように用紙を折り込みこれを被覆し，その縁をのり付けするものとされている（平成26年852号通達における改正の前までは，登記識別情報が記載されている部分を見えないようにシールを貼り付ける方法によるとされていた。本被覆措置は，登記所に設置される登記識別情報通知用プリンタに依存するため，当該措置の実施時期は，登記所ごとに別に定めるとされている（前掲平成26年852号民事局長通達））。

なお，電子申請において登記・供託オンライン申請システムにより電磁的記録をもって登記識別情報を通知する際には，その電磁的記録が暗号化されて通知されており，これを復号するには，申請人があらかじめ定めたパスワードが必要になる措置が講じられている。

5 本条第3項は，登記識別情報通知書の管理について定めている。

前記4のとおり，登記識別情報が極めて秘匿性の高い情報であり，不登法第151条第1項において，登記官は，登記識別情報の安全管理のために必要かつ適切な措置を講じなければならないと規定されていることを踏まえ，申請人に交付するまでの間の登記識別情報通知書の登記所における管理について，容易に他人に知られないよう，厳重に行う必要があることを確認的に定めたものである。

6 本条第4項は，登記識別情報通知書を登記所において交付する場合には，交付を受ける者に，当該登記の申請書に押印したものと同一の印を登記識別情報通知書交付簿に押印させて，登記識別情報を交付することができる者であることを確認するとともに，当該登記識別情報通知書を受領した旨を明らかにさせるものとすることを定めている。

登記識別情報は，申請人にのみ通知される情報であることから，当該申請人以外の者に登記識別情報通知書を交付することはできない。そこで，登記識別情報通知書を登記所において交付する際には，その交付を受けるために登記所に訪れた者に，当該登記の申請書に押印したものと同一の印を登記識

第37条（登記識別情報の通知）

別情報通知書交付簿に押印させることにより，当該者が登記識別情報通知書の交付を受けるべき者であることを確認することとしており，また，この押印をさせることを通じて，当該申請人が当該登記識別情報通知書を受領した旨を明らかにし，後日，登記識別情報通知書の授受に関する申請人とのトラブルの発生を未然に防止することとしている。

7　本条第5項は，前記6により登記識別情報通知書を登記所において交付する場合に，登記官が必要と認めるときは，一定の確認をすることを定めている。すなわち，同項本文では，身分証明書等の文書の提示を求める方法により，登記識別情報を交付することができる者であるかどうかを確認し，その際，交付を受ける者の了解を得て，当該文書の写しを作成し，登記識別情報通知書交付簿に添付することを定めている。また，同項ただし書では，同項本文の了解を得ることができない場合にあっては，文書の種類，証明書の番号その他文書を特定することができる番号等の文書の主要な記載内容を登記識別情報通知書交付簿に記載することを定めている。

同項に規定する「登記官が必要と認めるとき」とは，例えば，登記令附則第5条第1項の規定により添付書面を登記所に提出する方法によらずに電子申請がされた場合において，登記所において登記識別情報通知書を交付するとき（平成20年57号通達記の第2の3(6)）や登記識別情報通知書の交付を受ける際に，申請人が，当該登記の申請書に押した印を紛失したことなどにより，その印を登記識別情報通知書交付簿に押印することができないときなどが考えられる。

なお，登記識別情報の性質を考えれば，登記識別情報通知書の交付に当たっては，登記識別情報通知書の交付を受けるべき者であるかどうかをできる限り慎重に確認する必要があるところ，申請人が登記の申請書に押印したものと同一の印を持参している場合であっても，可能な限り，本条第5項の措置を講じることが望ましいものと考える。

また，個人番号カード又は国民年金手帳が提示された場合には第33条第5項に準じた取扱いがされるものと考えられる。

8　本条第6項は，登記識別情報通知書を送付の方法により交付する場合には，登記識別情報通知書交付簿に登記識別情報通知書を送付した旨を記載することを定めている。

登記識別情報通知書を送付の方法により交付する場合の方法等について

は，規則第63条第3項から第9項まで及び第63条の2以下に規定されている。

　本条第6項は，登記識別情報通知書を送付の方法により交付した場合に，その旨を登記識別情報通知書交付簿に記載することを定めるものであり，後日，申請人等から送付の有無について照会があった際に，その確認を容易にすることができることとなる。

　なお，後日の確認を更に容易にするには，登記識別情報通知書を送付した旨のほか，その発送の年月日，発送先なども記載しておくことが望ましいものと考える。

9　送付の方法による登記識別情報通知書の交付の求めがあった場合において，登記識別情報通知書を送付したにもかかわらず，受取人不明等により当該登記識別情報が返戻されたときは，規則第64条第1項第3号の規定により登記識別情報の通知を要しなくなるまでの間，厳重に管理するとともに，当該期間が経過するまでに当該登記識別情報通知書の交付の求めがあった場合には，当該登記識別通知書を交付して差し支えないとされている（平成20年57号通達記の第2の3(5)）。

別記第54号（第37条第2項関係）

登記識別情報通知

　次の登記の登記識別情報について，下記のとおり通知します。

【不動産】

【不動産番号】

【受付年月日・受付番号（又は順位番号）】

【登記の目的】

【登記名義人】

第38条（登記識別情報を廃棄する場合）

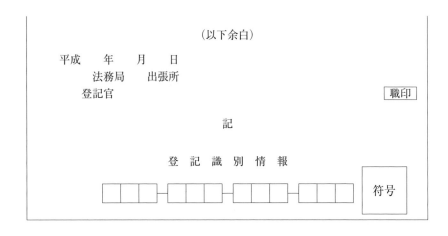

> （登記識別情報を廃棄する場合）
> 第38条　登記官は，規則第64条第3項の規定により同条第1項第2号に規定する登記識別情報又は同項第3号に規定する登記識別情報を記載した書面を廃棄する場合には，登記識別情報通知書交付簿にその旨を記載するものとする。
> 2　前項の規定により規則第64条第1項第2号に規定する登記識別情報又は同項第3号に規定する登記識別情報を記載した書面を廃棄するときは，廃棄後において，登記識別情報が部外者に知られないような方法によらなければならない。

1　本条は，規則第64条第3項の規定により同条第1項第2号に規定する登記識別情報又は同項第3号に規定する登記識別情報通知書を廃棄する場合の措置について定めている。新設された規定である。

2　規則第64条第1項第2号では，登記識別情報の通知を受けるべき者が，登記官の使用に係る電子計算機に備えられたファイルに登記識別情報が記録され，電子情報処理組織を使用して送信することが可能になったときから30日以内に自己の使用に係る電子計算機に備えられたファイルに当該登記識別情報を記録しない場合に，また，同項第3号では，登記識別情報の通知を受

けるべき者が，登記完了のときから３月以内に登記識別情報通知書を受領しない場合には，登記識別情報の通知を要しないこととされている（不登法第21条ただし書）。これを受け，登記官は，これらのいずかの場合に該当するときは，当該登記識別情報又は当該登記識別情報通知書を廃棄することができるとされている（規則第64条第３項）。

3 本条第１項は，規則第64条第３項の規定により同条第１項第２号に規定する登記識別情報又は同項第３号に規定する登記識別情報通知書を廃棄することとなった場合に，その経過を記録・保存する必要があるため，当該登記識別情報又は登記識別情報通知書を廃棄した旨を明らかにすることを定めている。

4 本条第２項は，通知を要しないこととなった規則第64条第１項第２号に規定する登記識別情報又は同項第３号に規定する登記識別情報通知書の廃棄の方法について定めている。

　登記識別情報は，申請人（申請人から登記識別情報を知ることを許された代理人を含む。）にのみ通知される情報であって，極めて秘匿性の高い情報であり，不登法第151条において，登記官は，その取り扱う登記識別情報の情報漏えいの防止のために必要かつ適切な措置を講じなければならないと規定されていることを踏まえ，その通知を要しなくなった場合には，廃棄後において，他人に知られないような方法で廃棄しなければならない旨を明確にしたものである。

（登記識別情報の失効の申出）
第39条　登記官は，登記識別情報の失効の申出を受けたときは，受付帳に当該失効の申出に係る受付番号を記録する方法により受け付けなければならない。
２　登記官は，前項の申出があった場合において，当該申出を相当と認めるときは，登記識別情報を失効させる措置を採らなければならない。
３　前項の措置は，当該失効の申出の受付の前に同一の不動産について受け付けられた登記の申請がある場合には，当該申請に基づく登記の

第40条（登記識別情報に関する証明）

> 処理をした後でなければ，することができない。

1　本条は，登記識別情報の失効の申出があった場合の措置について定めている。新設された規定である。
2　登記識別情報の失効の申出の方法等については，規則第65条に定められており，本条は，当該申出があった場合に登記官がすべき措置について定めている。
3　本条第1項は，登記官が登記識別情報の失効の申出を受けたときは，受付帳に当該失効の申出に係る受付番号を記録する方法により受け付けなければならないことを定めている。
4　本条第2項は，登記識別情報の失効の申出があった場合において，登記官が当該申出を相当と認めるときは，登記識別情報を失効させる措置を採らなければならないことを定めている。
5　本条第3項は，登記識別情報の失効の措置は，当該失効の申出の受付の前に同一の不動産について受け付けられた登記の申請がある場合には，当該申請に基づく登記の処理をした後でなければ，することができないことを定めている。

　例えば，ある不動産について登記の申請がされた場合において，その登記の申請の際に提供された登記識別情報について失効の申出がされたときに，登記官がその申出を相当と認め，当該登記識別情報を失効させてしまうと，当該登記の申請に係る登記識別情報は存在しないこととなる。このような状況を認めると，登記義務者が登記識別情報を提供して登記の申請を行った後，登記の完了を妨害する目的で登記識別情報の失効の申出を行い，登記権利者に不測の損害を与えることが可能となってしまう。

　同項は，このような不都合を回避するために，登記識別情報の失効の申出がされた不動産について，既に何らかの登記の申請が受け付けられている場合には，まず，申請に基づく登記の処理をすることを定めている。

> （登記識別情報に関する証明）
> 第40条　登記官は，令第22条第1項に規定する登記識別情報に関する証

明(登記識別情報が通知されていないこと又は失効していることの証明を除く。)の請求があった場合において，提供された登記識別情報が請求に係る登記についてのものであり，かつ，失効していないときは，請求に係る登記を表示した上，「上記の登記について平成何年何月何日受付第何号の請求により提供された登記識別情報は，当該登記に係るものであり，失効していないことを証明する。」旨の認証文を付すものとする。ただし，有効であることの証明ができないときは，次の各号に掲げる事由の区分に応じて，それぞれ当該各号に定める認証文を付して，有効であることの証明ができない理由を明らかにするものとする。

(1) 請求に係る登記があり，かつ，当該登記の登記名義人についての登記識別情報が失効していないが，当該登記の登記名義人についての登記識別情報と提供された登記識別情報とが一致しないとき。「上記の登記について平成何年何月何日受付第何号の請求により提供された登記識別情報は，正しい登記識別情報と一致しません。」

(2) 請求に係る登記があるが，当該登記の登記名義人についての登記識別情報が通知されず，又は失効しているとき。「上記の登記に係る登記識別情報が通知されず，又は失効しています。」

(3) 請求に係る登記があるが，請求人が登記名義人又はその一般承継人であることが確認することができないとき。「別添の請求番号何番の登記に係る平成何年何月何日受付第何号の登記識別情報に関する証明の請求については，請求人は，請求人としての適格があると認められません。」

　　(注)　別添として，請求情報又は請求情報を記載した書面を添付する。なお，請求情報において明らかにされた各不動産を特定するための番号(請求番号)により証明に係る不動産及び登記を特定するものとする。

(4) 請求に係る登記がないとき。「別添の請求番号何番の登記に係る平成何年何月何日受付第何号の登記識別情報に関する証明の請求については，請求に係る登記はありません。」

　　(注)　別添として，請求情報又は請求情報を記載した書面を添付する。なお，請求情報において明らかにされた各不動産を特定す

第40条（登記識別情報に関する証明）

　　　るための番号（請求番号）により証明に係る不動産及び登記を特定するものとする。
　(5)　前各号の場合以外の理由により証明することができないとき。これらの例にならって，例えば，登記手数料の納付がないなど具体的な理由を認証文に示して明らかにするものとする。
2　登記官は，令第22条第1項に規定する登記識別情報に関する証明のうち登記識別情報が通知されていないこと又は失効していることの証明の請求があった場合において，請求に係る登記の登記名義人についての登記識別情報が通知されず，又は失効しているときは，請求に係る登記を表示した上，「上記の登記に係る登記識別情報が通知されず，又は失効しています。」旨の認証文を付すものとする。ただし，登記識別情報が通知されていないこと又は失効していることの証明ができないときは，次の各号に掲げる事由の区分に応じて，それぞれ当該各号に定める認証文を付して，登記識別情報が通知されていないこと又は失効していることの証明ができない理由を明らかにするものとする。
　(1)　請求に係る登記があるが，当該登記の登記名義人についての登記識別情報が通知され，かつ，失効していないとき。「上記の登記に係る平成何年何月何日受付第何号の登記識別情報に関する証明の請求については，次の理由により，証明することはできません。
　　　　当該登記に係る登記識別情報が通知され，かつ，失効していません。
　　　（注）　この証明は，上記請求において登記識別情報が提供されていないため，当該登記に係る登記識別情報が通知され，かつ，失効していない事実のみを証明するものであり，特定の登記識別情報が当該登記に係る登記識別情報として有効であることを証明するものではありません。」
　(2)　請求に係る登記があるが，請求人が登記名義人又はその一般承継人であることが確認することができないとき。「別添の請求番号何番の登記に係る平成何年何月何日受付第何号の登記識別情報に関する証明の請求については，請求人は，請求人としての適格があると認められません。」

(注) 別添として，請求情報又は請求情報を記載した書面を添付する。なお，請求情報において明らかにされた各不動産を特定するための番号（請求番号）により証明に係る不動産及び登記を特定するものとする。
(3) 請求に係る登記がないとき。「別添の請求番号何番の登記に係る平成何年何月何日受付第何号の登記識別情報に関する証明の請求については，請求に係る登記はありません。」
(注) 別添として，請求情報又は請求情報を記載した書面を添付する。なお，請求情報において明らかにされた各不動産を特定するための番号（請求番号）により証明に係る不動産及び登記を特定するものとする。
(4) 前3号の場合以外の理由により証明することができないとき。これらの例にならって，例えば，登記手数料の納付がないなど具体的な理由を認証文に示して明らかにするものとする。
3 前条第1項の規定は前2項の証明の請求を受けた場合に，第126条第1項の規定は前2項の証明の請求書を受け付けた場合について準用する。
4 第1項の証明は，当該登記識別情報に関する証明の請求の受付の前に同一の登記識別情報について受け付けられた失効の申出がある場合には，当該申出に基づく措置をした後でなければ，することができない。

1 本条は，登記識別情報に関する証明の請求があった場合の証明方法等について定めている。新設された規定である。
2 登記令第22条では，登記名義人又はその相続人その他の一般承継人には，登記官に対し，登記識別情報が有効であることの証明その他の登記識別情報に関する証明を請求することができる旨を定めており，これを受けて，規則第68条で，登記識別情報に関する証明の請求の方法などを定めている。本条は，当該請求があった場合における登記官がすべき証明の方法などについて定めている。
3 本条第1項は，登記識別情報に関する証明（登記識別情報が通知されていないこと又は失効していることの証明を除く。）の請求があった場合にお

第40条（登記識別情報に関する証明）

ける当該証明の認証文等を定めている。

　なお，証明の請求がされた登記識別情報について，有効であることの証明ができないときは，本条第1項第1号から第5号までに掲げる事由の区分に応じて，それぞれ当該各号に定める認証文を付して，有効であることの証明ができない理由を明らかにすることとされている。

4　本条第2項は，登記識別情報に関する証明（登記識別情報が通知されていないこと又は失効していることの証明に限る。）の請求があった場合における当該証明の認証文等を定めている。

　なお，登記識別情報が通知されていないこと又は失効していることの証明ができないときは，本条第2項第1号から第4号までに掲げる事由の区分に応じて，それぞれ当該各号に定める認証文を付して，登記識別情報が通知されていないこと又は失効していることの証明ができない理由を明らかにするものとされている。

5　本条第3項は，登記識別情報に関する証明について，第39条第1項及び第126条第1項の規定を準用することを定めている。

　登記識別情報に関する証明についても，第39条第1項の規定を準用して，登記官が登記識別情報に関する証明の請求を受けたときは，受付帳に当該証明の請求に係る受付番号を記録する方法により受け付けなければならないことを定めている。また，登記令第22条では，登記識別情報に関する証明の請求は，手数料を納付してすることとされている。そのため，書面により登記識別情報に関する証明の請求がされた場合には，その手数料に相当する収入印紙が請求書に貼り付けられることとなる。本条第3項は，この貼り付けられた収入印紙について，第126条第1項の規定を準用して，再使用を防止することができる消印器により消印する等の措置を定めている。

6　本条第4項は，登記識別情報に関する証明（登記識別情報が通知されていないこと又は失効していることの証明を除く。）は，当該登記識別情報に関する証明の請求の受付の前に同一の登記識別情報について受け付けられた失効の申出がある場合には，当該申出に基づく措置をした後でなければ，することができないことを定めている。

　登記識別情報に関する証明についても，登記の申請と同様に，受付の順序に従って処理すべきことを確認的に定めたものである。

(登記識別情報の管理)
第41条　登記所の職員は，申請人から提供を受けた登記識別情報を部外者に知られないように厳重に管理しなければならない。
2　書面申請により提供された登記識別情報について審査したときは，その結果を印刷し，これを申請書と共に申請書類つづり込み帳につづり込むものとする。
3　当該登記の申請が却下又は取下げとなった場合において，申請人から申請書に添付した登記識別情報通知書を還付してほしい旨の申出があったときは，当該登記識別情報通知書を還付するものとする。この場合には，当該登記識別情報通知書を封筒に入れて封をした上，とじ代に登記官の職印で契印して還付するものとする。
4　第1項の規定は，登記識別情報に関する証明の請求において請求人から提供を受けた登記識別情報の管理について準用する。
5　第38条第2項の規定は，規則第69条の規定により登記識別情報を記載した書面を廃棄する場合について準用する。

1　本条は，登記所における登記識別情報の管理の方法等について定めている。新設された規定である。
2　本条第1項は，登記所の職員は，申請人から提供を受けた登記識別情報を部外者に知られないように厳重に管理しなければならないことを定めている。登記識別情報は，その安全確保について，登記官その他の登記所の職員等に安全確保の義務が課せられており（不登法第151条），これに応じた罰則についても，通常の国家公務員の守秘義務違反より重い法定刑が設定されている（不登法第159条）など，極めて秘匿性の高い情報であることから考えれば，登記所においてその管理を厳重にすることは当然のことであり，このことを確認的に定めたものである。
3　本条第2項は，書面申請により提供された登記識別情報について審査したときは，その結果を印刷し，これを申請書とともに申請書類つづり込み帳につづり込むものとする旨を定めている。書面申請の際に提供される登記識別情報は，規則第66条第2項の規定により，当該登記識別情報を記載した書面を封筒に入れて封をして提出されることとなるが，当該書面をそのまま申

第41条（登記識別情報の管理）

請書類つづり込み帳につづり込むこととすると，登記識別情報が他人に知られるおそれがある。他方で，登記の審査においては，提供された登記識別情報が有効なものであるかどうかを審査しているのであり，その結果が判明していれば，後日において登記の申請に疑義が生じた場合でも，十分に検証が可能である。

そこで，書面申請により提供された登記識別情報を記載した書面については，規則第69条第1項の規定により速やかに廃棄することとされる一方で，当該登記識別情報の審査の結果を印刷した書面を申請書とともに申請書類つづり込み帳につづり込むこととされたものである。

4 本条第3項は，当該登記の申請が却下又は取下げとなった場合において，申請人から申請書に添付した登記識別情報通知書の還付の申出があったときは，当該登記識別情報通知書を還付することを定めている。

書類の不備などにより登記の申請が却下又は取下げとなった場合に，その不備を是正して再度登記の申請がされる可能性が高いことに配慮して，申請人から申出があった場合には，登記識別情報通知書を還付することが定められたと考えられる。

なお，登記識別情報通知書を還付する場合には，登記識別情報を他人に知られないよう，当該登記識別情報通知書を封筒に入れて封をした上，とじ代に登記官の職印で契印して還付することとされている。

5 本条第4項は，登記識別情報に関する証明の請求において請求人から提供を受けた登記識別情報の管理について，本条第1項の規定を準用することを定めている。登記の申請であれ，登記識別情報に関する証明の請求であれ，提供される登記識別情報は同じであることからすれば，当然のことと考えられる。

6 本条第5項は，規則第69条の規定により登記識別情報を記載した書面を廃棄する場合について，第38条第2項の規定を準用することを定めている。

同項では，規則第64条第1項第2号に規定する登記識別情報又は同項第3号に規定する登記識別情報通知書を廃棄するときの廃棄の方法を定めているが，この規定を，規則第69条第1項の規定により登記識別情報を記載した書面を廃棄する場合について準用して，登記識別情報の安全確保を図っている。

第4款　登記識別情報の提供がない場合の手続

> （登記識別情報を提供することができない正当な理由）
> 第42条　法第22条ただし書に規定する登記識別情報を提供することができないことにつき正当な理由がある場合とは，次に掲げる場合とする。
> (1)　登記識別情報が通知されなかった場合
> (2)　登記識別情報の失効の申出に基づき，登記識別情報が失効した場合
> (3)　登記識別情報を失念した場合
> (4)　登記識別情報を提供することにより登記識別情報を適切に管理する上で支障が生ずることとなる場合
> (5)　登記識別情報を提供したとすれば当該申請に係る不動産の取引を円滑に行うことができないおそれがある場合
> 2　申請人が法第22条に規定する申請をする場合において，登記識別情報を提供することなく，かつ，令第3条第12号に規定する登記識別情報を提供することができない理由を申請情報の内容としていないときは，登記官は，直ちに法第25条第9号の規定により登記の申請を却下することなく，申請人に補正を求めるものとする。

1　本条は，登記識別情報を提供することができない正当な理由について定めている。新設された規定である。

2　登記識別情報とは，「第22条本文の規定により登記名義人が登記を申請する場合において，当該登記名義人自らが当該登記を申請していることを確認するために用いられる符号その他の情報であって，登記名義人を識別することができるもの」をいう（不登法第2条第14号）とされており，登記名義人の本人確認をする重要な情報の一つであって，従前の登記済証の一部機能を有するものである。そのため，登記識別情報を提供すべきとされている登記申請においては，原則として，登記識別情報を提供しなければならない（不登法第22条本文）。

3　しかし，登記識別情報は，登記済証とは異なり，アラビア数字その他の

第42条（登記識別情報を提供することができない正当な理由）

符号の組合せにより定められる情報であるため（規則第61条），それ自体は特定物として個性を有するものではない。したがって，登記識別情報は，その秘匿性を維持することが重要であり，キャッシュカードの暗証番号のように，他人に盗み見られないような方法で管理する必要がある。

4　このような登記識別情報の性質から，申請人があらかじめ登記識別情報の通知を希望しない旨の申出をしたときなどには，登記識別情報は通知されない（不登法第21条）し，いったん通知された登記識別情報を他人に盗み見られたなどの場合には失効させることも可能である（規則第65条）から，登記を申請する際に提供すべき登記識別情報が存在しない場合が想定される。また，登記名義人が登記識別情報を失念してしまったような場合には，登記識別情報を提供することができない。

そこで，不登法第22条ただし書は，登記識別情報を提供することができない正当な理由がある場合には，登記識別情報の提供を要しないと規定している。

5　本条第1項は，登記識別情報を提供することができないことにつき正当な理由がある場合に該当するものを，具体的に同項第1号から第5号までに掲げている。

このうち，同項第1号から第3号までは，前記4のように登記識別情報が通知されなかった場合（同項第1号），失効した場合（同項第2号），失念した場合（同項第3号）を定めたものである。このうち，同項第4号及び同項第5号は，平成20年58号通達によって追加されたものである。

同項第4号は，登記識別情報の保管・管理の面で問題が生じることがあることを念頭に置いて設けられたものである。例えば，Ａ土地に抵当権の設定の登記がされ，その抵当権の登記名義人である甲に対し登記識別情報が通知された後に，Ａ土地をＡ土地とＢ土地に分筆する登記がされた場合には，Ａ土地について通知された登記識別情報がＢ土地に複写され，その結果，Ａ土地及びＢ土地の登記識別情報は同一となるところ，その後，Ｂ土地のみについて抵当権の抹消の登記を申請する場合には，Ａ土地に抵当権の設定の登記がされた際に通知された登記識別情報を提供しなければならないことになるが，その際に当該登記識別情報が他の者の目に触れる可能性があり，このような場合には，登記識別情報を提供することができなくてもやむを得ない。

同項第5号は，登記識別情報を提供すると円滑な取引に支障を生じること

があることを念頭に置いて設けられたものである。すなわち，登記識別情報は，不動産及び登記名義人ごとに定められる（規則第61条）ため，多数の不動産や共有者を対象とするなど，多数の登記識別情報の提供を要する登記の申請を一度に行う場合には，登記申請の前に行う登記識別情報に関する証明請求に相当の時間を要するほか，電子申請を行う場合に，登記識別情報を個別に暗号化し，提供様式等を作成するのに相当の時間を要し，迅速な決済に支障が生ずることも考えられ，このような場合には，登記識別情報を提供することができなくてもやむを得ない。

6　本条第2項は，本条第1項各号に掲げる場合に，登記識別情報を提供することなく，かつ，登記識別情報を提供することができない理由を申請情報の内容としていないときの取扱いについて定めている。

　不登法第22条本文の規定により申請情報と併せて登記識別情報を提供しなければならない場合に，登記識別情報の提供がないときは，同法第25条第9号により登記の申請を却下しなければならないこととなる。しかし，登記識別情報の提供がなかったことだけでは，申請人が単に登記識別情報の提供を失念したのか，登記識別情報を提供することができない正当な理由があるのかについて，登記官は判断することができないことから，登記識別情報の提供をすることができない正当な理由がある場合に，これを提供することなく登記の申請をするときは，登記識別情報を提供することができない理由を申請情報の内容としなければならないとされている（登記令第3条第12号）。

　なお，この理由については，これを証する情報の提供までは求められていないことから，登記官は，当該理由が合理的な理由であるかどうかを判断することで足り，その理由の真偽を審査することまでは要しないものと解される。

7　本条第2項は，登記識別情報の提供が必要とされている登記申請において，必要となる登記識別情報が提供されていない場合の取扱いについて定めている。すなわち，登記識別情報を提供することなく，かつ，登記識別情報を提供することができない理由を申請情報の内容としていない場合に，登記官は，直ちに不登法第25条第9号の規定により登記の申請を却下することなく，申請人に補正を求めるものとしている。これにより，申請人が単に登記識別情報の提供を失念したに過ぎない場合には，改めて登記識別情報を提供すればよく，また，登記識別情報を提供することができない正当な理由が補

第43条（事前通知）

正により提供された場合には，登記官は，登記識別情報による本人確認に代えて，事前通知等の方法により申請人となるべき者が申請していることを確認することになる（不登法第23条）。

> （事前通知）
> 第43条　事前通知は，別記第55号様式の通知書（以下「事前通知書」という。）によるものとする。
> 2　登記官は，法第22条に規定する登記義務者が法人である場合において，事前通知をするときは，事前通知書を当該法人の主たる事務所にあてて送付するものとする。ただし，申請人から事前通知書を法人の代表者の住所にあてて送付を希望する旨の申出があったときは，その申出に応じて差し支えない。

1　本条は，事前通知をする場合の通知書の様式，通知書の送付先等を定めている。新設された規定である。

　本人確認を必要とする登記の申請において，登記識別情報を必ず提供することができるものではない（第42条の解説）。そこで，このような場合の登記識別情報の提供に代わる本人確認の方法の一つとして事前通知の制度が設けられている（不登法第23条）。

2　旧不登法においては，登記済証を提出すべき登記を申請する場合において，これを提出することができないときは，登記を受けた成年者2人以上が登記義務者について人違いでないことを保証した書面2通を登記済証に代えて提出することとされ（旧不登法第44条），その登記が所有権に関する登記であるときは，その申請の登記義務者に登記の申請があったことを郵便により通知（以下「旧事前通知」という。）し（旧不登法第44条ノ2第1項），登記義務者が通知書に署名捺印して，登記官に対し，登記の申請に間違いがないことを3週間以内に申し出させる（同条第2項，旧細則第42条ノ3）ことにより，登記義務者本人からの申請であることを確認する制度，いわゆる保証書制度が採られていた。この保証書制度は，この制度を悪用した成りすましによる不正な登記が散見されていたほか，適切な保証人を見つけることが

困難な場合があるなど，幾つかの問題点が指摘されていた。そこで，申請人の負担軽減と手続の合理化という観点から，保証書の制度が廃止され，新たな事前通知の制度が導入された。

3　本条第1項は，事前通知の通知書の様式を定めている。

事前通知は，登記名義人に対し，登記の申請があった旨及び当該申請の内容が真実であると思料するときはその旨の申出をすべき旨を通知するものである（不登法第23条第1項）。事前通知の方法は，申請が電子申請によりされたものであっても，書面申請によりされたものであっても，通知書の書面を住所地へ送付する方法で行われる（規則第70条第1項）。一方，事前通知に対する不登法第23条第1項の申出は，申請が電子申請の場合は電子情報処理組織を利用して（オンラインにより），申請が書面申請の場合は書面により，それぞれ行うこととされている（規則第70条第5項）ことから，事前通知の様式は，電子申請の場合と書面申請の場合とでそれぞれ別々の様式が定められている。

なお，この申出の方法については，電子申請の場合であっても，当分の間，代理人による申請で，いわゆる特例方式（登記令附則第5条第1項の規定による申請）により委任状が書面により提出されたときには，事前通知にその委任状に押印したものと同一の印を用いて押印した上で，書面により申し出ることができることとされている（規則附則第25条）。

4　本条第2項は，登記義務者が法人の場合における，事前通知書の送付先の取扱いについて定めている。

事前通知書を受け取るべき申請人が法人である場合には，事前通知書は，法人の主たる事務所に宛てて送付するが，申請人から事前通知書を法人の代表者の住所に宛てて送付を希望する旨の申出があったときは，その申出に応じるものとされているところ，これらは，いずれも旧事前通知の取扱い（旧準則第60条）と同様の取扱いである。さらに，本条第2項ただし書の申出については，口頭でも可能であるが，電子申請については，申請用総合ソフトの申請様式の自然文入力スペースに，書面申請については，申請書の適宜の箇所にその旨を記載することが望ましく，また，申請人が申し出た住所が商業登記簿に記録された住所と相違するときは，商業登記簿に記録された住所に宛てて送付することになると思われる。

なお，事前通知は，受取人が自然人（法人の代表者の住所に宛てて送付す

第43条（事前通知）

る場合を含む。）であるときは，本人限定郵便又はこれに準ずる方法，受取人が法人であるときは，書留郵便又はこれに準ずる方法により通知される（規則第70条第1項）。

別記第55号（第43条第1項，第118条第1号関係）

本人限定受取（特）

第43条（事前通知）

（電子申請の場合）

　　　　　　　　　　　　　　　文　書　第　　　　号
　　　　　　　　　　　　　　　平成　　年　　月　　日

　　　　　　殿
　　　　　　　　　　何市区郡何町村大字何字何何番地
　　　　　　　　　　　　法務局　　出張所
　　　　　　　　　　　登記官　　　　　　職　印
　　　　　　　　　　　　　　　　　　　　登記官印

　下記のとおり登記の申請がありましたので，不動産登記法第23条第１項の規定に基づき，この申請の内容が真実かどうかお尋ねします。
　申請の内容が真実である場合には，申請用総合ソフト等に用意されている「事前通知に基づく申出書」に，通知番号（下記の(6)に記載されています。），申請番号（到達確認表に表示されています。）及び氏名を入力し，申出書に申請書又は委任状にした電子署名と同じ電子署名をして，　　月　　日までに，登記・供託オンライン申請システムを利用して送信してください。

　　　　　　　　　　　　　　記

登記の申請の内容
(1)　不動産所在事項及び不動産番号

(2)　登記の目的
(3)　受　付　番　号
(4)　登　記　原　因
(5)　申　　請　　人

(6)　通　知　番　号

※（注意）
　この書面の内容に不明な点がありましたら，直ちに，上記の登記所に連絡してください。
　　連絡先電話番号

第４章　登記手続

第43条（事前通知）

（書面申請の場合）

　　　　　　　　　　　　　　　　　　　　文　書　第　　　　号
　　　　　　　　　　　　　　　　　　　　平成　　年　　月　　日

　　　　　　　殿
　　　　　　　　　　　　　　　何市区郡何町村大字何字何何番地
　　　　　　　　　　　　　　　　　法務局　　出張所
　　　　　　　　　　　　　　　　　登記官　　　　　　職　　印
　　　　　　　　　　　　　　　　　　　　　　　　　　登記官印

　下記のとおり登記の申請がありましたので，不動産登記法第23条第1項の規定に基づき，この申請の内容が真実かどうかお尋ねします。
　申請の内容が真実である場合には，この書面の「回答欄」に氏名を記載し，申請書又は委任状に押印したものと同一の印を押印して，　月　　日までに，登記所に持参し，又は返送してください。

　　　　　　　　　　　　　　　記

登記の申請の内容
(1)　不動産所在事項及び不動産番号

(2)　登記の目的
(3)　受付番号
(4)　登記原因
(5)　申請人

(6)　通知番号

事前通知に基づく申出書

回答欄	この登記の申請の内容は真実です。	
	氏名	印

※（注意）
　なお，この書面の内容に不明な点がありましたら，直ちに，上記の登記所

に連絡してください。
　　連絡先電話番号

（事前通知書のあて先の記載）
第44条　事前通知書を送付する場合において，申請人から，申請情報の内容とした申請人の住所に，例えば，「何アパート内」又は「何某方」と付記して事前通知書を送付されたい旨の申出があったときは，その申出に応じて差し支えない。
2　前項の規定は，前条第2項ただし書の場合について準用する。

1　本条は，事前通知書の宛先の記載について定めている。新設された規定である。
2　本条第1項は，登記記録に記録された登記名義人の住所は，郵送等で使用する宛先の表示とは一致しない場合があり，例えば，宛先にアパート名や同居の世帯主を加えることにより，より確実に送達されることが考えられるため，このような場合を考慮して，申請人から，申請情報の内容とした申請人の住所に，「何アパート内」又は「何某方」等と付記して事前通知書を送付してほしい旨の申出があったときは，その申出に応じて差し支えないことを定めている。
3　本条第2項は，申請人からの申出に応じて事前通知書を法人の代表者の住所に宛てて送付する場合について，本条第1項の規定を準用することを定めている。
4　いずれも，旧事前通知の取扱い（旧準則第61条第1項）と同様の取扱いである。

（事前通知書の再発送）
第45条　事前通知書が受取人不明を理由に返送された場合において，規

第46条（相続人等からの申出）

> 則第70条第8項に規定する期間の満了前に申請人から事前通知書の再発送の申出があったときは、その申出に応じて差し支えない。この場合には、同項に規定する期間は、最初に事前通知書を発送した日から起算するものとする。

1　本条は、事前通知書の再発送について定めている。旧準則第63条に相当する規定である。

2　事前通知書が受取人不明を理由に登記所に返送され、規則第70条第8項に規定する申出期間（事前通知書を発送した日から2週間。ただし、通知を受けるべき者が外国に住所を有する場合には4週間。）内に不登法第23条第1項に規定する申出がされなかった場合は、当該登記の申請は却下されることになる（同法第25条第10号）。しかし、事前通知書が送付された際に、受取人である登記申請人が不在であった等のために返送されてしまうことも想定される。そこで、事前通知書が受取人不明を理由に登記所に返送された場合には、直ちに当該登記の申請を却下するのではなく、申出期間の満了前に申請人から事前通知書の再発送の申出があったときは、その申出に応じて差し支えないことを明らかにするとともに、この場合であっても、申出期間は当初の事前通知書を発送した日を起算日として計算することを定めたものである。

> （相続人等からの申出）
> 第46条　事前通知をした場合において、通知を受けるべき者が死亡したものとしてその相続人全員から相続があったことを証する情報を提供するとともに、電子申請にあっては当該申請人の相続人が規則第70条第2項の通知番号等を特定する情報及び当該登記申請の内容が真実である旨の情報に電子署名を行った上、登記所に送信したとき、書面申請にあっては当該申請人の相続人が規則第70条第1項の書面に登記申請の内容が真実である旨を記載し、記名押印した上、印鑑証明書を添付して登記所に提出したときは、その申出を適法なものとして取り扱って差し支えない。

第47条（事前通知書の保管）

> 2 法人の代表者に事前通知をした場合において，その法人の他の代表者が，規則第70条第1項の書面に登記申請の内容が真実である旨を記載し，記名押印した上，その印鑑証明書及び資格を証する書面を添付して，当該他の代表者から同項の申出があったときも，前項と同様とする。ただし，規則第70条第1項の書面に当該法人の会社法人等番号をも記載したときは，当該資格を証する書面の添付を省略することができる。

1 本条は，事前通知をした場合において，通知を受けるべき者が死亡していたとき等の取扱いについて定めている。旧準則第64条に相当する規定である。

2 本条第1項は，登記申請時においては，事前通知を受けるべき登記申請人は生存していたが，事前通知に対する申出（不登法第23条第1項）をする前に，当該事前通知を受けるべき者が死亡した場合の相続人からの事前通知に対する申出の手続を定めている。

3 本条第2項は，法人の代表者に事前通知をした場合において，当該法人の代表者は登記申請時においてはその者であったが，事前通知に対する申出をする前に法人の代表者に変更が生じた場合，又はその法人に他の代表者がいる場合の事前通知に対する申出の手続を定めている。ただし，法人の代表者の資格を証する書面については，規則第70条第1項の書面に当該法人の会社法人等番号をも記載したときは，その添付を省略することができる。これは，第35条第3項と同様，平成27年262号政令の施行に伴う準則の改正点であり，事前通知に対する申出の手続においても申出人の負担軽減が図られたものである。

> （事前通知書の保管）
> 第47条 登記申請の内容が真実である旨の記載がある事前通知書は，当該登記の申請書（電子申請にあっては，電子申請管理用紙）と共に保管するものとする。

第48条（前の住所地への通知方法等）

　本条は，事前通知書の保管について定めている。旧準則第65条第1項前段に相当する規定である。

　事前通知書は，当該登記の申請書（電子申請にあっては，電子申請管理用紙）とともに，申請書類つづり込み帳（規則第19条）につづり込んで保存しなければならない。

（前の住所地への通知方法等）
第48条　前の住所地への通知は，別記第56号様式の書面によってするものとする。
2　前の住所地への通知は，登記義務者の住所についての変更の登記又は更正の登記であって，その登記の受付の日が規則第71条第2項第2号に規定する期間を経過しないものが二以上あるときは，当該登記による変更前又は更正前のいずれの住所にもしなければならない。
3　第1項の通知が返送されたときは，当該登記の申請書（電子申請にあっては，電子申請管理用紙）と共に保管するものとする。

1　本条は，不登法第23条第2項の通知（以下「前住所通知」という。）の方法について定めている。新設された規定である。

2　不登法第23条第2項は，事前通知の対象となる登記の申請が所有権に関するものである場合において，事前通知を受けるべき者の住所について変更の登記がされているときは，当該者の現在の住所だけではなく，登記記録上の前の住所地（以下，単に「前の住所地」という。）に対しても通知をしなければならない旨を規定している。

3　平成16年改正前においては，登記名義人本人が知らない間に第三者が住民基本台帳上の住所を移転し，移転後の住所地の市区町村長から不正に交付を受けた印鑑証明書を悪用して住所変更の登記をした上で所有権の移転の登記の申請等を行うという成りすましによる申請が散見されていた。前住所通知は，このような事案については，登記官の通常の書面審査では不正事件であることを見抜くことが困難であることを考慮して，新たに導入された制度である。

所有権の移転の登記の前に登記名義人の住所の変更の登記又は更正の登記がされている場合において，当該住所の変更の登記又は更正の登記が，前記のように第三者によりされた不正なものであるときは，登記名義人はなお前の住所地に居住しているはずであり，前の住所地宛てに通知をすれば，登記名義人本人が受領することになるので，前住所通知を受領した登記名義人本人からの申出により不正な登記を未然に防止することができる。また，前住所通知は，転送をしない郵便物として送付される（規則第71条第1項）ことから，実際に登記名義人が住所を移転しているときは，配達されずに返送されることとなり，これにより，登記官は成りすましによる申請のおそれがないと判断することができる。

4　本条第1項は，前住所通知の通知の様式を定めている。

5　前住所通知は，不登法第23条第2項の登記の申請の日が，事前通知を受けるべき登記義務者の住所についてされた最後の変更の登記の申請に係る受付の日から3月を経過していない場合にしなければならない（規則第71条第2項第2号）。

この規定を踏まえ，本条第2項は，事前通知を受けるべき登記義務者の住所についての変更又は更正の登記であって，その受付の日から不登法第23条第2項の登記の申請の日が3月を経過しないものが二以上あるときは，当該変更の登記又は更正の登記による変更前又は更正前のいずれの住所地にも前住所通知をしなければならないことを定めている。

6　本条第3項は，返送された前住所通知は，当該登記の申請書（電子申請にあっては，電子申請管理用紙）とともに，申請書類つづり込み帳につづり込んで保存しなければならないことを定めている。準則第47条と同趣旨の規定である。

前記3のとおり，実際に登記名義人が住所を移転しているときは，前住所通知は配達されずに返送されることとなることから，前住所通知が返送されたときは，当該登記の申請書（電子申請にあっては，電子申請管理用紙）とともに保管するものとされたものである。

第48条（前の住所地への通知方法等）

別記第56号（第48条第1項，第118条第2号関係）
（表面）

郵便はがき

□□□－□□□□

転送不可

（裏面）

不動産所在事項又は不動産番号

受 付 番 号	
登 記 の 目 的	
登 記 原 因	
申 請 人	

　上記記載のとおり登記の申請がありましたので，不動産登記法第23条第2項の規定に基づき通知します。

この登記の申請をしていない場合には，**直ちに下記の登記所に異議を申し出てください**（登記完了前に異議の申出があった場合に限り，**不動産登記法第24条第1項の調査を行います。**）。

記

平成　年　月　日
　　何市区郡何町村大字何字何何番地
　　　電話番号
　　　法務局　　出張所
　　　　登記官　　　　　　　　　　　　　　　　　　　　　職印
通知第　　号

(注)　プライバシー保護シールをちょう付すること。

（資格者代理人による本人確認情報の提供）
第49条　規則第72条第1項第2号の申請人の氏名を知り，かつ，当該申請人と面識があるときとは，次に掲げるときのうちのいずれかとする。
(1)　資格者代理人が，当該登記の申請の3月以上前に当該申請人について，資格者代理人として本人確認情報を提供して登記の申請をしたとき。
(2)　資格者代理人が当該登記の申請の依頼を受ける以前から当該申請人の氏名及び住所を知り，かつ，当該申請人との間に親族関係，1年以上にわたる取引関係その他の安定した継続的な関係の存在があるとき。
2　規則第72条第3項の資格者代理人であることを証する情報は，次に掲げるものとする。
(1)　日本司法書士会連合会又は日本土地家屋調査士会連合会が発行した電子証明書
(2)　日本司法書士会連合会又は日本土地家屋調査士会連合会が提供する情報に基づき発行された電子証明書（司法書士法施行規則（昭和53年法務省令第55号）第28条第2項又は土地家屋調査士法施行規則

第49条（資格者代理人による本人確認情報の提供）

　　　（昭和54年法務省令第53号）第26条第2項の規定により法務大臣が
　　　指定するものに限る。）
　　(3)　当該資格者代理人が所属する司法書士会，土地家屋調査士会又は
　　　弁護士会が発行した職印に関する証明書
　　(4)　電子認証登記所が発行した電子証明書
　　(5)　登記所が発行した印鑑証明書
　3　前項第3号及び第5号の証明書は，発行後3月以内のものであるこ
　　とを要する。
　4　登記官は，本人確認情報の内容を相当と認めることができない場合
　　には，事前通知の手続を採るものとする。

1　本条は，資格者代理人による本人確認情報の提供について定めている。
新設された規定である。
　登記識別情報の提供をすることができない正当な理由がある場合において，登記の申請の代理を業とすることができる代理人（以下「資格者代理人」という。）による本人確認情報の提供があり，かつ，登記官がその内容が相当であると認めたときは，事前通知をする必要はないものとされている（不登法第23条第4項第1号）。この本人確認情報の提供をすることができるのは，本人確認を行った資格者代理人が現に申請人を代理して申請する場合に限られ，単に資格者というだけの者であって，代理人でない者（資格者代理人が本人として申請する場合）には認められない。申請代理行為とは無関係に資格者が行った確認行為に公証力を認めたものではないからである。
2　資格者代理人が提供すべき本人確認情報の内容は，①資格者代理人が申請人（申請人が法人である場合にあっては，代表者又はこれに代わるべき者）と面談した日時，場所及びその状況，②資格者代理人が当該申請人の氏名を知り，かつ，当該申請人と面識があるときは，当該申請人の氏名を知り，かつ，当該申請人と面識がある旨及びその面識が生じた経緯，③資格者代理人が当該申請人の氏名を知らず，又は当該申請人と面識がないときは，申請の権限を有する登記名義人であることを確認するためにその申請人から提示を受けた書類（運転免許証など）の内容及びその申請人が申請の権限を有する登記名義人であると認めた理由がこれに当たる（規則第72条第1項各号）。

3　本条第1項は，前記2の②の「申請人の氏名を知り，かつ，当該申請人と面識がある」ときに該当すると認められる事案の取扱いについて具体的に明らかにしたものである。

4　まず，本条第1項第1号において，資格者代理人が，当該登記の申請の3月以上前に当該申請人の本人確認情報を提供して登記の申請をしたときを挙げている。

　資格者代理人が，過去においてその申請人についての本人確認情報を提供して登記の申請をしていたときは，当該申請の際に確実な本人確認をしているはずであり，また，本人確認情報を提供してした登記から3月を経過し，その後特段の問題がないときは，先に行われた本人確認についても特段の問題がないと考えられるからである。この場合，資格者代理人の本人確認情報には，3月以上前に当該申請人について本人確認情報を提供して登記を申請した旨，当該登記の申請の受付の年月日及び受付番号等が内容とされると考えられる。ただし，従前の登記申請から相当な期間が経過しているような場合には，後述のとおり，原則に立ち返って，事前通知の手続を採るべきであろう。

5　次に，本条第1項第2号において，当該登記の申請の依頼を受ける以前から当該申請人の氏名及び住所を知り，かつ，当該申請人との間に親族関係，1年以上にわたる取引関係その他の安定した継続的な関係が存在するときを挙げている。

　ここにいう「親族関係」とは，親族関係があると同時に，親族として継続的な交流がある場合に限られる。したがって，親族関係があるが，遠方にいて，1度も会ったことのないような者については，ここでいう面識がある親族関係には当たらない。

　また，「1年以上にわたる取引関係」とは，1年以上前から継続的に年に数回の登記の申請等を受任しているような場合や，従前から会社等と顧問契約をし，継続的な相談を受け，代表者とも年に数回会っている場合等をいい，例えば，3か月前に1回，登記名義人の住所の変更の登記の申請を受任したとか，半年前から，登記事項証明書の請求を継続的に受任している等の場合は，該当しない。

　さらに，「その他の安定した継続的な関係」の例として，同級生等が考えられるが，この場合でも，現在においても，時には会っている程度の交流が

第49条（資格者代理人による本人確認情報の提供）

ある必要がある。同級生ではあるが，卒業以来交流がない者は，ここでいう「安定した継続的な関係」には該当しない。このほか，商工会議所や各種同好会等，同じ団体に所属し，継続的な交流がある者や，同じ自治会の住人で，自治会の会合等でふだんからよく会っている者などが考えられる。

6　当該申請人の氏名を知り，かつ，当該申請人と面識がある旨及びその面識が生じた経緯を本人確認情報の内容として資格者代理人が提供し，登記官がその内容を相当と認めたときには，事前通知をする必要がないことになるところ，面識がある場合の本人確認情報は，面識を生じた具体的な経緯等が内容とされていれば足り，面識があることを証する情報等の提示は不要である。

なお，資格者代理人が虚偽の本人確認情報を提供した場合には，罰則がある（不登法第160条）。

7　資格者代理人が本人確認情報を提供するときは，当該資格者代理人が登記の申請の代理を業とすることができる者であることを証する情報を併せて提供しなければならない（規則第72条第3項）ところ，本条第2項は，資格者代理人であることを証する情報について明らかにしたものである。

8　ところで，司法書士又は土地家屋調査士は，その作成した電磁的記録に，職名及び氏名を記録し，かつ，電子署名を行わなければならないところ，当該電子署名は，電子署名及び認証業務に関する法律（平成12年法律第102号）第2条第1項に規定する電子署名であって，日本司法書士会連合会又は日本土地家屋調査士会連合会が発行する当該電子署名に係る電子証明書又は当該連合会が提供する情報に基づき発行された当該電子署名に係る電子証明書（法務大臣が指定する者に限る。）により当該電子署名を行った者を確認するために用いられる事項が当該者に係るものであることを証明することができるものに限られている（司法書士法施行規則（昭和53年法務省令第55号）第28条第2項，土地家屋調査士法施行規則（昭和54年法務省令第53号）第26条第2項）。

これを受け，司法書士又は土地家屋調査士が電子情報化された本人確認情報を提供するときの証明情報として，本条第2項第1号においては，日本司法書士会連合会又は日本土地家屋調査士会連合会が発行した電子証明書を，同項第2号においては，日本司法書士会連合会又は日本土地家屋調査士会連合会が提供する情報に基づき発行された電子証明書であって法務大臣が指定

するものを挙げている。

　具体的には，同号の電子証明書として，司法書士についてはセコムパスポート for G-ID（平成14年総務省・法務省・経済産業省告示第8号）の用に供するために作成された電子証明書（司法書士電子証明書に限る。）（平成23年法務省告示第553号）が，土地家屋調査士については，セコムパスポート for G-IDの用に供するために作成された電子証明書（土地家屋調査士電子証明書に限る。）（平成26年法務省告示第456号）がそれぞれ指定されている。

　また，司法書士，土地家屋調査士又は弁護士が書面による本人確認情報を提供するときは，その資格者代理人が所属する司法書士会，土地家屋調査士会又は弁護士会が発行した発行後3月以内の職印に関する証明書を提供することになる（本条第2項第3号及び第3項）。

9　本条第2項第4号において，電子認証登記所が発行した電子証明書が挙げられているが，これは，司法書士法人，土地家屋調査士法人又は弁護士法人が電子情報化された本人確認情報を提供するとき，登記の申請の代理を業とすることができる法人であることを証する情報として提供するものである。

　また，司法書士法人，土地家屋調査士法人又は弁護士法人が書面による本人確認情報を提供するときは，登記所が発行した発行後3月以内の印鑑証明書を提供することになる（同項第5号及び第3項）。

　これらの法人が本人確認情報を提供して登記の申請をする場合には，その法人の社員であって，実際に本人確認を行い，かつ，登記の申請を行う者に係る電子証明書又は印鑑証明書が必要である。

10　なお，司法書士法人が受任した登記申請事件について，当該司法書士法人の使用人である司法書士が，不登法第23条第4項第1号の本人確認をした場合には，本人確認情報にその司法書士の職印を押印し，司法書士会発行の職印証明書を添付するとともに，司法書士法人の代表者がその司法書士が当該司法書士法人の使用人であることを証する情報を作成してこれに記名押印し，当該代表者の印鑑証明書を併せて添付すれば，当該代表者が本人確認を行ったものと同視することができるので，これを本人確認情報として提供することができる。

11　本条第4項は，登記官は，本人確認情報の内容を相当と認めることがで

第50条（地積測量図における筆界点の記録方法）

きない場合には，事前通知の手続を採るものとしている。これは，資格者代理人が本人確認情報を提供したからといって，直ちに，事前通知をする必要がないとされるわけではないことを確認的に規定するものである。

　原則として，登記識別情報を提供すべき登記の申請において，これを提供することができないときは，登記官は，登記識別情報に代わる本人確認の手続として事前通知を行うことになる（不登法第23条第1項）が，資格者代理人によって申請人の本人確認がされ，確認した内容の具体的な情報の提供があった場合において，その情報を信頼することができると認められるときは，登記官は，重ねて事前通知によって本人を確認しなくても，登記の正確性を確保し，登記の処理の迅速性を図ることができるため，事前通知をする必要がないこととなる。しかしながら，その本人確認の情報が「申請人と面識がある」とまではいえない内容（知り合って1年未満，継続的な面談がないなど）であったときなどは，その内容を相当と認めることができないことから，登記官は，事前通知の手続を採ることとなる。

第5款　土地所在図等

（地積測量図における筆界点の記録方法）
第50条　地積測量図に規則第77条第1項第8号の規定により基本三角点等に基づく測量の成果による筆界点の座標値を記録する場合には，当該基本三角点等に符号を付した上，地積測量図の適宜の箇所にその符号，基本三角点等の名称及びその座標値も記録するものとする。
2　地積測量図に規則第77条第2項の規定により近傍の恒久的な地物に基づく測量の成果による筆界点の座標値を記録する場合には，当該地物の存する地点に符号を付した上で，地積測量図の適宜の箇所にその符号，地物の名称，概略図及びその座標値も記録するものとする。

1　本条は，地積測量図に筆界点の座標値を記録する場合の記録方法について定めている。旧準則第98条第2項及び第3項に相当する規定である。
2　本条第1項は，地積測量図に基本三角点等に基づく測量の成果による筆界点の座標値を記録する場合における当該基本三角点等の記録方法について定めている。

第50条（地積測量図における筆界点の記録方法）

　地積測量図は，地積の更正の登記，分筆の登記等の申請の添付情報として作成されるが，その申請の後においても，当該土地の面積の測定結果を表すだけでなく，現地における当該土地の位置等を特定する機能も有している。この点に関しては，昭和52年及び平成5年の旧細則等の改正により，地積測量図に境界標を記録すること及び筆界点と近傍の恒久的な地物との位置関係を記録することとされ，段階的に，地積測量図の現地特定機能の充実が図られてきた。また，平成16年改正においては，地図等及び土地所在図等の電子データ化を可能とするとともに，地積測量図についても現地特定機能の更なる向上のため，筆界点の座標値を記録することとされた（規則第77条第1項第8号）。

　この筆界点の座標値を求めるためには，一定の精度を有する数値測量が必要となるが，現在，一定の精度を有する測量の方法として代表的なものは，本条に掲げられた基本三角点等に基づく測量であり，トータルステーションを用いて基本三角点等から筆界点までの距離及び角度を計測して当該筆界点の座標値を求める方法が基本となっている（この測量方法には，当該地域が地殻変動により水平移動した場合においても，基本三角点等からの相対的な位置関係により筆界点を求めることができるメリットがある。）。

　このように，基本三角点等を基に各筆界点を測量した結果から得られる座標値を地積測量図に記録しておけば，筆界点に設置された境界標等が亡失した場合であっても，現地において，当該基本三角点等を用いて，地積測量図に記録された座標値を基に復元測量を行うことにより，各筆界点を復元することができるほか，その後の分筆の登記等の申請の審査を行う際にもその成果を活用することができる。

　そこで，本条第1項において，基本三角点等に基づく測量の成果による筆界点の座標値を記録する場合には，当該基本三角点等に符号を付した上，地積測量図の余白にその符号，基本三角点等の名称及びその座標値を記録することとされたものである。

　なお，平成16年改正においては，これらの筆界点の座標値の計算により，筆界点間の距離も容易に求めることができるため，筆界点間の距離も地積測量図上に記録することとされ（規則第77条第1項第6号），これにより，測量の知識及び技術がない者が地積測量図から筆界の確認を行う場合にも参考とすることができるものと思われる。

第51条（土地所在図及び地積測量図の作成方法）

3　本条第2項は，地積測量図に近傍の恒久的な地物に基づく測量の成果による筆界点の座標値を記録する場合における当該地物の記録方法について定めている。

　各土地の測量をする場合において，近傍に基本三角点等が存しないときその他の基本三角点等に基づく測量をすることができない特別の事情があるときには，近傍の恒久的な地物（基本測量によって設置された水準点，恒久性のある鉄塔，橋梁等）を基本三角点等の代わりとして測量を行い，各筆界点の座標値を求めることとなる（規則第77条第2項）。この方法により求められた各筆界点の座標値は，当該地物の位置との関係で相対的に求められるもの（「任意座標」と呼ばれる。）であるため，現地において各筆界点を特定するためには，当該地積測量図に当該地物の位置が明らかにされている必要がある。

　そこで，本条第2項において，近傍の恒久的な地物に基づく測量の成果による筆界点の座標値を記録する場合には，当該地物の地点に符号を付し，地積測量図の余白にその符号，地物の名称，概略図及び座標値を記録することとされたものである。

（土地所在図及び地積測量図の作成方法）
第51条　規則第78条の規定により地積測量図に付する分筆後の各土地の符号は，①②③，(イ)(ロ)(ハ)，ABC等適宜の符号を用いて差し支えない。
2　規則第73条第1項の規定により作成された地積測量図は，土地所在図を兼ねることができる。
3　規則第74条第3項に規定する用紙により地積測量図を作成する場合において，当該用紙に余白があるときは，便宜，その余白を用いて土地所在図を作成することができる。この場合には，図面の標記に，「土地所在図」と追記するものとする。
4　前項の場合において，地積測量図の縮尺がその土地について作成すべき土地所在図の縮尺と同一であって，当該地積測量図によって土地の所在を明確に表示することができるときは，便宜，当該地積測量図をもって土地所在図を兼ねることができるものとする。この場合に

第51条（土地所在図及び地積測量図の作成方法）

　　　は，当該図面の標記を「土地所在図兼地積測量図」と記載するものとする。
　　５　一の登記申請について，規則第74条第３項に規定する用紙により土地所在図又は地積測量図を作成する場合において，用紙が数枚にわたるときは，当該土地所在図又は地積測量図の余白の適宜の箇所にその総枚数及び当該用紙が何枚目の用紙である旨を記載するものとする。

１　本条は，土地所在図及び地積測量図の具体的な作成方法について定めている。旧準則第99条第２項なお書及び第３項から第５項までに相当する規定である。
２　本条第１項は，分筆の登記の申請において提供される地積測量図に付する分筆後の各土地の符号の記録方法について定めている。
　分筆の登記を申請する場合において提供される分筆後の土地の地積測量図は，地図の変更（書き入れ）及び登記記録との照合に利用するため，分筆前の土地ごとに作成するものとされ（規則第75条第２項），分筆前の土地を図示し，分筆線を明らかにして分筆後の各土地を表示し，これに符号を付すこととなる（規則第78条）。
　本条第１項は，この符号の具体的な付し方について定めており，これを申請情報の内容とする（規則第34条第１項第２号）ことにより，申請情報における分筆後の各土地と地積測量図の各土地との関連を明らかにするものである。
　なお，登記官から申請人に対し，あらかじめ予定地番を示している場合には，付号に代えてその地番を記録してもよい。
３　本条第２項は，規則第73条第１項の規定により電磁的記録に記録して作成された地積測量図は，土地所在図を兼ねることができることを定めている。
　規則第73条第１項においては，土地所在図等を法務大臣の定める方式に従うものとされ，その方式は法務省ホームページに掲示されている。これによると，そのデータ形式には，XML形式とtiff形式の二種類があり，このうちのXML形式で作成された地積測量図であれば，分筆の登記における分筆線の入力が自動化され，より精度の高い管理をすることができるほか，画像データであるtiff形式に比較して，データ量が少なく，図面証明書が鮮明で

第４章　登記手続　173

第52条（建物図面の作成方法）

あるなどの特徴がある。

4　本条第3項は，書面により地積測量図を作成する場合は，余白に土地所在図を併記することができることを定めている。この場合は，図面の標記に，「土地所在図」と追記するとともに，規則別記第1号様式の用紙の半分に地積測量図の記載事項を記載し，残りの半分に土地所在図の記載事項を記載した上で，それぞれ対応する縮尺を下部の縮尺を記録する欄に記録することとなる。

5　本条第4項は，書面により地積測量図を作成する場合において，地積測量図の縮尺がその土地について作成すべき土地所在図と同一の縮尺であって，当該地積測量図によって土地の所在を明確に表示することができるとき（例えば，土地所在図に記録するような隣接地との位置関係などを記録した場合）は，申請人の負担軽減を図るため，便宜，当該地積測量図をもって土地所在図を兼ねることができる旨を定めている。その際，図面の標記は「地積測量図兼土地所在図」と記載することとなる。

6　本条第5項は，書面により作成された土地所在図又は地積測量図が複数枚にわたるときは，その余白に総枚数が何枚あるかを記録し，また，その図面がそのうち何枚目であるかを記録することを定めている。これにより，公開の際の枚数の明確化，登記所における保管の適正化を図っている。

（建物図面の作成方法）

第52条　建物が地下のみの建物である場合における建物図面には，規則第82条第1項の規定にかかわらず，地下1階の形状を朱書するものとする。

2　建物が区分建物である場合には，次の例示のように点線をもってその建物が属する一棟の建物の1階の形状も明確にするものとする。この場合において，その建物が1階以外の部分に存するときは，その存する階層を，例えば「建物の存する部分3階」，「建物の存する部分4階，5階」のように記録するものとする。

第52条（建物図面の作成方法）

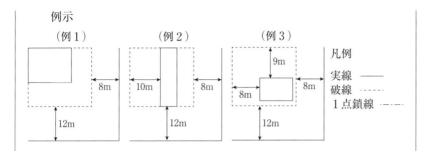

3 前項後段の場合において，その建物（その建物が2階以上である場合にあっては，その1階）の存する階層の形状が一棟の建物の1階の形状と異なるときは，次の例示のように1点鎖線をもってその階層の形状も明確にするものとする。

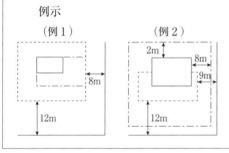

1 本条は，建物図面の具体的な作成方法について定めている。旧準則第101条第2項から第4項までに相当する規定である。

2 建物図面は，一個の建物の位置を明らかにする図面であり（登記令第2条第5号），その様式，用紙の規格，縮尺及び記載すべき事項等は，規則第73条，第74条，第81条，第82条及び第84条に定められている。

3 本条第1項は，建物が地下のみの建物である場合の建物図面の作成方法を定めている。規則第82条第1項では，建物図面は，建物の敷地並びにその1階の位置及び形状を明確にするものでなければならないと規定している。しかし，いわゆる地下街など地下のみに建築された建物も多く存在しており，そのような建物である場合には，地上部分の形状を表すものではないことを明確にする意味から，地下1階の形状を朱書することとしたものであ

第52条（建物図面の作成方法）

る。

　なお，地図情報システムに登録するための法務大臣が定める方式である建物図面データ（XML形式データ）においては，朱書する部分を2点鎖線で表示することとされている（注）。

4　本条第2項は，建物が区分建物である場合の建物図面の作成方法を定めている。

　区分建物については，その区分建物が属する一棟の建物の位置を明確にし，かつ，その一棟の建物のどの位置に当該区分建物が存在するかを明らかにする必要がある。そこで，点線で一棟の建物の1階の形状を明らかにし，かつ，区分建物の地上における最低階の形状をそれとの関連で明らかにするものとしている。このような表記をすることにより，現地における区分建物の特定を容易にし，また，重複登記の防止を図っている。

　なお，例えば，3階建ての建物の各階が，当該階層が全体として一つの区分建物であり，一棟の建物の位置及び形状と区分建物の位置及び形状とが全く同じである場合には，当該区分建物の位置及び形状を実線で記録すればよく，一棟の建物の形状を点線で記録する必要はない。

　また，区分建物が1階以外の部分に存するときは，図面上，区分建物の位置を明確にするため，区分建物が一棟の建物の何階に存するかを示すこととし，その存する階層を，例えば「建物の存する部分3階」，「建物の存する部分4階，5階」のように記録することとされている。

5　本条第3項は，区分建物が1階以外の部分に存している場合において，その建物（その建物が2階以上である場合にあってはその1階）の存する階層の形状が一棟の建物の1階の形状と異なるときは，その階層の形状を例示のように1点鎖線で記録することとしている。

　近年は，大型のマンション等が多く建設され，しかも，それらは1階から最上階までの形状がそれぞれ異なることが少なくない。このような場合，2階以上にある区分建物の建物図面に，一棟の建物の1階の形状とその区分建物の地上最低階だけが図示されるとすると，その区分建物がどこに位置するかが明確には分からないこととなる。そこで，一棟の建物の1階の形状と異なる形状の階層にある区分建物については，その区分建物の存する階層の形状を建物図面上に明らかにすることが公示上望ましいことから，これを一点鎖線で記録することとされたものである。

(注) 法務省ホームページ（http://www.moj.go.jp/MINJI/minji101.html）
参照。

（各階平面図の作成方法）
第53条　規則第83条第1項の規定により各階平面図に各階の別，各階の平面の形状及び1階の位置，各階ごとの建物の周囲の長さを記録するには，次の例示のようにするものとする。この場合において，1階以外の階層を表示するときは，1階の位置を点線をもって表示するものとする。

　　　例示

　　　　1階　　　　　　　　2階

　　8m　　　　　　　　8m
　　　　20m　　　　　　　　20m

　　　　3階　　　　　　　　4階

　　8m　　　　　　　　8m
　　　　10m　　　　　　　　10m

2　各階が同じ形状のものについて記録するには，次の例示のようにするものとする。

　　　例示

　　　1階　2階
　　　（各階同型）

　　　　20m

第54条（建物図面又は各階平面図の作成方法）

1　本条は，各階平面図の具体的な作成方法について定めている。旧準則第102条に相当する規定である。
2　各階平面図は，一個の建物の各階ごとの平面的な形状を明らかにする図面であり（登記令第2条第6号），その様式，用紙の規格，縮尺及び記載すべき事項等は，規則第73条，第74条，第81条，第83条及び第84条において定められている。
3　本条第1項は，各階平面図に所定の記録事項を記録する場合における具体的な方法を定めている。
　規則第83条第1項においては，各階平面図には，縮尺，各階の別，各階の平面の形状，1階の位置，各階ごとの建物の周囲の長さ，床面積及びその求積方法並びに附属建物があるときは主である建物又は附属建物の別及び附属建物の符号を記録しなければならないとされているところ，本条第1項前段においては，このうちの各階の別，各階の平面の形状，1階の位置及び各階ごとの建物の周囲の長さを例示のように記録するものとしている。
　また，同項後段においては，1階の位置との相対的な関係を明らかにするため，1階以外の階層を表示するときは，1階の位置を例示のように破線をもって表示するものとしている。
4　本条第2項は，各階が同じ形状のものについての具体的な記録方法を定めている。この場合には，例示のように各階の別を併記し，「（各階同型）」と記録するものとしている。

（建物図面又は各階平面図の作成方法）
　第54条　規則第84条の規定により建物図面及び各階平面図に付する分割後又は区分後の各建物の符号は，①②③，(イ)(ロ)(ハ)，ABC等適宜の符号を用いて差し支えない。
　2　第51条第3項の規定は，各階平面図を作成する場合について準用する。この場合において，「土地所在図」とあるのは，「建物図面」と読み替えるものとする。
　3　第51条第5項の規定は，建物図面又は各階平面図を作成する場合について準用する。

第55条(図面の整理)

1 本条は，建物の分割又は区分後の建物図面及び各階平面図への建物の符号の表示方法等について定めている。本条第1項及び第3項は，旧準則第103条第2項及び第3項に相当する規定であり，本条第2項は，「不動産登記事務取扱手続準則の一部改正について」(平成19年3月30日付け民二第806号民事局長通達)による準則の一部改正に伴い新設された規定である。
2 本条第1項は，規則第84条の規定により建物の分割又は建物の区分の登記を申請する場合に提供する建物図面及び各階平面図に付する分割後又は区分後の各建物の符号について，①②③，(イ)(ロ)(ハ)，ABC等の適宜の符号を用いて差し支えない旨を明らかにしたものである。
3 本条第2項は，第51条第3項の規定を読み替えて準用することにより，書面により各階平面図を作成する場合は，余白に建物図面を併記することができる旨等を規定している。
　なお，この取扱いは，旧準則の下においても行われていたところであるが，これを規定上も明確にするため，平成19年に本条第2項が追加されたものである。
4 本条第3項は，第51条第5項の規定を準用することにより，書面により建物図面又は各階平面図を作成する場合において，用紙が複数枚にわたるときは，その余白に総枚数が何枚であるかを記録し，また，その用紙がそのうちの何枚目の用紙であるかを記録することを規定している。これにより，公開の際の枚数の明確化，登記所における保管の効率化を図っている。

(図面の整理)
第55条　登記官は，土地所在図又は地積測量図を土地図面つづり込み帳につづり込むときは，地番区域ごとに地番の順序に従ってつづり込むものとする。
2　登記官は，建物図面又は各階平面図を建物図面つづり込み帳につづり込むときは，地番区域ごとに家屋番号の順序に従ってつづり込むものとする。
3　登記官は，土地所在図若しくは地積測量図又は建物図面若しくは各階平面図を土地図面つづり込み帳又は建物図面つづり込み帳につづり

第56条（表題部の変更の登記又は更正の登記に伴う図面の処理）

> 込んだときは，当該帳簿の目録に，これらの図面をつづり込むごとに地番又は家屋番号，図面の種類，つづり込んだ年月日を記載して，登記官印を押印するものとする。

1　本条は，土地所在図等を図面つづり込み帳につづり込む順序，つづり込んだときの目録の処理について定めている。旧準則第104条及び第105条に相当する規定である。

2　規則第20条，第22条においては，書面により作成された土地所在図及び地積測量図は土地図面つづり込み帳に，書面により作成された建物図面及び各階平面図は建物図面つづり込み帳に，それぞれつづり込むものとされている。

　本条第1項及び第2項は，土地所在図又は地積測量図を土地図面つづり込み帳につづり込むときは，地番区域ごとに地番の順序に従って，建物図面及び各階平面図を建物図面つづり込み帳につづり込むときは，地番区域ごとに家屋番号の順序に従って，それぞれつづり込むことを定めている。

3　本条第3項は，土地図面つづり込み帳又は建物図面つづり込み帳に図面をつづり込んだ場合には，図面の保存及び利用上の便宜を考慮して，その目録に，地番又は家屋番号，図面の種類，つづり込みの年月日を記載して，登記官印を押印することを定めている。

> （表題部の変更の登記又は更正の登記に伴う図面の処理）
> 第56条　登記官は，表題部の登記事項に関する変更の登記又は更正の登記をした場合において，必要があるときは，土地所在図等（電磁的記録に記録されているものを除く。）の記録の変更若しくは訂正をし，若しくはこれらの図面のつづり替えをし，又は電磁的記録に記録されている土地所在図等が記録されている規則第17条第1項の電磁的記録に変更若しくは訂正があった旨を記録するものとする。
> 2　登記官は，土地図面つづり込み帳又は建物図面つづり込み帳につづり込まれた図面について，前項の規定により地番又は家屋番号を変更し，又は訂正したときは，当該帳簿の目録に記載された従前の地番又

> は家屋番号の記載を抹消し，当該箇所に変更後又は訂正後の地番又は家屋番号を記載するものとする。

1　本条は，表題部の登記事項に関する変更の登記又は更正の登記をした場合における土地所在図等の処理方法等について定めている。旧準則第106条に相当する規定である。
2　本条第1項は，登記官は，表題部の登記事項に関する変更の登記又は更正の登記をした場合において，必要があるときは，書面で作成された土地所在図等の記録の変更をし，若しくはこれらの図面を本来の順序につづり替えをし，又は電磁的記録に記録された土地所在図等について当該電磁的記録に変更等があった旨を記録する旨を定めたものである。
3　本条第2項は，本条第1項の規定により書面で作成された図面の地番又は家屋番号を変更し，又は訂正した場合における土地図面つづり込み帳又は建物図面つづり込み帳の目録の処理方法を定めたものである。

> （国土調査の成果に基づく登記に伴う地積測量図の処理）
> 第57条　登記官は，国土調査の成果に基づく登記をした場合には，当該国土調査の実施地区内に存する土地について国土調査の成果に基づく登記をしたか否かにかかわらず，当該登記の前に提出された地積測量図の適宜の箇所に「国土調査実施前提出」と記録するものとする。

1　本条は，国土調査の成果に基づく登記をした場合における当該国土調査の実施地区内の土地について，当該国土調査の実施前に提出された地積測量図の処理について定めている。旧準則第106条ノ2に相当する規定である。
2　本条は，当該国土調査の実施地区内においては，筆界点の確認，測量等が実施されるため，その前に行われた測量の成果に基づく地積測量図について，国土調査の実施前に提出されたものであることを明確にする必要があることから定められたものである。

第58条（土地所在図等の除却）

>（土地所在図等の除却）
>第58条　登記官は，土地図面つづり込み帳，地役権図面つづり込み帳又は建物図面つづり込み帳につづり込まれた図面を閉鎖したときは，当該図面を当該帳簿から除却するものとする。
>2　前項の閉鎖した図面は，その左側上部に「平成何年何月何日除却」と記載し，閉鎖土地図面つづり込み帳，閉鎖地役権図面つづり込み帳又は閉鎖建物図面つづり込み帳に除却の日付の順序に従ってつづり込むものとする。
>3　登記官は，第1項の規定又は管轄転属等により図面を土地図面つづり込み帳，地役権図面つづり込み帳又は建物図面つづり込み帳から除却したときは，当該帳簿の目録のうち閉鎖した図面に係る記載を抹消し，除却の年月日を記載して，登記官印を押印するものとする。

1　本条は，土地所在図等の除却に関する取扱いを定めたものである。旧準則第107条から第112条までに相当する規定である。
2　本条第1項は，土地図面つづり込み帳等につづり込まれた図面を閉鎖したときは，当該図面を当該帳簿から除却することを定めている。
3　本条第2項は，閉鎖した図面の整理方法について定めている。
　本条第1項の閉鎖した図面は，除却された年月日を明らかにするために，その左側上部に「平成何年何月何日除却」と記載し，除却の日付の順序に従って，閉鎖土地図面つづり込み帳等につづり込むこととしたものである。
4　本条第3項は，土地図面つづり込み帳等につづり込まれた図面を閉鎖により除却した場合及び管轄転属又は事務委任により図面を管轄登記所に送付するために除却した場合には，当該帳簿の目録のうち当該図面に係る記載を抹消し，除却の年月日を記載して，登記官印を押印することにより，除却の経過を明らかにすることとしたものである。

第2節 表示に関する登記

第1款 通則

> （地番区域の変更）
> 第59条　行政区画又は字（地番区域であるものに限る。）の変更があった場合において，地番の変更を必要とするときは，職権で，表題部に記録された地番の変更の登記をするものとする。

1　本条は，地番区域である行政区画又は字の変更に伴う地番の変更の登記手続について定めている。旧準則第20条に相当する規定である。
2　規則第92条第2項は，行政区画又はその名称，及び字又はその名称に変更があった場合には，登記官は，速やかに，表題部に記録した行政区画若しくは字又はこれらの名称を変更しなければならないと規定している。
　本条は，規則第92条第2項の規定による行政区画等の変更の登記をする際に，地番が重複することとなるなど地番の変更をする必要が生じたときは，登記官が職権で地番の変更の登記をすべき旨を規定したものである。

> （実地調査）
> 第60条　登記官は，事情の許す限り積極的に不動産の実地調査を励行し，その結果必要があるときは，職権で，表示に関する登記をしなければならない。
> 2　実地調査は，あらかじめ地図その他各種図面等を調査し，調査事項を明確にした上で行うものとする。

1　本条は，登記官が行う不動産の表示に関する登記についての実地調査について定めている。旧準則第87条に相当する規定である。
2　不動産の表示に関する登記は，権利の客体である不動産の物理的状況を

第60条（実地調査）

公示するものであり，そのような機能を十分なものとするため，不動産の現況を最もよく知る所有者に，不動産の表示に関する登記における報告的登記（表題登記，表題部の変更の登記，表題部の更正の登記，滅失の登記，建物の合体による登記等）について，申請義務が課されている（不登法第36条，第37条，第42条，第47条第1項，第49条第1項，第51条第1項，第2項，第57条）。しかしながら，不動産の所有者に申請義務がある登記であっても，申請がされないこともあり得るし，申請がされても，実地調査の結果，登記の申請が現況と一致しなければ，登記をすることはできない。このような場合に，不動産の物理的状況を明らかにするため，登記官が職権で登記をすることも認められている（不登法第28条）。

　また，登記官は，表示に関する登記の申請があった場合及び職権で登記をしようとする場合において，必要があると認めるときは，当該不動産の表示に関する事項を調査することができるとされ（不登法第29条第1項），この場合に，不動産の検査（実地調査）等を行うことができるとされている（同条第2項）。

3　本条第1項は，これらの規定の趣旨を踏まえ，登記官は，事情の許す限り積極的に不動産の実地調査を励行し，その結果，必要があるときは，職権で，表示に関する登記をしなければならない旨を訓示的に定めている。

　なお，同項において，「事情の許す限り積極的に」実地調査を行うこととされているが，これは旧準則と同様，登記所の人員等の体制，調査に要する費用等から，不動産の表示に関する登記の申請の全てについて，実地調査を行うことは不可能であることを踏まえたものである。しかし，不動産の表示に関する登記について，国民の重要な財産である不動産の物理的状況を正確に公示する重要性の高さからすれば，登記官が様々な資料から登記の申請内容が真正であるという判断が確実にできるとき以外は，実地調査を行うべきものである。

4　本条第2項は，登記官が実地調査を行う場合は，あらかじめ申請情報及び添付情報以外に，登記所に保管されている地図及び地積測量図等の各種図面の調査を行い，現地において，何をどのように調査するのかをあらかじめ明確にしておき，実地調査を行うべきことを明らかにしている。現地において，誤ることなく物件を特定し，登記をすることができる現況であるかどうかを判断するため，あらかじめ調査することができる内容は書面による調査

を完了させておき，調査すべきポイントを絞ることにより，効率的な調査を行うべきことを示したものである。

> （実地調査上の注意）
> 第61条　登記官は，実地調査を行おうとする場合には，あらかじめ土地又は建物の所有者その他の利害関係人に通知する等，調査上支障がないように諸般の手配をしなければならない。
> 2　登記官は，実地調査を行う場合には，その土地又は建物の所有者その他の利害関係人又は管理人の立会いを求め，なお必要があると認めるときは，隣地の所有者又は利害関係人等の立会いを求めるものとする。
> 3　登記官は，実地調査において質問又は検査をする場合には，所有者その他の利害関係人等に対して身分，氏名及び質問又は検査の趣旨を明らかにし，これらの者に迷惑をかけることがないように注意しなければならない。
> 4　登記官は，実地調査を完了した場合において，必要があると認めるときは，土地所在図，地積測量図，建物図面又は各階平面図を作成するものとする。
> 5　前項の図面の作成については，規則第3章第1節第7款の規定によるものとする。

1　本条は，登記官が実地調査を行う上での留意事項について定めている。旧準則第94条に相当する規定である。
　登記官は，実地調査に当たっては，当該不動産の所有者等への事前の連絡，適切な説明等を行い，円滑かつ効率的に調査を完了することができるように配意する必要がある。

2　本条第1項は，登記官は，実地調査に行く前に，あらかじめ当該不動産の所有者その他の利害関係人に対し，実地調査を実施する日時と調査内容を伝えるなど，調査に支障がないように諸般の手配をしなければならない旨を定めている。

第62条(実地調査書)

　これは、このような手配をしておかなければ、当該不動産の所有者等が当日立ち会うことができないなどして、聴取したい事項や確認したい地物などを登記官が調査することができないことにもなりかねないからである。

3　本条第2項は、登記官は、実地調査においては、当該不動産の所有者その他利害関係人又は管理人に立会いを求め、例えば、土地の分筆又は地積の更正の登記の調査における筆界の確認などで必要があると認めるときは、隣接地の土地の所有者等の立会いを求める旨を定めている。

4　本条第3項は、登記官は、実地調査において質問又は検査をする場合には、立ち会うこととなった当該不動産の所有者等に対して、誤解等を与えることのないよう、その身分、氏名及び質問又は検査の趣旨を明らかにしなければならない旨を定めている。適正な調査を行うためには、当然のことである。

5　本条第4項は、登記官は、実地調査を完了した後、職権で登記を行うべきと認められる場合など必要があると認めるときは、土地所在図、地積測量図、建物図面及び各階平面図を作成する旨を定めている。

　また、本条第5項は、この場合には、規則に定められたところに従い、図面を作成する旨を定めている。

（実地調査書）

第62条　登記官は、申請書及びその添付書類を審査し、実地調査の必要を認めた場合には、申請書の一枚目の用紙の上部欄外に別記第57号様式による印版を押印するものとする。

2　規則第95条の調査(以下「実地調査書」という。)は、別記第58号様式又はこれに準ずる様式によるものとする。

3　登記官は、実地調査をしたときは、実地調査書を申請書(電子申請にあっては、電子申請管理用紙)と共に保管するものとする。

4　登記官は、地方税法第381条第7項前段(他の法令において準用する場合を含む。第65条において同じ。)の規定による市町村長の申出に係る不動産について実地調査をしたときは、実地調査書を当該申出に係る書面と共に保管するものとする。

第62条（実地調査書）

1　本条は、登記官が実地調査をしたときに作成する実地調査書の取扱い等について定めている。旧準則第90条に相当する規定である。

2　実地調査は、登記官が登記の申請等に係る不動産の所在する場所に赴き、その物理的状況を調査するものであるが、現地において登記官が見聞したものは、当該登記官しか知り得ないものである。調査の結果を記録として残さず、実地調査に行ったことのみの記録であれば、後日、仮に利害関係人が当該登記の処理に対し不服を申し立ててきた場合などに、根拠を示して的確な説明を行うことができず、登記が適正なものであることを主張することができなくなる。

　このように、実地調査の結果を書面に記録することは、実地調査に行くこと自体と同等に重要なものであるということができる。

　以上のような観点を踏まえ、登記官は、実地調査を行った場合には、その調査の結果を記録した調書を作成しなければならないとされている（規則第95条）。

3　本条第1項は、登記官は、不動産の表示に関する登記の申請書類を審査し、実地調査を要するものと判断したときは、申請書（電子申請にあっては、電子申請管理用紙）の一枚目の要旨の上部欄外に別記第57号様式として示されている「要実地調査」の印版を押印するものとしている。これは、このような措置を講ずることにより、当該申請について、実地調査が完了し、登記すべきものと判断されるまで、以後の処理を行わないようにするためである。

4　本条第2項は、実地調査書の様式を定めており、別記第58号様式又はこれに準ずる様式により作成するものとされている。その内容としては、申請書類を審査した登記官が実地調査において調査を要する事項を記録し、実地調査を行った登記官が、調査の方法及びその結果を記録するものとなっている。そして、実地調査を行った年月日と調査担当者の氏名とを記録し、押印することとされている。

　実地調査の方法と結果については、前述したように、後日、当該登記官以外の者が見ても内容が分かるようにするため、現地において行った調査に関する事項を客観的に記述し、事実とそれから導かれる結論を明確に記録する必要がある。

5　本条第3項は、登記官は、実地調査書を登記申請書類（電子申請におい

第62条（実地調査書）

ては，電子申請管理用紙）とともに保管するものとしている。

6 地方税法第381条第7項前段において，市町村長は，登記簿に登記されるべき土地又は家屋が登記されていないため，又は地目その他登記されている事項が事実と相違するため課税上支障があると認める場合においては，当該土地又は家屋の所在地を管轄する登記所にそのすべき登記又は登記されている事項の修正その他の措置を採るべきことを申し出ることができるとされており，その申出がされた場合は，登記官は立件をして，当該不動産の実地調査を行うこととなる。

本条第4項は，その際に作成された実地調査書を当該申出に係る書面とともに保管するものとしており，これらの書類は，職権表示登記等書類つづり込み帳につづり込むこととなる（規則第23条）。

別記第57号（第62条第1項関係）

約4cm

約1.5cm

要 実 地 調 査

別記第58号（第62条第2項関係）

実 地 調 査 書	
不動産所在事項	何市区郡何町村大字何字何 　　　　　　　　　　　　　何番の土地
受付（立件）年月日・番号	平成　　年　　月　　日　第　　　号
調査を要する事項	調査の方法及びその結果
1　　○○○	1
2　　○○○	2

3	○○○	3	
調査年月日	平成　　　年　　　月　　　日		
調査担当者			㊞

> （申請の催告）
> 第63条　登記官は，法第36条，第37条第1項若しくは第2項，第42条，第47条第1項（法第49条第2項において準用する場合を含む。），第49条第1項，第3項若しくは第4項，第51条第1項から第4項まで，第57条又は第58条第6項若しくは第7項の規定による申請をすべき事項で申請のないものを発見した場合には，直ちに職権でその登記をすることなく，申請の義務がある者に登記の申請を催告するものとする。
> 2　前項の催告は，別記第59号様式による催告書によりするものとする。

1　本条は，不動産の表示に関する登記において，当該不動産の所有者に申請義務を課している登記について，登記官が申請がされていないことを発見した場合であっても，直ちに職権でその登記をするのではなく申請義務が課されている者に対して，申請の催告をすべきことについて定めている。旧準則第92条に相当する規定である。

2　登記官は，第60条第1項に規定されているとおり，実地調査の結果必要があるときは，職権で，表示に関する登記をしなければならないとされているが，登記の申請がされていないものを発見したからといって，直ちに登記をする必要はなく，申請義務が課されている登記については，他の申請人との公平性の観点からも，当該不動産の所有者が申請をすべきである。

3　本条第1項は，不動産の所有者に申請義務が課されている登記として，

第63条(申請の催告)

表題登記,表題部の変更の登記,表題部の更正の登記,滅失の登記,建物の合体による登記,共用部分である旨の登記又は団地共用部分である旨の登記がある建物について共用部分である旨又は団地共用部分である旨を定めた規約を廃止した場合の表題登記,その規約を廃止した後に当該建物の所有権を取得した場合の表題登記を掲げ,登記官は,その申請がされていないものを発見した場合には,申請義務者に対し,登記の申請を催告するものとされている。
  4 本条第2項は,この催告を行う際に送付する書面の様式を定めており,別記第59号によるものとされている。

別記第59号(郵便はがき)(第63条第2項関係)

催　告　書	
下記の登記を速やかに申請されたく,催告します。	
記	
不動産所在事項及び不動産番号	
申請を要する登記	
根　拠　法　規	
平成　年　月　日　　法務局　　出張所　　　　　　　　　　　　　　　　　　　　　　　　　　　　　　　　　　　　　登記官　　　　職印　　　　　　　　　　　　　　　　　　　　　　　　　　　　　　通知第　　　号	

(注) 根拠法規は,所要の条文のみ記載すること。

第65条（職権による表示に関する登記の実地調査書等の処理）

> （実地調査の代行）
> 第64条　登記官は，必要があると認める場合には，登記所の職員に細部の指示を与えて実地調査を行わせて差し支えない。

1　本条は，登記官が実地調査を行うことができない場合等に，登記所の他の職員に実地調査を代行させることができることについて定めている。旧準則第95条に相当する規定である。

2　第60条に関して述べたとおり，不動産の表示に関する登記の申請の全てについて実地調査を行うことは，事実上不可能であるが，実地調査を行わなければならない申請の数が多いのも事実である。そこで，限られた人員で実地調査を効率的に行うため，同一地域における実地調査をすべき申請に関してまとめて実地調査を行うなどの方策も必要となるが，本条においては，登記官が登記所の他の職員に，実地調査を行うべき事項，方法等の細部を指示して，実地調査の代行をさせることを認め，事務の適正化・円滑化を図っているものである。

　なお，登記所の他の職員が実地調査を代行した場合は，実地調査書の調査担当者欄の記名及び押印は，当該実地調査を代行した者がすることとなる。

> （職権による表示に関する登記の実地調査書等の処理）
> 第65条　登記官は，地方税法第381条第7項前段の規定による市町村長の申出に係る書面を受け取り，又は職権で表示に関する登記をしようとする場合において，実地調査をしたときは，実地調査書に，別記第60号様式及び別記第61号様式又はこれらに準ずる様式による印版を押印して，規則第96条第1項の立件の年月日及び立件番号を記載し，立件，調査，記入，校合，図面の整理，所要の通知等をした場合には，そのつど該当欄に取扱者が押印するものとする。法第75条（法第76条第3項において準用する場合を含む。）の規定により登記をした場合において，実地調査をしたときも，同様とする。
> 2　登記官は，前項の規定により立件した事件の処理を中止により終了

第65条（職権による表示に関する登記の実地調査書等の処理）

した場合には，職権表示登記等事件簿に「中止」と記載し，申出書又は申出のない事件についての実地調査書に中止の年月日及びその旨を記載するものとする。
　3　地方税法第381条第7項後段の規定による通知は，申出書の写しに「処理済」又は「中止」と記載して市町村長に交付するものとする。

1　本条は，登記官が職権により表示に関する登記を行う場合の実地調査書等の処理の手続について定めている。旧準則第91条及び第93条に相当する規定である。

2　本条第1項は，実地調査をした場合における実地調査書の処理について定めている。

　地方税法第381条第7項前段の規定による市町村長の申出とは，第62条に関する説明の項番6で述べたように，不動産の物理的状況が登記と相違しているために課税に支障がある場合に，市町村長が登記又は登記されている事項の修正その他の措置を採るべきことを登記官に対し申し出るものである。

　この申出に係る書面を受け取り，又は職権により表示に関する登記をする場合において，登記官が実地調査をしたときは，登記官は実地調査書に別記第60号様式及び同別記第61号様式（これらの内容を合わせた様式を含む。）の印版を押印するものとされている。規則第96条第1項において，職権表示登記等事件簿に登記の目的，立件の年月日及び立件番号並びに不動産所在事項を記録することとされているところ，このうちの立件年月日及び立件番号を別記第60号様式の該当欄に記載するとともに，各工程の処理を担当した登記所職員が，別記第61号様式のそれぞれの処理工程の欄に処理担当者が明確となるよう押印をするものとされている。

　また，不登法第75条に規定されているように，表題登記のない不動産について，確定判決，収用により所有権の保存の登記をする必要がある場合に登記官が表題登記をするため実地調査を行ったときも，実地調査書の処理は同様である旨を定めている。確定判決により所有権を有することが確認された者又は収用により所有権を取得した者は，権利に関する登記の前提となる表題登記がされていない不動産について，所有権の保存の登記の申請をすることができることから（不登法第74条第1項第2号及び第3号），この場合には，登記官は，表示に関する登記を職権ですることができることから，不登

第65条（職権による表示に関する登記の実地調査書等の処理）

法第75条の規定により表題登記をしたときは，必要がないと認めた場合を除いて，実地調査を行う必要があり，実地調査書が作成されることとなるのである。また，不登法第76条第3項の規定により，表題登記がされていない不動産に対して嘱託により処分の制限の登記をする場合も同様である。

3 本条第2項は，立件した事件について，所有者から当該事件と同一の内容の申請がされたこと，登記官が実地調査をした結果登記する必要がないと認めたこと等により，当該事件の処理を中止により終了した場合には，職権表示登記等事件簿の当該立件番号の余白に「中止」と記載した上で，申出書があれば申出書に，申出書がなければ実地調査書に中止の年月日及びその旨を記載するものとしている。

4 地方税法第381条第7項後段においては，登記官がその申出を相当と認めるときは，遅滞なく，その申出に係る登記又は登記されている事項の修正その他の措置を採り，その申出を相当でないと認めるときは，遅滞なく，その旨を市町村長に通知しなければならないとされている。本条第3項は，この場合における通知は，市町村長からの申出書の写しに「処理済」又は「中止」と記載して市町村長宛てに交付することとしている。

別記第60号（第65条第1項関係）

約6cm

立件年月日	平成　年　月　日
立件番号	第　　　　　号

約2cm

別記第61号（第65条第1項関係）

約8cm

立件	調査	地図調査	記入
地図記入	図面整理	校合	通知

約4cm

第4章　登記手続

第67条（地番の定め方）

> （日付欄の記録）
> 第66条　登記の日付欄に記録すべき登記の年月日は，登記完了の年月日を記録するものとする。

1　本条は，表題部の登記の日付欄に記録すべき登記の年月日について定めている。旧準則第135条に相当する規定である。

2　表示に関する登記の登記事項の一つとして登記の年月日が掲げられている（不登法第27条第2号）ところ，本条は，その具体的な記録方法を定めており，表題部の登記の日付欄に登記完了の年月日を記録するものとしている。権利に関する登記は，登記の申請の受付年月日及び受付番号が登記の先後を決定し，権利関係に影響を及ぼすものであるため，当該受付年月日及び受付番号を記録することとなっているが，表示に関する登記については，不動産の物理的状況を公示するものであることから，登記官が当該登記をすることを判断し，登記をした日を記録すべきと考えられたものである。また，表示に関する登記は，登記官が職権で登記をする場合があり，受付年月日がない場合があることなども理由として考えられる。

第2款　土地の表示に関する登記

> （地番の定め方）
> 第67条　地番は，規則第98条に定めるところによるほか，次に掲げるところにより定めるものとする。
> (1)　地番は，他の土地の地番と重複しない番号をもって定める。
> (2)　抹消，滅失又は合筆により登記記録が閉鎖された土地の地番は，特別の事情がない限り，再使用しない。
> (3)　土地の表題登記をする場合には，当該土地の地番区域内における最終の地番を追い順次にその地番を定める。
> (4)　分筆した土地については，分筆前の地番に支号を付して各筆の地番を定める。ただし，本番に支号のある土地を分筆する場合には，その1筆には，従来の地番を存し，他の各筆には，本番の最終の支号を追い順次支号を付してその地番を定める。

(5)　前号本文の規定にかかわらず，規則第104条第6項に規定する場合には，分筆した土地について支号を用いない地番を存することができる。
　(6)　合筆した土地については，合筆前の首位の地番をもってその地番とする。
　(7)　特別の事情があるときは，第3号，第4号及び第6号の規定にかかわらず，適宜の地番を定めて差し支えない。
　(8)　土地区画整理事業を施行した地域等においては，ブロック（街区）地番を付して差し支えない。
　(9)　地番の支号には，数字を用い，支号の支号は用いない。
2　登記官は，従来の地番に数字でない符号又は支号の支号を用いたものがある場合には，その土地の表題部の登記事項に関する変更の登記若しくは更正の登記又は土地の登記記録の移記若しくは改製をする時に当該地番を変更しなければならない。ただし，変更することができない特段の事情があるときは，この限りでない。
3　登記官は，同一の地番区域内の2筆以上の土地に同一の地番が重複して定められているときは，地番を変更しなければならない。ただし，変更することができない特段の事情があるときは，この限りでない。
4　地番が著しく錯雑している場合において，必要があると認めるときは，その地番を変更しても差し支えない。

1　本条は，地番の具体的な定め方について定めている。旧準則第116条に相当する規定である。
2　地番は，不登法第35条において，法務省令で定めるところにより，地番区域を定め，1筆の土地ごとに付さなければならないとされている。具体的には，地番区域は，市，区，町，村，字又はこれに準ずる地域をもって定めることとされ（規則第97条），地番は，地番区域ごとに起番して，土地の位置が分かりやすいものとなるように定めるものとされている（規則第98条）。
　なお，地番区域については，地租改正当時において，原則として一村（大字）ごとに地番を定めていたのが踏襲されて土地台帳制度に取り入れられ，更に不動産登記制度にも取り込まれたものとされている。そして，地番は，

第67条（地番の定め方）

地租改正事業における地押丈量調査の際の調査担当官の足取りの順番に付されたのが最初であるとされている。

3 本条第1項は，地番の具体的な定め方について次のように規定している。

(1) 他の土地と重複しない番号をもって定める（本条第1項第1号）。

同一の地番区域内に重複した地番が存在すると，土地を特定するのに支障が生じるからである。

(2) 抹消，滅失又は合筆により登記記録が閉鎖された土地の地番は，特別の事情がない限り，再使用しない（本条第1項第2号）。

抹消，滅失又は合筆によって登記記録が閉鎖された土地の地番を再使用することにより，新旧いずれの土地であるのかを特定し，又は明示するのに支障が生ずるおそれがあるため，このような事態の発生を未然に防止する必要があるからである。

ところで，地番の再使用を禁止する趣旨が前記のとおりであるので，これを再使用したとしても対象となる土地を特定し，又は明示することが困難となる事態の生ずるおそれがない場合には，本号にいう「特別の事情」があるものとして，地番の再使用を認めて差し支えない。

例えば，土地区画整理事業に基づく換地処分の場合がこれに該当すると考えられる。換地処分は，関係当事者に通知した上，従前の権利を基に新たな権利関係が形成されるのであり（土地区画整理法（昭和29年法律第119号）第103条及び第104条），後日，従前の土地の地番が問題となるようなケースは稀であるから，地番の再使用を認めても支障が生ずるおそれはないと考えられる。

(3) 土地の表題登記をする場合には，当該土地の地番区域内における最終の地番を追い順次にその地番を定める（本条第1項第3号）。

例えば，ある地番区域内において，1番から100番までの土地が登記されている場合において，この地番区域の土地につき表題登記をするときは，原則として，最終の地番である100番の次の101番を付すこととなる。

(4) 分筆した土地については，分筆前の地番に支号を付して各筆の地番を定める。ただし，本番に支号のある土地を分筆する場合には，その1筆には，従来の地番を存し，他の各筆には，本番の最終の支号を追い順次

支号を付してその地番を定める（本条第1項第4号）。

　例えば，1番の土地を3筆に分筆した場合には，原則として，分筆後の土地の地番は，1番1,1番2及び1番3とする。また，2番1の土地を2筆に分筆した場合において，既に2番5までの土地が登記されているときには，原則として，分筆後の土地の地番は，2番1及び2番6とする。

(5)　本条第1項第4号本文の規定にかかわらず，規則第104条第6項に規定する場合には，分筆した土地について支号を用いない地番を存することができる（本条第1項第5号）。

　規則第104条第6項は，要役地についてする地役権の登記がある土地について分筆の登記をする場合において，分筆後のいずれかの土地について地役権を消滅させることを証する地役権者が作成した情報が提供されたときは，登記官はその土地について地役権が消滅した旨の登記をする旨を規定している。

　本条第1項第5号では，この場合の分筆後の地番の定め方を規定し，分筆前の地番に支号を用いる通常の方法のみでなく，支号を用いない取扱いを認めている。この場合，承役地についてする地役権の登記事項として要役地の所在・地番がある（不登法第80条第1項第1号）が，地役権を消滅させない分筆後の土地について，支号を用いないことによって，分筆前の土地の地番を用いることが可能となる結果，承役地についてする地役権の登記事項中の要役地の表示について，変更の登記が不要となる。

(6)　合筆した土地については，合筆前の首位の地番をもってその地番とする（本条第1項第6号）。

　例えば，1番，2番及び3番の各土地を合筆したときは，原則として，合筆後の土地の地番は1番とする。

(7)　特別の事情があるときは，本条第1項第3号，第4号及び第6号の規定にかかわらず，適宜の地番を定めて差し支えない（本条第1項第7号）。

　例えば，1番台の土地の近くに100番台の土地が現出することになるなど地番が著しく錯雑するおそれがあるとき等，地番の変更に「特別な事情」がある場合についての特例を定めている。

第67条（地番の定め方）

 (8) 土地区画整理事業を施行した地域等においては，ブロック（街区）地番を付して差し支えない（本条第1項第8号）。

  土地区画整理事業を施行した地域等においては，ブロック的な土地の区画，つまり周囲を道路等に囲まれた区画がされることが多いため，このような場合には，道路等で区画された街区ごとに，例えば，1街区目には1番に支号を付した地番，2街区目には2番に支号を付した地番を付すことにより，当該土地の位置をより分かりやすくするためのものである。

 (9) 地番の支号には，数字を用い，支号の支号は用いない（本条第1項第9号）。

  支号について更に支号を用いるような地番の定め方はしてはならない。例えば，1番の土地を分筆した場合には，1番1，1番2というような支号は用いてよいが，1番1を更に分筆するからといって，1番1の1，1番1の2というような地番の定め方を認めた場合には，地番を錯雑化する結果となるからである。また，同様の理由から，支号は数字に限られる。

4 本条第2項は，従来の地番に数字でない符号又は支号の支号を用いたものがある場合の登記官による地番の変更について定めている。

 かつては，地番に甲，乙やイ，ロというような符号を用いたものや，1番1の1のように支号の支号を用いたものがあったため，従前の地番がこのような定め方をされている場合には，地番の錯雑化を解消するため，その土地の表題部の登記事項に関する変更の登記若しくは更正の登記又は土地の登記記録の移記若しくは改製をするときに，当該地番を変更することができない特別な事情がある場合を除き，これを変更しなければならない。

5 本条第3項は，同一の地番区域内の2筆以上の土地に同一の地番が重複して定められているときの登記官による地番の変更について定めている。

 地番は，地番区域とともに土地を特定するための要素であるから，同一地番区域内の2筆以上の土地の地番が重複して定められているときは，当該地番を変更することができない特別な事情がある場合を除き，これを変更しなければならない。

6 本条第4項は，地番が著しく錯雑している場合において，登記官が必要があると認めるときは，その地番を変更しても差し支えない旨を定めてい

る。
　本条第1項の規定に基づき，整然と地番を設定したとしても，その後において土地の分筆・合筆が相次いで行われた場合などには，地番の錯雑化が生じてしまう可能性があるため，登記官が必要があると認める場合には，地番を変更して差し支えないこととしている。

（地目）
第68条　次の各号に掲げる地目は，当該各号に定める土地について定めるものとする。この場合には，土地の現況及び利用目的に重点を置き，部分的にわずかな差異の存するときでも，土地全体としての状況を観察して定めるものとする。
(1)　田　農耕地で用水を利用して耕作する土地
(2)　畑　農耕地で用水を利用しないで耕作する土地
(3)　宅地　建物の敷地及びその維持若しくは効用を果すために必要な土地
(4)　学校用地　校舎，附属施設の敷地及び運動場
(5)　鉄道用地　鉄道の駅舎，附属施設及び路線の敷地
(6)　塩田　海水を引き入れて塩を採取する土地
(7)　鉱泉地　鉱泉（温泉を含む。）の湧出口及びその維持に必要な土地
(8)　池沼　かんがい用水でない水の貯留池
(9)　山林　耕作の方法によらないで竹木の生育する土地
(10)　牧場　家畜を放牧する土地
(11)　原野　耕作の方法によらないで雑草，かん木類の生育する土地
(12)　墓地　人の遺体又は遺骨を埋葬する土地
(13)　境内地　境内に属する土地であって，宗教法人法（昭和26年法律第126号）第3条第2号及び第3号に掲げる土地（宗教法人の所有に属しないものを含む。）
(14)　運河用地　運河法（大正2年法律第16号）第12条第1項第1号又は第2号に掲げる土地

第68条（地目）

⒂　水道用地　専ら給水の目的で敷設する水道の水源地，貯水池，ろ水場又は水道線路に要する土地
⒃　用悪水路　かんがい用又は悪水はいせつ用の水路
⒄　ため池　耕地かんがい用の用水貯留池
⒅　堤　防水のために築造した堤防
⒆　井溝　田畝又は村落の間にある通水路
⒇　保安林　森林法（昭和26年法律第249号）に基づき農林水産大臣が保安林として指定した土地
(21)　公衆用道路　一般交通の用に供する道路（道路法（昭和27年法律第180号）による道路であるかどうかを問わない。）
(22)　公園　公衆の遊楽のために供する土地
(23)　雑種地　以上のいずれにも該当しない土地

1　本条は，各種の地目の定義について定めている。旧準則第117条に相当する規定である。

2　地目は，土地の現況とその利用目的によって定められる土地の用途による分類（不登法第2条第18号）であり，土地を特定するための要素の一つである。

　地目は，土地の主たる用途により，田，畑，宅地，学校用地，鉄道用地，塩田，鉱泉地，池沼，山林，牧場，原野，墓地，境内地，運河用地，水道用地，用悪水路，ため池，堤，井溝，保安林，公衆用道路，公園及び雑種地の23種に区分して定めるものとされている（不登法第34条第2項，規則第99条）。

3　本条で定める各種の地目の定義は，次のとおりである。
　⑴　田　農耕地で用水を利用して耕作（土地に労力と費用を掛け肥培管理（開墾，播種，かんがい，排水，施肥，除草等）をすること。）する土地をいう。
　　　耕作をする土地の地目は，用水を利用するかどうかにより，「田」と「畑」とに区別して定めることとなるが，栽培される作物の種類には制限がない。田の代表的なものとしては，水稲の栽培地である水田が挙げられる。
　⑵　畑　農耕地で用水を利用しないで耕作する土地をいう。

農耕地のうち、「田」以外の土地は、「畑」である。畑に栽培される作物に制限はなく、穀類、野菜、果樹のほか、綿、芝など、その栽培に当たり用水を利用しないで肥培管理をする作物の栽培地は「畑」であり、その種類は極めて多岐にわたる。

(3) 宅地　建物の敷地及びその維持若しくは効用を果たすために必要な土地をいう。

この定義は、建物が現存していることを前提に「その建物の敷地」と「その建物の維持又は効用を果たすために必要な土地」とを「宅地」として捉えている。したがって、建物が現存している限りは、この定義に従って宅地の認定を行えばよいことになる。

例えば、屋敷内の土地の一部を利用して自家用の野菜などを栽培している菜園は「宅地」であり、公道に至るまでの私的な通路部分など、建物の敷地の維持又は効用を果たすために必要な土地で、建物の敷地と一体として使用されているものは、その全部を「宅地」として取り扱う。

なお、地目を宅地と認定するときは、原則として建物が現存していることを要するが、現に建物が存在していない場合においても、近い将来に建物の敷地に供されることが確実に見込まれることが客観的に明らかな土地も、宅地として認定することができる。

(4) 学校用地　校舎、附属施設の敷地及び運動場をいう。
(5) 鉄道用地　鉄道の駅舎、附属施設及び路線の敷地をいう。
(6) 塩田　海水を引き入れて塩を採取する土地をいう。
(7) 鉱泉地　鉱泉（温泉を含む。）の湧出口及びその維持に必要な土地をいう。
(8) 池沼　かんがい用水でない水の貯留池をいう。

耕地かんがい用水の貯留池の地目は「ため池」となる。本来、「池沼」は天然の水を貯留するために自然に生まれた池などの総称であり、他方、「ため池」は、天然の湖沼、河川、渓谷等を利用して堰堤などを築造し、人工的に用水を貯留する池などの総称であるが、水の貯留池の地目は、天然のものであるか、又は人工のものであるかを問わず、専ら用水を貯留する目的に着目し、その目的が耕地かんがいであるかどうかにより、「池沼」と「ため池」とに区別をして定めることとなる。

(9) 山林　耕作の方法によらないで竹木の生育する土地をいう。

第68条（地目）

　　登記実務においては，樹木が群がって生えている森林の敷地である土地の利用状況に着目して，耕作の方法によらないで竹木の生育する土地の地目は，「山林」として取り扱う。また，苗木を植えただけでは直ちに山林と認定することはできず，一定期間の経過後，竹木が肥培管理をすることなく成育している状態になって初めて山林として取り扱う。

⑽　牧場　家畜を放牧する土地をいう。

　　養畜事業などで牛，馬，羊，山羊などを放牧する土地のことをいう。

⑾　原野　耕作の方法によらないで雑草，かん木類の生育する土地をいう。

　　「原野」は，比較的平坦で広大な地域であり，土地がやせていて，農耕地や林地などとしての利用には適していないため，人の手が加えられずに長年雑草やかん木類が生えるままの状態に放置されてきた土地などである。

　　なお，ここでいうかん木類とは，高さがほぼ人の背丈程であって幹はあまり太くならず，下部から枝分かれしている低木のことをいう。

⑿　墓地　人の遺体又は遺骨を埋葬する土地をいう。

　　「墓地」には，霊園と言われる近代的なものや，村落の共同墓地などの小規模のものもあるが，いずれも「墓地」として取り扱う。

⒀　境内地　境内に属する土地であって，宗教法人法（昭和26年法律第126号）第3条第2号及び第3号に掲げる土地（宗教法人の所有に属しないものを含む。）をいう。

　　同条第2号及び第3号に掲げる土地としては，本殿，拝殿，本堂，会堂，僧堂，僧院，信者修行所，社務所，庫裏，教職舎，宗務庁，教務院，教団事務所その他宗教法人の目的達成のために供される建物及び工作物（附属の建物及び工作物を含む。）が存する一画の土地と，参道として用いられる土地とが該当する。

⒁　運河用地　運河法（大正2年法律第16号）第12条第1項第1号又は第2号に掲げる土地をいう。

　　同項第1号又は第2号に掲げる土地としては，水路用地及び運河に属する道路，橋梁，堤防，護岸，物揚場又は繋船場の築設に要する土地並びに運河用通信又は信号に要する土地が該当する。

⒂　水道用地　専ら給水の目的で敷設する水道の水源地，貯水池，ろ水場

又は水道線路に要する土地をいう。

　発電用のダム貯水池の地目は「池沼」とするが，専ら水道の水源地とする目的で敷設されたダム貯水池の地目は「水道用地」とする。

⒃　用悪水路　かんがい用又は悪水排せつ用の水路をいう。

　人の生活に必要な水は，河川の流水，貯溜水，雨水などによっているが，その水を供給するために陸上には様々な用水路が設けられている。また，使用後の水を管理して排せつする悪水の排水路やその両方を兼ねた水路などがみられるが，これらの水路のうち，かんがい用又は悪水排せつ用の水路は「用悪水路」として取り扱う。

⒄　ため池　耕地かんがい用の用水貯留池をいう。

　通常，用水を耕地に供給する排水口や堰堤などの設備が設けられているが，これらの設備は，ため池の一部を成すものであるから，「ため池」に含めて取り扱う。

⒅　堤　防水のために築造した堤防をいう。

　河川の管理施設である堤防には，築造の位置や形状により様々であるが，防水の用に供されるこれら河川管理施設の敷地は，全て「堤」に含めて取り扱う。

⒆　井溝　田畝又は村落の間にある通水路をいう。

　耕地に見られる井溝とかんがい用の末端水路とを外観上一見して区別することは困難であるが，田畝すなわち田畑に取水するための用水路ではなく，単に，落とし水や湧き水などを排せつする通水路が「井溝」であり，この点において，かんがい用の「用悪水路」と区別する。

⒇　保安林　森林法に基づき農林水産大臣が保安林として指定した土地をいう。

　保安林の指定は，主に山林が対象とされるが，竹木の生育していない土地についても行われることがある。「保安林」は，水源のかん養，土砂の流出防備などの目的をもって指定されるところ，森林法の規制を受ける土地であることを公示する必要から，土地の地目の一つとされたものである。

㉑　公衆用道路　一般交通の用に供する道路をいい，道路法（昭和27年法律第180号）による道路であるかどうかを問わない。

　土地の現況及び利用目的が一般公衆の通行の用に供するものと認めら

第69条（地目の認定）

れる場合には，その道路が循環路線でない袋地であっても，その地目を「公衆用道路」として取り扱う。

⑵ 公園 公衆の遊楽のために供する土地をいう。

園路，広場，花壇，休憩所，遊技施設及び運動施設などの公園施設の敷地は，「公園」として取り扱う。

⑵ 雑種地 以上のいずれにも該当しない土地をいう。

地目は，土地の利用状況により23種が定められているが，このうち「雑種地」は，前記の22種の地目のいずれにも該当しない土地の地目として捉えることができる。飛行場やゴルフ場のように，ある目的の下に一体的に使用されている広大な土地の一部に建物がある場合において，建物があることは土地の利用目的の付随的なものにすぎないと認められるときは，建物の敷地を含むその敷地全部を一体として「雑種地」とする。

4 地目の認定に当たっては，土地の現況及び利用目的に重点を置き，部分的にわずかな差異の存するときでも，土地全体としての状況を観察して定めるものとされている。

この点，地目の認定基準が本条に定めるところであるとしても，ある土地が現実にどの地目に該当するかを認定することは，必ずしも容易なことではない。また，規則第99条において地目の決定の要素として掲げられる「土地の主な用途」は，単に土地そのものの客観的な現況よりも，土地の所有者による土地の利用目的によって大きく左右されるものであり，現実には，それに応じた利用状況が高度化し複雑化する状況にあるために，当該土地に適当な地目を決定することがより困難となってきているのが実情である。

なお，農地（田・畑）の転用（地目の変更）については，農地保全の観点から都道府県の知事等の許可が必要であるとされている（農地法（昭和27年法律第229号）第4条及び第5条）ので，農地を他の地目に変更する場合の認定は，特に慎重を期す必要がある。

（地目の認定）

第69条 土地の地目は，次に掲げるところによって定めるものとする。

第69条（地目の認定）

(1) 牧草栽培地は，畑とする。
(2) 海産物を乾燥する場所の区域内に永久的設備と認められる建物がある場合には，その敷地の区域に属する部分だけを宅地とする。
(3) 耕作地の区域内にある農具小屋等の敷地は，その建物が永久的設備と認められるものに限り，宅地とする。
(4) 牧畜のために使用する建物の敷地，牧草栽培地及び林地等で牧場地域内にあるものは，すべて牧場とする。
(5) 水力発電のための水路又は排水路は，雑種地とする。
(6) 遊園地，運動場，ゴルフ場又は飛行場において，建物の利用を主とする建物敷地以外の部分が建物に附随する庭園に過ぎないと認められる場合には，その全部を一団として宅地とする。
(7) 遊園地，運動場，ゴルフ場又は飛行場において，一部に建物がある場合でも，建物敷地以外の土地の利用を主とし，建物はその附随的なものに過ぎないと認められるときは，その全部を一団として雑種地とする。ただし，道路，溝，堀その他により建物敷地として判然区分することができる状況にあるものは，これを区分して宅地としても差し支えない。
(8) 競馬場内の土地については，事務所，観覧席及びきゅう舎等永久的設備と認められる建物の敷地及びその附属する土地は宅地とし，馬場は雑種地とし，その他の土地は現況に応じてその地目を定める。
(9) テニスコート又はプールについては，宅地に接続するものは宅地とし，その他は雑種地とする。
(10) ガスタンク敷地又は石油タンク敷地は，宅地とする。
(11) 工場又は営業場に接続する物干場又はさらし場は，宅地とする。
(12) 火葬場については，その構内に建物の設備があるときは構内全部を宅地とし，建物の設備のないときは雑種地とする。
(13) 高圧線の下の土地で他の目的に使用することができない区域は，雑種地とする。
(14) 鉄塔敷地又は変電所敷地は，雑種地とする。
(15) 坑口又はやぐら敷地は，雑種地とする。
(16) 製錬所の煙道敷地は，雑種地とする。

第69条（地目の認定）

> ⒄　陶器かまどの設けられた土地については，永久的設備と認められる雨覆いがあるときは宅地とし，その設備がないときは雑種地とする。
>
> ⒅　木場（木ぼり）の区域内の土地は，建物がない限り，雑種地とする。

1　本条は，地目の認定が困難であると考えられる具体的な事例についての細部的取扱いについて定めている。旧準則第118条に相当する規定である。
2　第68条で23種の地目の各々について定義をしているところ，本条は，特に疑問の生じやすいと思われる各種の土地の地目の定め方を規定している。
　⑴　牧草栽培地は，「畑」とする（本条第1号）。
　　　牧草栽培地とは，牛や馬などの飼料用の草を栽培するものをいう。農耕地域内にある牧草栽培地は，「畑」として取り扱うが，牧場地域内にある牧草栽培地は，「牧場」として取り扱う（本条第4号）（『表示登記教材地目認定（改訂版）』122ページ〔民事法務協会〕（2006年）参照）。
　⑵　海産物を乾燥する場所の区域内に永久的設備と認められる建物がある場合には，その敷地の区域に属する部分だけを「宅地」とする（本条第2号）。
　　　「宅地」として認められるのは，建物の敷地及びその維持若しくは効用を果たすために必要な範囲に限られ（第68条第3号），海産物を乾燥する場所の区域は，通常，「雑種地」として取り扱うことになる（前掲書251ページ参照（そうめんなどの干場）が，その区域内に永続的設備と認められる建物がある場合には，その敷地に属する部分に限って「宅地」として取り扱う（前掲書69，70ページ参照）。
　⑶　耕作地の区域内にある農具小屋等の敷地は，その建物が永続的設備と認められるものに限り，「宅地」とする（本条第3号）。
　　　耕作地は，「田」又は「畑」として取り扱うが，農具小屋等が永続的設備である場合には，前記⑵と同様，その敷地は「宅地」として取り扱う（前掲書69ページ参照）。
　⑷　牧畜のために使用する建物の敷地，牧草栽培地及び林地等で牧場地域内にあるものは，全て「牧場」とする（本条第4号）。
　　　牧畜とは，馬，牛，羊などの家畜を飼育し繁殖させることであり，牧

畜においては，牧場区域内の土地と施設とを一体的に利用して家畜の飼育が行われるから，家畜の放牧場（第68条第10号）を始め，牧畜のために使用する建物の敷地，牧草栽培地及び林地（日陰用の林のある土地）などで牧場区域内にあるものは，全て「牧場」として取り扱う（前掲書122〜124ページ参照）。

(5) 水力発電のための水路又は排水路は，「雑種地」とする（本条第5号）。

　水力発電のための水路又は排水路は，「運河用地」，「水道用地」，「用悪水路」及び「井溝」のいずれにも該当せず，「雑種地」として取り扱う（前掲書246ページ参照）。

(6) 遊園地，運動場，ゴルフ場又は飛行場において，建物の利用を主とする建物敷地以外の部分が建物に附随する庭園に過ぎないと認められる場合には，その全部を一団として「宅地」とする（本条第6号）。

(7) 遊園地，運動場，ゴルフ場又は飛行場において，一部に建物がある場合でも，建物敷地以外の土地の利用を主とし，建物はその附随的なものに過ぎないと認められるときは，その全部を一団として「雑種地」とする。ただし，道路，溝，堀その他により建物敷地として判然区分することができる状況にあるものは，これを区分して「宅地」としても差し支えない（本条第7号）。

　ここで挙げられている遊園地等のように，ある目的の下に一体的に使用されている広大な土地の一部に建物がある場合において，建物敷地以外の土地の利用を主とし，建物はその付随的なものに過ぎないと認められるときは，これを全体としての状況を観察して，建物の敷地を含むその敷地を一団として「雑種地」として取り扱う（前掲書231ページ参照）。

　ただし，この場合でも，道路，井溝などにより建物の敷地がそれ以外の部分と判然と区分し得る状況にあるときは，建物の敷地を区分して「宅地」とすることもできる（前掲書74ページ参照）。

(8) 競馬場内の土地については，事務所，観覧席及びきゅう舎等永久的設備と認められる建物及びその附属する土地は「宅地」とし，馬場は「雑種地」とし，その他の土地は現況に応じてその地目を定める（本条第8号）（前掲書72ページ参照）。

(9) テニスコート又はプールについては，宅地に接続するものは「宅地」とし，その他は「雑種地」とする（本条第9号）（前掲書75，76，248，

第69条（地目の認定）

249ページ参照）。

⑽　ガスタンク敷地又は石油タンク敷地は，「宅地」とする（本条第10号）。
　　ガスタンクや石油タンクは，建物ではないが，その敷地は，「宅地」として取り扱う（前掲書77，78ページ参照）。

⑾　工場又は営業所に接続する物干場又はさらし場は，「宅地」とする（本条第11号）（前掲書67ページ参照）。
　　物干場とは，洗濯物などを干す場所を，さらし場とは，布などを洗ってさらす場所をいうところ，そこが工場又は営業所に接続している場合には，物干場及びさらし場は「宅地」として取り扱う。

⑿　火葬場については，その構内に建物の設備があるときは構内全体を「宅地」とし，建物の設備のないときは「雑種地」とする（本条第12号）（前掲書79ページ参照）。

⒀　高圧線の下の土地で他の目的に使用することができない区域は，「雑種地」とする（本条第13号）（前掲書250ページ参照）。

⒁　鉄塔敷地又は変電所敷地は，「雑種地」とする（本条第14号）。
　　鉄塔など，建物としての要件を備えていない工作物や建造物の敷地は，「雑種地」として取り扱う（前掲書239ページ参照）。

⒂　坑口又はやぐら敷地は，「雑種地」とする（本条第15号）（前掲書240ページ参照）。
　　鉱業生産物を搬出する出入り口である坑口の敷地や，やぐら敷地は，「雑種地」以外の地目のいずれにも該当しないことから，「雑種地」として取り扱う（前掲書240ページ参照）。

⒃　製錬所の煙道敷地は，「雑種地」とする（本条第16号）（前掲書242ページ参照）。
　　製錬所とは，鉱石から金属を取り出して精製，加工する工場のことをいい，煙道とは，精錬の過程で排出される煙や燃焼排ガスを炉又はボイラーから煙突に導く通路のことをいうところ，煙道が設置されている敷地は「雑種地」として取り扱う。

⒄　陶器かまどの設けられた土地については，永久的設備と認められる雨覆いがあるときは「宅地」とし，その設備がないときは「雑種地」とする（本条第17号）（前掲書242ページ参照）。

⒅　木場（木ぼり）の区域内の土地は，建物がない限り，「雑種地」とす

る（本条第18号）（前掲書244ページ参照）。
　木場（木ぼり）とは，材木を蓄えておく所をいうが，その土地は，建物がない限り，「雑種地」として取り扱う。

（地積）
第70条　土地の表示に関する登記の申請情報の内容とした地積と登記官の実地調査の結果による地積との差が，申請情報の内容とした地積を基準にして規則第77条第5項の規定による地積測量図の誤差の限度内であるときは，申請情報の内容とした地積を相当と認めて差し支えない。

1　本条は，土地の表示に関する登記の申請情報の内容とした地積の許容誤差の基準について定めている。旧準則第119条に相当する規定である。
2　地積は，1筆の土地の面積のことであり，水平投影面積（土地の境界線を一定の水平面上に投影したときの投影図の面積）により，平方メートルを単位として定め，また，1平方メートルの100分の1（宅地及び鉱泉地以外の土地で10平方メートルを超えるものについては，1平方メートル）未満の端数は，切り捨てるものとされている（不登法第2条第19号，第34条第2項，規則第100条）。
3　土地の表示に関する登記の申請をする場合においては，必要に応じ申請人側がその土地を測量し，その成果に基づき図面を作成し，求積結果を申請情報の内容として登記の申請をすることとなるが，その地積の数値が正しいかどうかは，登記官が現地でその土地を測量して判断することとなるところ，測量においては，測量方法等によって多少の差が生じることは当然に予想されるところである。そこで，本条は，土地の表示に関する登記の申請情報の内容とした地積と登記官の実地調査の結果による地積の差が，申請情報の内容とした地積を基準として，地積測量図の許容誤差の範囲内（規則第77条第5項において準用する規則第10条第4項）であるときは，登記官が実地調査により得た地積の数値を採用する必要はなく，申請情報の内容とした地積を相当と認めて差し支えないとしたものである。

第71条（所有権を証する情報）

> （所有権を証する情報）
> 第71条　令別表の4の項添付情報欄ハに掲げる表題部所有者となる者の所有権を証する情報は，公有水面埋立法（大正10年法律第57号）第22条の規定による竣功認可書，官庁又は公署の証明書その他申請人の所有権の取得を証するに足りる情報とする。
> 2　国又は地方公共団体の所有する土地について，官庁又は公署が土地の表題登記を嘱託する場合には，所有権を証する情報の提供を便宜省略して差し支えない。

1　本条は，土地の表題登記の申請をする際の添付情報である，表題部所有者となる者が所有権を有することを証する情報（以下「所有権証明情報」という。）について定めている。旧準則第121条に相当する規定である。

2　新たに生じた土地又は表題登記がない土地の所有権を取得した者は，その所有権の取得の日から1月以内に，表題登記を申請しなければならず（不登法第36条），当該登記の申請をする場合には，添付情報の一部として所有権証明情報を提供しなければならないとされている（登記令別表の4の項添付情報欄ハ）。

3　本条第1項は，この所有権証明情報の具体例を示しており，その例として，公有水面埋立法（大正10年法律第57号）に基づく埋立地について土地の表題登記を申請する際の所有権証明情報としては，竣功認可書が定められている。公有水面（河，海，湖，沼，その他公共の用に供する水流又は水面であって，国の所有に属するものをいう（同法第1条前段）。）については，同法に基づいて免許を受けた上で埋立てをすることが必要であり，免許を受けた者は，都道府県知事による竣功認可の告示日に，その埋立地の所有権を取得する（同法第24条）とされていることから，竣功認可書は，当該土地の所有者の所有権証明情報として取り扱うことができるのである。

　その他，海底が隆起したり，河口に土砂が堆積するなどにより，土地が生じた場合には，原則として，国有地であると考えられ（民法第239条第2項），国からの表題登記の嘱託又は国から土地を譲り受けた者からの表題登記の申請がされるものと考えられるが，国から土地を譲り受けた場合においては，それを証する情報が所有権証明情報になるものと考えられる。

4　本条第2項は，国又は地方公共団体が所有する土地について，官庁又は公署が土地の表題登記を嘱託する場合における所有権証明情報の取扱いを定めている。

ところで，不登法附則第9条において，昭和35年改正法附則第5条第1項に規定する土地又は建物についての表示に関する登記の申請義務については，なお従前の例によるとされ，国又は地方公共団体が所有する不動産については申請義務を「当分の間」免除する旨の規律を引き継いでいる。

国又は地方公共団体が所有する不動産については，別途，国有財産台帳又はいわゆる公有財産台帳への登録が行われているところ，これらの一般の取引の対象とならない国又は地方公共団体が所有する不動産については，不動産登記制度の意義が不動産の権利関係を公示することによって取引の安全と円滑に資するということにあることに鑑み，表示に関する登記の申請義務は課されなかったものと考えられる。

そのため，国又は地方公共団体の土地について，表題登記がされていないものも存在するが，そのような土地について，国又は地方公共団体が表題登記を嘱託する場合には，当該嘱託情報の内容をもって所有権証明情報の提供があったと認めることができることから，本条第2項の取扱いが認められているものと考えられる。

（分筆の登記の申請）
第72条　分筆の登記を申請する場合において，分筆前の地積と分筆後の地積の差が，分筆前の地積を基準にして規則第77条第5項の規定による地積測量図の誤差の限度内であるときは，地積に関する更正の登記の申請を要しない。
2　分筆の登記を申請する場合において提供する分筆後の土地の地積測量図には，分筆前の土地が広大な土地であって，分筆後の土地の一方がわずかであるなど特別の事情があるときに限り，分筆後の土地のうち1筆の土地について規則第77条第1項第5号から第8号までに掲げる事項（同項第5号の地積を除く。）を記録することを便宜省略して差し支えない。

第72条（分筆の登記の申請）

1　本条第1項は，分筆の登記を申請する場合における地積の更正の登記の申請を要しない限度等について定めている。旧準則第124条に相当する規定である。

　分筆の登記とは，1筆の土地を分割して新たに2筆以上の土地を創設するものであり，本来，分筆の登記の前後で土地の地積に増減が生ずることはないはずであるが，現実には，分筆の登記をするために土地の筆界を確認し，測量をした結果，分筆前の登記記録上の地積と分筆後の各筆の地積の総和とが一致しない場合がある。

　その原因としては，次の3つの場合が想定される。

　第1に，1筆の土地として登記をした後に物理的な事情によって現実の地積に増減があった場合であり（例えば，大規模な地震による地殻変動により地積に増減が生ずることなどが考えられる。），第2に，1筆の土地として登記をした当初からその地積に誤りがあった場合であり，第3に，測量誤差によりその地積に相違が生じた場合である。

　分筆前の登記記録の地積と分筆後の各筆の地積の総和とが一致しない場合にあっては，原則として，分筆の登記の前提として分筆前の土地の地積の更正の登記をしなければならないが，本条第1項では，その差が一定の範囲であるならば，分筆の登記の申請の前提として，地積の更正の登記の申請をしなくともよい旨を規定している。

　なお，地積の更正の登記を要しない誤差の限度については，分筆前の地積と分筆後の地積の差が，分筆前の地積を基準として，市街地地域については国土調査法施行令（昭和27年政令第59号）別表第4に掲げる精度区分（以下「精度区分」という。）甲二まで，村落・農耕地域については精度区分乙一まで，山林・原野地域については精度区分乙三までとされている（規則第77条第5項において準用する規則第10条第4項）。

2　分筆の登記の申請情報には，分筆後の土地の地積測量図を提供しなければならず（登記令別表の8項の添付情報欄イ），当該地積測量図には，規則第77条第1項各号に掲げる事項を記録しなければならないが，本条第2項では，その例外について定めている。

　つまり，分筆の登記の申請において提供する地積測量図は，本来，分筆後の土地の全てについて地積の求積方法等を明らかにすべきであるが，極めて例外的に，特別の事情があるときに限り，分筆後の土地のうちの1筆につい

て明らかにすることを要しない取扱いを明らかにしている。
　この「特別の事情があるとき」を例示すると，おおむね次のとおりである。
(1)　分筆前の土地が広大であり，分筆後の土地の一方がわずかであるとき。
(2)　地図（不登法第14条第1項）が備え付けられている場合であって，分筆前の地積と分筆後の地積の差が誤差の限度内であるとき。
(3)　座標値が記録されている地積測量図など既存の資料により，分筆前の地積と分筆後の地積の差が誤差の限度内であるとき。
(4)　道路買収などの公共事業に基づく登記の嘱託が大量一括にされ，かつ，分筆前の地積と分筆後の地積の差が誤差の限度内であるとき。
　　また，前記の場合のほか，登記官において分筆前の土地の筆界を確認することができる場合であって，かつ，①分筆後の土地の一方が公有地に接し，境界確定協議や境界明示に長期間を要するとき，②隣接地の土地の所有者等が正当な理由なく筆界確認のための立会いを拒否しているとき又は③隣接地所有者等が行方不明で筆界確認のための立会いができないときについても，特別の事情があると認められる場合があることも考えられる。これらの事情（前記②の場合は，立会い拒否が正当な理由に基づかないことを認めるに足りる具体的事情）について規則第93条に規定する調査に関する報告又は実地調査によって確認する必要がある。ただし，この取扱いは，(1)から(4)までとは全く性質を異にしており，安易な適用は避けるべきであり，後々紛争を生じるような状況が明らかな場合は，この「特別の事情」には該当しない。
　　なお，そもそも，分筆の登記の申請において，特別の事情がある場合を除き，分筆後の土地の全ての土地について地積の求積方法等を明らかにすることとされている趣旨は，地図（不登法第14条第1項）の精度及び正確性を維持するとともに，地籍の明確化を図り，もって，登記された土地の区画の正確性を確保するために必要不可欠であるとする基本的な考え方によるものである。

第74条（分筆の登記の記録方法）

> （土地の表題部の変更の登記又は更正の登記の記録）
> 第73条　地番，地目又は地積に関する変更の登記又は更正の登記をする場合において，登記記録の表題部の原因及びその日付欄の記録をするときは，変更し，又は更正すべき事項の種類に応じて，当該変更又は更正に係る該当欄の番号を登記原因及びその日付の記録に冠記してするものとする。例えば，地目の変更をするときは，登記原因及びその日付に②を冠記するものとし，一の申請情報によって地目の変更の登記と地積の更正の登記の申請があった場合において，これらに基づいて登記をするときは，原因及びその日付欄に，それぞれの登記原因及びその日付に②及び③を冠記して，「②平成何年何月何日地目変更③錯誤」のように記録するものとする。

1　本条は，土地の表題部の変更の登記又は更正の登記の記録の方法について定めている。旧準則第130条第3項に相当する規定である。
2　地番，地目又は地積に関する変更の登記又は更正の登記をする場合において，登記記録の表題部の原因及びその日付欄の記録をするときは，変更し，又は更正すべき事項の該当欄の番号（地番は①，地目は②及び地積は③）を登記原因及びその日付の記録に冠記するものとされている。

　具体的には，例えば，地目の変更の登記をするときは，「②平成何年何月何日地目変更」と，一の申請情報によって地目の変更の登記と地積の更正の登記の申請があった場合において，これらに基づいて登記をするときは，「②平成何年何月何日地目変更③錯誤」のように記録するものとされている。

> （分筆の登記の記録方法）
> 第74条　甲土地から乙土地を分筆する分筆の登記をする場合において，規則第101条第2項の規定による記録をするときは，甲土地の登記記録の表題部に，地番，地目及び地積のうち変更する事項のみを記録し（所在欄には，何らの記録を要しない。），原因及びその日付欄に，変更を要する事項の事項欄の番号を冠記して，「①③何番何，何番何に

第74条（分筆の登記の記録方法）

> 分筆」（又は「③何番何ないし何番何に分筆」）のように記録するものとする。
> 2　前項の場合において，規則第101条第1項の規定による記録をするときは，乙土地の登記記録の表題部の原因及びその日付欄に，「何番から分筆」のように記録するものとする。

1　本条は，分筆の登記をする場合の表題部の記録方法について定めている。旧準則第131条に相当する規定である。
2　本条第1項は，分筆の登記をする場合において，規則第101条第2項の規定による記録をするときの記録方法を示したものである。
　すなわち，同項によれば，登記官は，甲土地から乙土地を分筆する分筆の登記をするときは，甲土地に新たな地番を付し，甲土地の登記記録に，残余部分の土地の表題部の登記事項，何番の土地を分筆した旨及び従前の土地の表題部の登記事項の変更部分を抹消する記号を記録しなければならないとされているところ，本条第1項は，その場合における甲土地の登記記録の表題部への具体的な記録方法を明らかにしたものである。ただし，分筆後の甲土地について従前の地番と同一地番を付すこともでき，この場合には甲土地について従前の地番を抹消する記号を記録する必要はない（規則第101条第3項）。
　なお，土地の一部が別の地目となり，甲土地から乙土地を分筆するとき（不登法第39条第2項参照）は，甲土地の登記記録の表題部の原因及びその日付欄に，「年月日一部地目変更」と記録するものとされている。
3　本条第2項は，分筆の登記をする場合において，規則第101条第1項の規定による記録をするときの記録方法を示したものである。
　すなわち，登記官は，甲土地から乙土地を分筆する登記をするときは，乙土地について新たな登記記録を作成し，当該登記記録の表題部に何番の土地から分筆した旨を記録しなければならない（規則第101条第1項）とされているところ，本項は，その場合における乙土地の登記記録の表題部への具体的な記録方法を明らかにしたものである。
4　本条に係る記録例（甲土地から乙土地を分筆する場合）は，記録例①のとおりであるが，甲土地については，規則第101条第2項に基づき，変更前の地番「5番」及び地積「694.21㎡」を抹消する記号を記録し，変更後の地

第4章　登記手続　215

第74条（分筆の登記の記録方法）

番「5番1」及び地積「396.69㎡」を記録するとともに，本条第1項に基づき，原因及びその日付欄に「①③5番1，5番2に分筆」と記録するほか，乙土地については，本条第2項に基づき，原因及びその日付欄に「5番から分筆」と記録する。

また，一部地目変更による分筆及び地目変更の記録例は，記録例②のとおりであるが，甲土地の登記記録の表題部の原因及びその日付欄に，「平成何年何月何日一部地目変更」と記録するとともに，同項に基づき「①③8番1，8番2に分筆」と記録する。

記録例①　甲土地から乙土地を分筆する場合（記録例通達項番16）

（甲土地）

表題部（土地の表示）		調製	余白	不動産番号	1234567890123
地図番号	余白	筆界特定	余白		
所　　在	甲市乙町二丁目			余白	
①地番	②地目	③地積	㎡	原因及びその日付〔登記の日付〕	
5番	宅地	694	21	余白	
5番1	余白	396	69	①③5番1，5番2に分筆〔平成何年何月何日〕	

（注）　3筆以上に分筆する場合には，「原因及びその日付〔登記の日付〕」の記録は，例えば「5番1ないし5番5に分筆」のようにする。

（乙土地）

表題部（土地の表示）		調製	余白	不動産番号	1234567890123
地図番号	余白	筆界特定	余白		
所　　在	甲市乙町二丁目			余白	
①地番	②地目	③地積	㎡	原因及びその日付〔登記の日付〕	
5番2	宅地	297	52	5番から分筆〔平成何年何月何日〕	

第75条（合筆の登記の記録方法）

記録例②　一部地目変更による分筆及び地目変更（記録例通達項番29）
（甲土地）

表　題　部　（土地の表示）		調製	余　白	不動産番号	1234567890123	
地図番号	余　白	筆界特定	余　白			
所　　在	甲市乙町一丁目			余　白		
①地　番	②地　目	③地　　積	㎡	原因及びその日付〔登記の日付〕		
<u>8番</u>	畑	826		余　白		
8番1	余　白	495		平成何年何月何日一部地目変更 ①③8番1，8番2に分筆 〔平成何年何月何日〕		

（乙土地）

表　題　部　（土地の表示）		調製	余　白	不動産番号	1234567890123	
地図番号	余　白	筆界特定	余　白			
所　　在	甲市乙町一丁目			余　白		
①地　番	②地　目	③地　　積	㎡	原因及びその日付〔登記の日付〕		
8番2	宅地	330	57	8番から分筆 〔平成何年何月何日〕		

　（合筆の登記の記録方法）
　第75条　甲土地を乙土地に合筆する合筆の登記をする場合において，甲土地の登記記録の表題部に規則第106条第２項の規定による記録をするときは，原因及びその日付欄に「何番に合筆」のように記録するものとする。
　２　前項の場合において，乙土地の登記記録の表題部に規則第106条第１項の規定による記録をするときは，合筆後の土地の地積を記録し，原因及びその日付欄に，地積欄の番号を冠記して，「③何番を合筆」（又は「③何番何ないし何番何を合筆」）のように記録するものとする。

第４章　登記手続　217

第75条（合筆の登記の記録方法）

1　本条は，合筆の登記をする場合の表題部の記録方法について定めている。旧準則第132条に相当する規定である。
2　本条第1項は，合筆の登記をする場合において，規則第106条第2項の規定による記録をするときの記録方法を示したものである。
　すなわち，登記官は，甲土地を乙土地に合筆する合筆の登記をするときは，甲土地の登記記録の表題部に何番の土地に合筆した旨及び従前の土地の表題部の登記事項を抹消する記号を記録し，当該登記記録を閉鎖しなければならない（規則第106条第2項）ところ，本条第1項は，その場合における具体的な記録方法を明らかにしたものである。
3　本条第2項は，合筆の登記をする場合において，規則第106条第1項の規定による記録をするときの記録方法を示したものである。
　すなわち，登記官は，甲土地を乙土地に合筆する合筆の登記をするときは，乙土地の登記記録の表題部に，合筆後の土地の表題部の登記事項，何番の土地を合筆した旨及び従前の土地の表題部の登記事項の変更部分を抹消する記号を記録しなければならない（規則第106条第1項）とされているところ，本条第1項は，その場合における具体的な記録方法を明らかにしたものである。
4　本条に係る記録例（甲土地を乙土地に合筆する場合）は，記録例③のとおりであるが，甲土地については，本条第1項に基づき登記記録の表題部の原因及びその日付欄に「3番に合筆」と記録し，規則第106条第2項に基づき，登記記録を閉鎖するとともに，乙土地については，本条第2項に基づき，登記記録の表題部の原因及びその日付欄に「③4番を合筆」と記録する。

記録例③　甲土地を乙土地に合筆する場合（記録例通達項番31）
（乙土地）

表　題　部　（土地の表示）		調製	余　白	不動産番号	1234567890123
地図番号	余　白	筆界特定	余　白		
所　　在	甲市乙町一丁目			余　白	
①地　番	②地　目	③地　積　㎡		原因及びその日付〔登記の日付〕	
3番	宅地	550	50	余　白	

第76条（分合筆の登記の記録方法）

| 余　白 | 余　白 | 826 | 00 | ③4番を合筆
〔平成何年何月何日〕 |

権　利　部　（甲区）　（所有権に関する事項）			
順位番号	登記の目的	受付年月日・受付番号	権利者その他の事項
何	合併による所有権登記	平成何年何月何日 第何号	所有者　何市何町何番地 　　　　何　某

（甲土地）

表　題　部　（土地の表示）	調製	余　白	不動産番号	1234567890123
地図番号	余　白	筆界特定	余　白	
所　　在	甲市乙町一丁目			余　白
①地　番	②地　目	③地　積　㎡		原因及びその日付〔登記の日付〕
4番	宅地	275	50	余　白
余　白	余　白	余　白		3番に合筆 〔平成何年何月何日 同日閉鎖〕

（分合筆の登記の記録方法）

第76条　甲土地の一部を分筆して，これを乙土地に合筆する場合における分筆の登記及び合筆の登記をする場合において，甲土地の登記記録の表題部に規則第108条第2項の規定による記録をするときは，分筆後の土地の地積を記録し，原因及びその日付欄に，地積欄の番号を冠記して，「③何番に一部合併」のように記録するものとする。

2　前項の場合において，乙土地の登記記録の表題部に規則第108条第1項の規定による記録をするときは，合筆後の土地の地積を記録し，原因及びその日付欄に，地積欄の番号を冠記して，「③何番から一部合併」のように記録するものとする。

1　本条は，分合筆の登記をする場合の表題部の記録方法について定めてい

第76条（分合筆の登記の記録方法）

る。旧準則第133条に相当する規定である。
2 本条第1項は，分合筆の登記をする場合において，規則第108条第2項の規定による記録をするときの記録方法を示したものである。
　すなわち，登記官は，甲土地の一部を分筆して，これを乙土地に合筆する場合において，分筆の登記及び合筆の登記をするときは，甲土地の登記記録の表題部に，残余部分の土地の表題部の登記事項，何番の土地に一部を合併した旨及び従前の土地の表題部の登記事項の変更部分を抹消する記号を記録しなければならない（規則第108条第2項前段）とされているところ，本条第1項は，その場合における具体的な記録方法を明らかにしたものである。
3 本条第2項は，分合筆の登記をする場合において，規則108条第1項の規定による記録をするときの記録方法を示したものである。
　すなわち，登記官は，甲土地の一部を分筆して，これを乙土地に合筆する場合において，分筆の登記及び合筆の登記をするときは，乙土地の登記記録の表題部に，合筆後の表題部の登記事項，何番の土地の一部を合併した旨及び従前の土地の表題部の登記事項の変更部分を抹消する記号を記録しなければならない（規則第108条第1項前段）とされているところ，本条第2項は，その場合における具体的な記録方法を明らかにしたものである。
4 本条に係る記録例は，記録例④のとおりであるが，甲土地については，規則第108条第1項及び第2項に基づき，変更前の地積「452.89㎡」を抹消する記号を記録し，変更後の地積「337.19㎡」を記録するとともに，本条第1項に基づき，原因及びその日付欄に「③5番に一部合併」と記録するほか，乙土地については，規則第108条第1項に基づき，変更前の地積「363.63㎡」を抹消する記号を記録し，変更後の地積「479.33㎡」を記録するとともに，本条第2項に基づき，原因及びその日付欄に「③6番から一部合併」と記録する。

記録例④　甲土地を分筆してその一部を乙土地に合筆する場合（記録例通達項番34）

（甲土地）

表　題　部　（土地の表示）	調製	余　白	不動産番号	1234567890123
地図番号	余　白	筆界特定	余　白	

220

所　　在	甲市乙町三丁目				余　白	
①地　番	②地　目	③地　　積		㎡	原因及びその日付〔登記の日付〕	
6番	宅地	452	89		余　白	
余　白	余　白	337	19		③5番に一部合併 〔平成何年何月何日〕	

（乙土地）

表　題　部　（土地の表示）		調製	余　白	不動産番号	1234567890123
地図番号	余　白	筆界特定	余　白		
所　　在	甲市乙町三丁目			余　白	
①地　番	②地　目	③地　　積	㎡	原因及びその日付〔登記の日付〕	
5番	宅地	363	63	余　白	
余　白	余　白	479	33	③6番から一部合併 〔平成何年何月何日〕	

（注）1　甲土地及び乙土地の一部を分筆して丙土地に合筆する場合には，丙土地の表題部中「原因及びその日付」には，例えば「6番，7番から一部合併」のようにする。
　　　2　合筆後の土地の所有権の登記については記録例番号31参照。

第3款　建物の表示に関する登記

（建物認定の基準）
第77条　建物の認定に当たっては，次の例示から類推し，その利用状況等を勘案して判定するものとする。
(1)　建物として取り扱うもの
　　ア　停車場の乗降場又は荷物積卸場。ただし，上屋を有する部分に限る。
　　イ　野球場又は競馬場の観覧席。ただし，屋根を有する部分に限る。
　　ウ　ガード下を利用して築造した店舗，倉庫等の建造物
　　エ　地下停車場，地下駐車場又は地下街の建造物
　　オ　園芸又は農耕用の温床施設。ただし，半永久的な建造物と認め

第77条（建物認定の基準）

　　　　られるものに限る。
　　(2) 建物として取り扱わないもの
　　　ア　ガスタンク，石油タンク又は給水タンク
　　　イ　機械上に建設した建造物。ただし，地上に基脚を有し，又は支柱を施したものを除く。
　　　ウ　浮船を利用したもの。ただし，固定しているものを除く。
　　　エ　アーケード付街路（公衆用道路上に屋根覆いを施した部分）
　　　オ　容易に運搬することができる切符売場又は入場券売場等

1　本条は，建物の認定の基準について例示して定めている。旧準則第136条第2項に相当する規定である。
2　本条第1号では，「建物として取り扱うもの」を，本条第2号では「建物として取り扱わないもの」をそれぞれ例示している。
　規則第111条において，建物は，屋根及び周壁又はこれらに類するものを有し（外気分断性），土地に定着した建造物であって（定着性），その目的とする用途に供し得る状態にあるもの（用途性）でなければならないと規定されているが，これは，一般的な建物の要件を示したにとどまる。そこで，本条は，実務における個々の建物の認定の指針となるものを例示したものである。
　(1)　定　着　性
　第一に，不動産は，土地の定着物（民法第86条第1項参照）であることが必要である。「土地の定着物であること」は，①建物が物理的に土地に固着していること，②土地への固着は一時的なものではなく，永続的なものでなければならないことの二つの意味を持っている。したがって，例えば，建築工事現場の事務所や展示用モデルハウスのような仮設的建造物は，土地への固着が永続的なものではないので，常識的な意味での建物であっても，登記することができる建物ではない。
　また，ガスタンク，石油タンク，給水タンクなどのタンク類（本条第2号ア）や，容易に持ち運びすることができる切符売場，入場券売場等（本条第2号オ）は，単に地上に付置されたものにすぎず，特別の基礎工事によって土地に固着されたものでないことから，建物として取り扱わないものとされている。

なお，この定着性との関係で，①園芸・農耕用の温床施設で半永久的な建造物と認められるもの（本条第1号オ），②海面上にあるが永久的な構築物である「桟橋」の上に建築されたもの（昭和34年1月26日付け民事甲第2982号民事局長回答）は，登記することができる建物として取り扱うこととされている。一方，①機械上に建設した建造物（ただし，地上に基脚を有し，又は支柱を施したものを除く。本条第2号イ），②浮船を利用したもの（ただし，固定しているものを除く。本条第2号ウ），③耐用年数1年程度のビニールハウス（昭和36年11月16日付け民事三発第1023号民事局第三課長回答）は，建物として取り扱われないこととされている。

(2) **外気分断性**

第二に，屋根及び周壁又はこれに類する設備を有し，外気が分断していることが必要である。このことから，屋根及び柱のみで構成された建造物は建物とは認定されず，例えば，①アーケード付街路（本条第2号エ）や，②ガソリンスタンドに付随し，給油の目的で駐車に利用するキノコ形の建造物（昭和36年9月12日付け民事甲第2308号民事局長回答）などは，建物として取り扱われないこととされている。

しかし，従来の沿革的な取扱いから，登記実務では，①周壁のない停車場の昇降場や荷物積卸場，②野球場や競馬場の観覧席については上屋又は屋根のある部分に限り建物として取り扱っている（本条第1号ア，イ）。もっとも，この屋根及び周壁は，必ずしも自前である必要はなく，他の工作物の構造を利用しているものであってもよく，例えば，③ガード下を利用して築造した店舗，倉庫等の建造物（本条第1号ウ）や，④地下停車場，地下駐車場，地下街の建造物（本条第1号エ）も，建物として取り扱うこととされている。

なお，登記実務上は，⑤家畜飼料貯蔵用サイロ（昭和35年4月15日付け民事甲第928号民事局長回答，昭和43年2月23日付け民事三発第140号民事局第三課長回答）や⑥セメント貯蔵用サイロ（昭和37年6月13日付け民事甲第1487号民事局長回答）も，その構造により建物として取り扱われることとされている。

(3) **用途性**

第三に，目的とする用途に供し得る状態，すなわち，その建造物が一つの生活空間を形成し，居宅や倉庫として，その目的とする用途に供し得る状態

第78条（建物の個数の基準）

にまで完成していることが必要である。一例を掲げれば，倉庫として利用する場合には屋根及び周壁を持ち土地に定着していれば，床や天井がなくても完成した建物として取り扱ってよいであろうが，旅館として使用するという場合には床や天井ができているだけでなく，更にその目的とする営業の用に供することができる段階に達していなければ，完成した建物として取り扱うことはできない。

3　近年では，建築主等のニーズに応じて，多様な用途及び形態の建造物が増加しているところ，建物として認定すべきか否かの判断が困難な事案も少なくないと思われるが，最終的には，取引の実態等を考慮し，社会通念に照らし，建物の認定をすることになる。

（建物の個数の基準）
第78条　効用上一体として利用される状態にある数棟の建物は，所有者の意思に反しない限り，1個の建物として取り扱うものとする。
2　一棟の建物に構造上区分された数個の部分で独立して住居，店舗，事務所又は倉庫その他の建物としての用途に供することができるものがある場合には，その各部分は，各別にこれを1個の建物として取り扱うものとする。ただし，所有者が同一であるときは，その所有者の意思に反しない限り，一棟の建物の全部又は隣接する数個の部分を1個の建物として取り扱うものとする。
3　数個の専有部分に通ずる廊下（例えば，アパートの各室に通ずる廊下）又は階段室，エレベーター室，屋上等建物の構造上区分所有者の全員又はその一部の共用に供されるべき建物の部分は，各別に1個の建物として取り扱うことができない。

1　本条は，建物の個数の基準について定めている。旧準則第137条に相当する規定である。
　建物の登記記録は，1個の建物ごとに作成される（不登法第2条第5号）ところ，建物の個数を定めるためには，その物理的構造のみならず，取引又は利用の目的物としての諸般の状況をも斟酌すべきと解されている（大判昭

和7年6月9日・民集第11巻1341ページ）。
　本条は，このような考え方を踏まえ，不動産登記における建物の個数を判断するための基準を具体的に示したものである。
2　本条第1項は，効用上一体として利用される状態にある数棟の建物は，所有者の意思に反しない限り，1個の建物として取り扱うことを定めている。例えば，母屋と離れて建築された物置や倉庫がある場合には，これらは物理的には数棟の建物であるが，それぞれの建物の所有者が同一であり，母屋に従属する形で物置や倉庫が利用されていれば，これらの建物は一体として利用されているということができ，また，不動産取引においては，1個として取り扱うこととした方が所有者の利便にも資するものと考えられる。そこで，このような場合には，所有者の意思に反しない限り，1個の建物として取り扱うものとされている。この場合には，母屋を主たる建物とし，物置や倉庫を附属建物として，一の登記記録に記録して公示されることとなる（不登法第44条第1項第5号）。
3　本条第2項は，一棟の建物に構造上区分された数個の部分で独立して住居，店舗，事務所又は倉庫その他の建物としての用途に供することができるものがある場合における建物の個数の基準を定めている。
　すなわち，区分所有法第1条は，このような場合には，その各部分は，それぞれ所有権の目的とすることができる旨規定しているところ，区分建物が成立するためには，①一棟の建物を区分したものであること，②構造上区分されたものであること（構造上の独立性），③独立して住居，店舗，事務所又は倉庫その他建物としての用途に供することができるものであること（利用上の独立性）の三つの要件を充足するものでなければならない。
　そこで，このような要件を充足している場合には，その各部分は，各別にこれを1個の建物として取り扱うものとしつつ（本条第2項本文），所有者が同一であるときは，その所有者の意思に反しない限り，一棟の建物全部又は隣接する数個の部分を1個の建物として取り扱うものとしたものである（同項ただし書）。
4　本条第3項は，構造上の共用部分（いわゆる法定共用部分）については，各別に1個の建物として取り扱うことができないことを定めている。
　数個の専有部分に通ずる廊下（例えば，アパートの各室に通ずる廊下）又は階段室，エレベーター室，屋上等建物の構造上区分所有者の全員又はその

第79条（家屋番号の定め方）

　一部の共用に供されるべき建物の部分は，区分所有権の目的とはならず（区分所有法第4条），原則として区分所有者の全員の共有に属し，その持分の処分は専有部分の処分に従うこととされている（同法第15条）。このように，構造上の共用部分は，専有部分から独立して取引又は利用の客体となることは予定されていないことから，本項は，これを各別に1個の建物として取り扱うことはできないとしたものである。

（家屋番号の定め方）
第79条　家屋番号は，規則第112条に定めるところによるほか，次に掲げるところにより定めるものとする。
(1)　1筆の土地の上に1個の建物が存する場合には，敷地の地番と同一の番号をもって定める（敷地の地番が支号の付されたものである場合には，その支号の付された地番と同一の番号をもって定める。）。
(2)　1筆の土地の上に2個以上の建物が存する場合には，敷地の地番と同一の番号に，1，2，3の支号を付して，例えば，地番が「5番」であるときは「5番の1」，「5番の2」等と，地番が「6番1」であるときは「6番1の1」，「6番1の2」等の例により定める。
(3)　2筆以上の土地にまたがって1個の建物が存する場合には，主たる建物（附属建物の存する場合）又は床面積の多い部分（附属建物の存しない場合）の存する敷地の地番と同一の番号をもって，主たる建物が2筆以上の土地にまたがる場合には，床面積の多い部分の存する敷地の地番と同一の番号をもって定める。なお，建物が管轄登記所を異にする土地にまたがって存する場合には，管轄指定を受けた登記所の管轄する土地の地番により定める。
(4)　2筆以上の土地にまたがって2個以上の建物が存する場合には，第2号及び前号の方法によって定める。例えば，5番及び6番の土地にまたがる2個の建物が存し，いずれも床面積の多い部分の存する土地が5番であるときは，「5番の1」及び「5番の2」のように定める。
(5)　建物が永久的な施設としてのさん橋の上に存する場合又は固定し

た浮船を利用したものである場合には，その建物に最も近い土地の地番と同一の番号をもって定める。
(6) 一棟の建物の一部を1個の建物として登記する場合において，その一棟の建物が2筆以上の土地にまたがって存するときは，一棟の建物の床面積の多い部分の存する敷地の地番と同一の番号に支号を付して定める。
(7) 家屋番号が敷地の地番と同一である建物の敷地上に存する他の建物を登記する場合には，敷地の地番に2，3の支号を付した番号をもって定める。この場合には，最初に登記された建物の家屋番号を必ずしも変更することを要しない。
(8) 建物の分割又は区分の登記をする場合には，前各号に準じて定める。
(9) 建物の合併の登記をする場合には，合併前の建物の家屋番号のうち上位のものをもって合併後の家屋番号とする。ただし，上位の家屋番号によることが相当でないと認められる場合には，他の番号を用いても差し支えない。
(10) 敷地地番の変更又は更正による建物の不動産所在事項の変更の登記又は更正の登記をした場合には，前各号に準じて，家屋番号を変更する。

1　本条は，家屋番号の定め方について定めている。旧準則第138条に相当する規定である。
2　建物の表示に関する登記の登記事項については，不登法第44条第1項各号に規定されているところ，同項第2号において家屋番号が規定され，不登法第45条において，登記所は，法務省令の定めるところにより，1個の建物ごとに家屋番号を付さなければならないとされている。また，同条の規定の委任を受けて，規則第112条において，家屋番号は，地番区域ごとに建物の敷地の地番と同一の番号をもって定めるものとされ（同条第1項本文），2個以上の建物が1筆の土地の上に存するとき，1個の建物が2筆以上の土地の上に存するとき，その他特別の事情があるときは，敷地の地番と同一の番号に支号を付す方法その他の方法により，これを定めるものとされている（同項ただし書）。

第79条（家屋番号の定め方）

　本条は，このような規定を受けて，家屋番号を定める際の詳細な基準（付番方法）を定めたものである。
　(1)　1筆の土地の上に1個の建物が存在する場合（本条第1号）
　　　敷地の地番と同一の番号をもって家屋番号を定め，敷地の地番が支号の付されたものである場合には，その支号の付された地番と同一の番号をもって家屋番号を定める。
　(2)　1筆の土地の上に2個以上の建物が存在する場合（本条第2号）
　　　敷地の地番と同一の番号に支号を付して家屋番号を定める。もっとも，この付番方法は，1筆の土地の上に存在する数個の建物がいずれも未登記の場合に採られる方法である。既に家屋番号が敷地の地番と同一である建物が存在する土地の上に建築された建物の登記をする場合には，本条第7号により家屋番号を定めることとなる。
　(3)　2筆以上の土地にまたがって1個の建物が存在する場合（本条第3号）
　　　主たる建物（附属建物が存在するとき）又は床面積（1階部分。以下同じ。）の多い部分（附属建物が存在しないとき）の存在する敷地の地番と同一の番号をもって家屋番号を定め，主たる建物が2筆以上の土地にまたがる場合には，床面積の多い部分の存在する敷地の地番と同一の番号をもって家屋番号を定める。
　　　なお，建物が管轄登記所を異にする土地にまたがって存在する場合には，管轄指定（不登法第6条第2項）を受けた登記所の管轄する土地の地番により家屋番号を定める。
　(4)　2筆以上の土地にまたがって2個以上の建物が存在する場合（本条第4号）
　　　本条第2号及び第3号の方法によって家屋番号を定める。
　(5)　建物が永久的な施設としてのさん橋の上に存在する場合又は固定した浮船を利用したものである場合（本条第5号）
　　　その建物に最も近い土地の地番と同一の番号をもって家屋番号を定める。
　(6)　一棟の建物の一部を1個の建物として登記する場合において，その一棟の建物が2筆以上の土地にまたがって存在するとき（本条第6号）
　　　一棟の建物の床面積の多い部分の存在する敷地の地番と同一の番号に

支号を付して家屋番号を定める。
(7) 家屋番号が敷地の地番と同一である建物の敷地上に存在する他の建物を登記する場合（本条第7号）

　　敷地の地番に2，3の支号を付した番号をもって定めるが，この場合には，最初に登記された建物の家屋番号を必ずしも変更することを要しない。例えば，「5番」の土地上に家屋番号「5番」の既登記建物が存在し，当該敷地上に新たに建物を登記する場合には，敷地の地番に「2」，「3」の支号を付した番号（「5番の2」，「5番の3」）をもって家屋番号を定めるが，この場合には，既登記建物の家屋番号「5番」を「5番の1」と必ずしも変更することを要しない。
(8) 建物の分割又は区分の登記をする場合（本条第8号）

　　上記(1)から(7)までに準じて家屋番号を定める。
(9) 建物の合併の登記をする場合（本条第9号）

　　合併前の建物の家屋番号のうち上位のものをもって合併後の家屋番号とするが，上位の家屋番号によることが相当でないと認められる場合には，他の番号を用いても差し支えない。
(10) 敷地地番の変更又は更正による建物の不動産所在事項の変更の登記又は更正の登記をした場合（本条第10号）

　　上記(1)から(9)までに準じて，家屋番号を変更する。

（建物の種類の定め方）
第80条　規則第113条第1項に規定する建物の種類の区分に該当しない建物の種類は，その用途により，次のように区分して定めるものとし，なお，これにより難い場合には，建物の用途により適当に定めるものとする。

　　校舎，講堂，研究所，病院，診療所，集会所，公会堂，停車場，劇場，映画館，遊技場，競技場，野球場，競馬場，公衆浴場，火葬場，守衛所，茶室，温室，蚕室，物置，便所，鶏舎，酪農舎，給油所
2　建物の主たる用途が二以上の場合には，その種類を例えば「居宅・

第80条（建物の種類の定め方）

> 店舗」と表示するものとする。

1 本条は，建物の種類の定め方について定めている。旧準則第139条に相当する規定である。

2 建物の種類は，不登法第44条第１項第３号において，建物の表示に関する登記の登記事項の一つとされており，同条第２項において，建物の種類に関し必要な事項は，法務省令で定めることとされている。

　同条の委任を受け，規則第113条第１項において，建物の種類は，建物の主な用途により，居宅，店舗，寄宿舎，共同住宅，事務所，旅館，料理店，工場，倉庫，車庫，発電所及び変電所の12種類に区分して定め，これらの区分に該当しない建物については，これに準じて定めるものとされている。

3 本条第１項においては，規則第113条第１項に規定する建物の種類の区分に該当しないものとして，25種類の区分が例示されているところ，これらの25種類の区分について詳述すると，以下のとおりである。

(1) 校　　　舎

　学校教育法が適用される学校の建物は，「校舎」とする。教室が設置されている建物が「校舎」であり，「講堂」や「体育館」とは区別される。

　幼稚園も学校教育法が適用される学校であるから，その建物は，「校舎」又は「園舎」とするが，学校教育法が適用されない保育園，保育所等は，「保育所」とする。

　また，学校教育法が適用されないいわゆる学習塾の建物，ソロバン，生花，茶道，絵画，音楽，舞踊，裁縫，手芸等を教授する場として使用する建物，自動車教習所の建物は，「教習所」とする。

(2) 講　　　堂

　学校教育法の適用のある建物であっても，儀式，訓話，講演その他学校教育上の催し物等を行うための建物は，「講堂」とする。

(3) 研　究　所

　学術の研究，製品の試験等を行うための建物は，「研究所」とする。

(4) 病　　　院

　医療法第１条の５第１項に規定されている病院（20人以上の患者を入院させるための施設を有するもの）は，「病院」とする。

(5) 診 療 所

　医療法第1条の5第2項に規定されている診療所（患者を入院させるための施設を有しないもの又は19人以下の患者を入院させるための施設を有するもの）の建物は，「診療所」とする。

(6) 集 会 所

　一定の地域の住民が会合，冠婚葬祭の式場等に使用する比較的小規模な建物は，「集会所」とする。また，一般に公民館と呼ばれる建物も「集会所」とする。

(7) 公 会 堂

　一般公衆向けの各種行事の開催等を目的とする比較的大規模な建物は，「公会堂」とする。

(8) 停 車 場

　電車等の発着，旅客の乗降，貨物の積卸しをするための建物（駅）は，「停車場」とする。

(9) 劇　　場

　演劇，寄席等の興行の用に供される建物は，「劇場」とする。

(10) 映 画 館

　映画を上映する建物は，「映画館」とする。

(11) 遊 技 場

　パチンコ，ボウリング，麻雀，ダンス，囲碁，将棋，カラオケ等の遊技に供される建物は，「遊技場」とする。

(12) 競 技 場

　陸上競技，サッカー，ラグビー等の競技の施設となっている建物は，「競技場」とする。(13)の「野球場」及び(14)の「競馬場」とともに，この類型の建物は，その性質上屋根を有する部分及び観覧席の下にある事務所等を一体として取り扱うこととなる。

(13) 野 球 場

　野球場を建物と認定する場合には，建物の種類は，「野球場」とする。

(14) 競 馬 場

　競馬場を建物と認定する場合には，建物の種類は，「競馬場」とする。

(15) 公衆浴場

　公衆浴場法（昭和23年法律第139号）の適用のある銭湯等の建物のほ

か，サウナ風呂等の営業の用に供する建物は，「公衆浴場」とする。

なお，同法第1条第1項は，「この法律で『公衆浴場』とは，湯場，潮場又は温泉その他を使用して，公衆を入浴させる施設をいう。」と定義している。

⑯　火　葬　場

墓地，埋葬等に関する法律（昭和23年法律第48号）の適用のある施設は，「火葬場」とする。

なお，同法第2条第2項は，「この法律で『火葬』とは，死体を葬るために，これを焼くことをいう。」と，同条第7項は，「この法律で『火葬場』とは，火葬を行うために，火葬場として都道府県知事の許可をうけた施設をいう。」と定義している。

⑰　守　衛　所

官公庁，学校，会社，工場等の建物を警備する職務にあたる守衛等警備員の詰所として利用される建物は，「守衛所」とする。

⑱　茶　　　室

茶会を行うのに必要な茶席，水屋等を備えた建物は，「茶室」とする。

⑲　温　　　室

植物を特別に促成栽培するため，内部の温度を高めるようにしたガラス張りの建物は，「温室」とする。

⑳　蚕　　　室

蚕を飼育するための建物は，「蚕室」とする。

㉑　物　　　置

個人等が日用品等の収納・保管の用に供する規模の小さい建物は，「物置」とする。一方，規則第113条第1項に規定する「倉庫」も物品の収納・保管の用に供する建物であるが，規模の大きい建物であり，規模の大小によって区別する。

㉒　便　　　所

便所が手洗所，化粧室を兼ねている場合でも「便所」とする。

㉓　鶏　　　舎

養鶏のための建物は，「鶏舎」とする。牛，馬，豚等の家畜の飼育を目的とする建物である「畜舎」とは区別される。

⑳　酪農舎
　　乳牛を飼育し，牛乳を生産するための建物は，「酪農舎」とする。
㉕　給油所
　　いわゆるガソリンスタンドの建物は，「給油所」とする。これは，昭和42年12月12日付け民事三発第696号民事局第三課長回答によって取扱いが統一され，昭和52年の準則改正の際に取り込まれたものである。

4　本条第1項においては，規則第113条第1項の12種類の区分及び本条第1項の25種類の区分により難い場合には，建物の用途により適当に定めることとされているが，新たな建物の種類を設けるに当たっては，少なくともこれらの個々の区分と同一レベルにおいて分類される区分でなければならず，また，一般社会において通用する用語をもって選択されなければならない。そして，それは，個々のケースごとに考察されるべきことである。

5　建物の種類は，その主たる用途により定めるものである（規則第113条第1項）ことから，ある建物の一部が異なる用途に使用されている場合であっても，必ずしもその部分について別の種類を定めて登記しなければならないというものではない。もっとも，主たる用途が複数あり，それぞれが独立してその用途に供されていることもあることから，本条第2項は，規則第113条第2項を受け，建物の主な用途が二以上の場合は，当該二以上の用途により建物の種類を併記して表示する方法を例示している。例えば，ある建物が居宅兼店舗としてその用途に供されている場合には，「居宅・店舗」と種類を併記して表示するのが相当である。

6　近時では，就学前の子どもに関する教育，保育等の総合的な提供の推進に関する法律（平成18年法律第77号）第2条第6項に規定する認定こども園の用に供する建物について，同項に規定する認定こども園に該当することを証する情報（都道府県知事の作成する認定通知書等）を提供すれば，当該建物の種類を「認定こども園」とすることができるとされている。

（建物の構造の定め方等）
第81条　建物の構造は，規則第114条に定めるところによるほか，おおむね次のように区分して定めるものとする。

第81条（建物の構造の定め方等）

　　(1)　構成材料による区分
　　　ア　木骨石造
　　　イ　木骨れんが造
　　　ウ　軽量鉄骨造
　　(2)　屋根の種類による区分
　　　ア　セメントかわらぶき
　　　イ　アルミニューム板ぶき
　　　ウ　板ぶき
　　　エ　杉皮ぶき
　　　オ　石板ぶき
　　　カ　銅板ぶき
　　　キ　ルーフィングぶき
　　　ク　ビニール板ぶき
　　　ケ　合金メッキ鋼板ぶき
　　(3)　階数による区分
　　　ア　地下何階建
　　　イ　地下何階付き平家建（又は何階建）
　　　ウ　ガード下にある建物については，ガード下平家建（又は何階建）
　　　エ　渡廊下付きの一棟の建物については，渡廊下付き平家建（又は何階建）
2　建物の主たる部分の構成材料が異なる場合には，例えば「木・鉄骨造」と，屋根の種類が異なる場合には，例えば「かわら・亜鉛メッキ鋼板ぶき」と表示するものとする。
3　建物を階層的に区分してその一部を1個の建物とする場合において，建物の構造を記載するときは，屋根の種類を記載することを要しない。
4　天井の高さ1.5メートル未満の地階及び屋階等（特殊階）は，階数に算入しないものとする。

1　本条は，建物の構造の定め方や表示の方法等について細目的な事項を定めている。旧準則第140条に相当する規定である。

2　建物の構造は，不登法第44条第1項第3号において，建物の表示に関する登記の登記事項の一つとされており，同条第2項において，建物の構造に関し必要な事項は法務省令で定めるものとされている。

同項の委任を受け，規則第114条において，建物の構造は，建物の主な部分の構成材料，屋根の種類及び階数により，次のように区分して定め，これらの区分に該当しない建物については，これに準じて定めるものとされている。

(1) 建物の構成材料による区分として，木造，土蔵造，石造，れんが造，コンクリートブロック造，鉄骨造，鉄筋コンクリート造又は鉄骨鉄筋コンクリート造

(2) 建物の屋根の種類による区分として，かわらぶき，スレートぶき，亜鉛メッキ鋼板ぶき，草ぶき又は陸屋根

(3) 建物の階数による区分として，平家建又は2階建（3階建以上の建物にあっては，これに準ずるものとする）。

3　本条第1項は，規則第114条に定める区分に該当しない建物の構造の区分を例示している。このうち，本条第1項第1号及び第2号に列挙されている建物の主な部分の構成材料による区分及び屋根の種類による区分について詳述すると，以下のとおりである。

(1) **構成材料による区分**

　ア　木骨石造（本条第1項第1号ア）

壁が石材を積み重ねたものである建物や，大谷石を積み重ね，壁を鉄板で補強した建物は，「石造」（規則第114条第1号ハ）とするが，柱及び梁に木材が用いられ，壁に石材を積み重ねた建物は，「木骨石造」とする。

　イ　木骨れんが造（本条第1項第1号イ）

壁，床面等の大部分がれんがを積み重ねたものである建物は，「れんが造」（規則第114条第1号ニ）とするが，柱及び梁に木材が用いられ，壁にれんがを積み重ねた建物は，「木骨れんが造」とする。

　ウ　軽量鉄骨造（本条第1項第1号ウ）

鋼材の厚み4ミリメートル未満の軽量の鋼板又は帯鋼から成形された部材を使用して柱や梁を構成した建物は，「軽量鉄骨造」とする。「鉄骨造」（規則第114条第1項ヘ）とは，柱，梁に用いられる鋼材の厚みで区別する。

第81条（建物の構造の定め方等）

(2) 屋根の種類による区分
　　ア　セメントかわらぶき（本条第1項第2号ア）
　通常の陶瓦を用いた屋根は，「かわらぶき」（規則第114条第2号イ）とするが，セメント瓦でふいた屋根は，「セメントかわらぶき」とする。セメント瓦は，セメントと砂を1対3（重量比）の割合で配合し，水を加えて練ったものを，型版に入れて，圧さく成形したものである。表面にセメント又はセメント顔料を混合したものを散布し，圧延棒でこすって仕上げるものとされる。着色を施してあるのが普通であるが，陶瓦に比べ，表面のつやと平滑さを欠いているといわれている。
　　イ　アルミニューム板ぶき（本条第1項第2号イ）
　アルミニューム板は，0.5ミリメートル程度の薄い板であり，これを材料とした屋根は，「アルミニューム板ぶき」とする。
　　ウ　板ぶき（本条第1項第2号ウ）
　檜，杉，栗，松の板材を材料として，これらを薄板に剥いで重ねぶきにした屋根は，「板ぶき」とする。
　　エ　杉皮ぶき（本条第1項第2号エ）
　杉板，檜板を薄板に剥いで重ねぶきにした屋根は，「杉皮ぶき」とする。
　　オ　石板ぶき（本条第1項第2号オ）
　大谷石等の石を板状にしたものを用いた屋根は，「石板ぶき」とする。
　　カ　銅板ぶき（本条第1項第2号カ）
　銅板を用いた屋根は，「銅板ぶき」とする。
　　キ　ルーフィングぶき（本条第1項第2号キ）
　ルーフィングは，石綿，羊毛，木綿，麻などの混合から造ったフェルトの両面にピッチを塗布した屋根ぶきの材料であるが，これを用いた屋根は，「ルーフィングぶき」とする。
　　ク　ビニール板ぶき（本条第1項第2号ク）
　ビニール板が用いられる屋根は，「ビニール板ぶき」とする。昭和40年1月25日付け民事三発第93号民事局第三課長回答により認められたものを，昭和52年の準則改正の際に新たに追加したものである。
　　ケ　合金メッキ鋼板ぶき（本条第1項第2号ケ）
　アルミ亜鉛等との合金鋼板を用いた屋根は，「合金メッキ鋼板ぶき」とする。

4　本条第2項は，建物の主な部分の構成材料又は屋根の種類が異なる場合には，そのうちの一つに限定するのではなく，併記することを定めている。建物の主な部分とは，建物の主要構造部である壁，柱，床，梁，屋根等をいう（建築基準法第2条第5号参照）。

　なお，主要構造部の構成材料が複数の組成材の場合には，構造の表示はおおむね3分の1以上を占める組成材を併記して差し支えないとされているほか，屋根の種類が2種類以上でふかれている場合において，床面積に算入する部分の屋根面積の30パーセント未満の種類の屋根については表示の対象としないものとされている（昭和63年3月24日付け民三第1826号民事局第三課長回答）。

5　本条第3項は，一棟の建物を階層的に区分してその一部を1個の建物とする場合において，建物の構造を記録するときは，屋根の種類を記録することを要しない旨を定めている。これは，例えば，一棟の建物を1階，2階及び3階のように区分して，その各階を1個の建物として登記する場合は，1階及び2階には，そもそも屋根として観念することができるものがなく，また，最上階には屋根が存在するものの，一棟の建物の登記記録の表題部に当該一棟の建物の構造の記載がされること（不登法第44条第1項第7号）から，最上階についても屋根の記録を不要としているものである。

　なお，いわゆる縦割りの区分建物の場合には，それぞれの専有部分について屋根が存在することから，それぞれの専有部分について屋根の種類を記録することとなる。

6　本条第4項は，天井の高さが1.5メートル未満の地階及び屋階等（特殊階）は，階数に算入しない旨を定めている。

　なお，本項の反対解釈から，天井の高さが1.5メートル以上の特殊階は階数に算入することになるから，建築技術上の階数と登記記録上の階数が異なる場合もある。

　ところで，屋上に設置された建造物がエレベーター巻き上げ室や機械室といった生活空間として人貨滞留性が認められないものであるときは，その天井の高さが1.5メートル以上あったとしても，階数に算入することはできない。

　階数の定め方で特殊な例としては，傾斜地に建てられた数棟の建物が階段室や渡廊下で接合している場合がある。例えば，図のような場合であって，

第82条（建物の床面積の定め方）

甲・乙の部分が階段室で接合していて一棟の建物と認められるときは，甲・乙及び階段室の部分を2階として取り扱い，全体としては3階として取り扱うこととなる（昭和46年4月16日民事三発第238号民事局第三課長依命通知）。

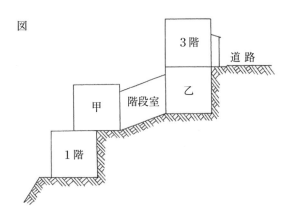

図

(建物の床面積の定め方)
第82条　建物の床面積は，規則第115条に定めるところによるほか，次に掲げるところにより定めるものとする。
　(1)　天井の高さ1.5メートル未満の地階及び屋階（特殊階）は，床面積に算入しない。ただし，1室の一部が天井の高さ1.5メートル未満であっても，その部分は，当該1室の面積に算入する。
　(2)　停車場の上屋を有する乗降場及び荷物積卸場の床面積は，その上屋の占める部分の乗降場及び荷物積卸場の面積により計算する。
　(3)　野球場，競馬場又はこれらに類する施設の観覧席は，屋根の設備のある部分の面積を床面積として計算する。
　(4)　地下停車場，地下駐車場及び地下街の建物の床面積は，壁又は柱等により区画された部分の面積により定める。ただし，常時一般に開放されている通路及び階段の部分を除く。
　(5)　停車場の地下道設備（地下停車場のものを含む。）は，床面積に算入しない。

(6) 階段室，エレベーター室又はこれに準ずるものは，床を有するものとみなして各階の床面積に算入する。
(7) 建物に附属する屋外の階段は，床面積に算入しない。
(8) 建物の一部が上階まで吹抜になっている場合には，その吹抜の部分は，上階の床面積に算入しない。
(9) 柱又は壁が傾斜している場合の床面積は，各階の床面の接着する壁その他の区画の中心線で囲まれた部分による。
(10) 建物の内部に煙突又はダストシュートがある場合（その一部が外側に及んでいるものを含む。）には，その部分は各階の床面積に算入し，外側にあるときは算入しない。
(11) 出窓は，その高さ1.5メートル以上のものでその下部が床面と同一の高さにあるものに限り，床面積に算入する。

1　本条は，建物の床面積の定め方について定めている。旧第141条に相当する規定である。

2　建物の床面積は，不登法第44条第1項第3号において建物の表示に関する登記の登記事項の一つとされており，同条第2項において，建物の床面積に関し必要な事項は，法務省令で定めることとされている。

　同項の委任を受け，規則第115条において，建物の床面積は，各階ごとに壁その他の区画の中心線（区分建物にあっては，壁その他の区画の内側線）で囲まれた部分の水平投影面積により，平方メートルを単位として定め，1平方メートルの100分の1未満の端数は，切り捨てるものとされているが，これは，床面積の算定についての基本的事項が定められているにとどまる。

　そこで，本条は，この建物の床面積の定め方について細部的な取扱いを明らかにしたものである。

3　本条第1号は，天井の高さ1.5メートル未満の地階及び屋階（特殊階）は，床面積に算入しないものとすることを定め，1室の一部が天井の高さ1.5メートル未満であっても，その部分は，当該1室の面積に算入するものとしている。

　なお，本条の解説においては，各号の具体例として，昭和46年4月16日付け民事三発第238号民事局第三課長依命通知の別紙甲号の記三（五）に示された図解を掲載する（斜線部分が床面積に算入する部分である。）。

第82条（建物の床面積の定め方）

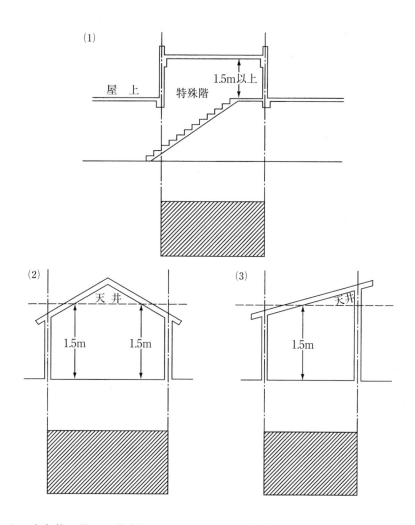

4 本条第2号は，停車場の上屋を有する乗降場及び荷物積卸場の床面積は，その上屋の占める部分の乗降場及び荷物積卸場の面積により計算するものと定めている。これは，停車場の乗降場及び荷物積卸場は，上屋を有する部分に限り，建物として取り扱うものと例示されている第77条第1号アと同様の趣旨に基づくものである。

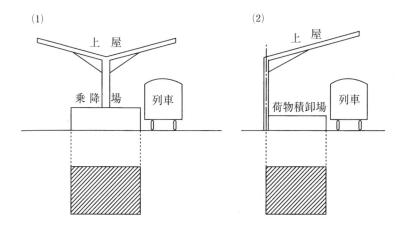

5 本条第3号は，野球場，競馬場又はこれらに類する施設の観覧席は，屋根の設備のある部分の面積を床面積として計算するものと定めている。これは，野球場又は競馬場の観覧席は，屋根を有する部分に限り，建物として取り扱うものと例示されている第77条第1号イと同様の趣旨に基づくものである。

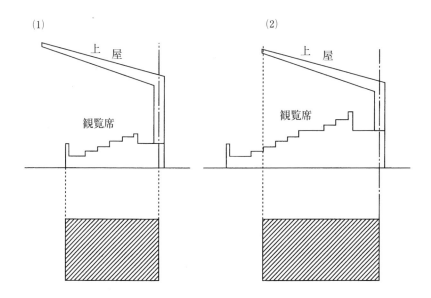

第82条（建物の床面積の定め方）

6 本条第4号は，地下停車場，地下駐車場及び地下街の建物の床面積は，常時一般に開放されている通路及び階段の部分を除き，壁又は柱等により区画された部分の面積により定めるものとしている。

なお，「地下駐車場」については，昭和52年9月3日付け民三第4473号民事局長通達による準則の全部改正によって加えられたものである。

7 本条第5号は，停車場の地下道設備は，床面積に算入しないものと定めており，地下停車場のものについても同様の旨を定めている。

本条第4号で地下停車場の全てについて床面積に算入するという原則がとられながら，本条第5号で地下停車場の地下道設備が床面積に算入されない扱いがされるので，結局，乗降場に通ずる階段及び乗降場並びに線路が敷設されている部分は床面積に算入されないこととなる。

8 本条第6号は，階段室，エレベーター室又はこれに準ずるものは，床を有するものとみなして各階の床面積に算入するものと定めている。そのため，2階建ての建物の階段室は，1階及び2階のそれぞれの床面積に算入されることとなる。

9 本条第7号は，建物に附属する屋外の階段は，床面積に算入しないことを定めている。これは，屋外にある階段については，屋根及び周壁の有無にかかわらず，床面積に合算することは相当ではないことを示している。飽くまでも床面積とは，屋内の床面積を算定すべきものであるとの考え方に基づくものといえる。

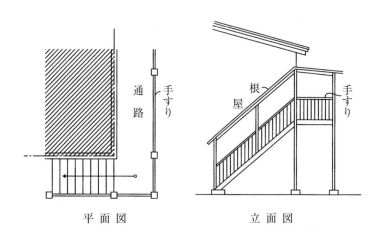

平 面 図　　　　立 面 図

10 本条第8号は，建物の一部が上階まで吹抜になっている場合には，その吹抜の部分は，上階の床面積に算入しないことを定めている。

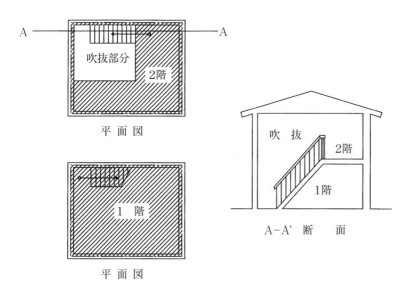

11 本条第9号は，柱又は壁が傾斜している場合の床面積は，各階の床面の接着する壁その他の区画の中心線で囲まれた部分によることを定めている。

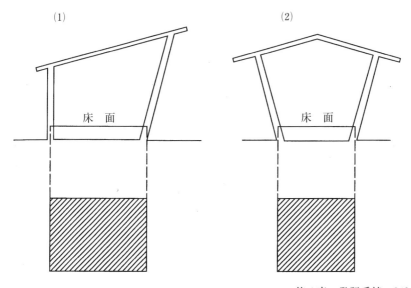

第82条(建物の床面積の定め方)

12 本条第10号は,建物の内部に煙突又はダストシュートがある場合(その一部が外側に及んでいるものを含む。)には,その部分は各階の床面積に算入し,外側にあるときは算入しないことを定めている。

　本条第10号にいう「一部」とは,下図(3)のとおり,おおむねダストシュート部分の半分未満が外側に及んでいるときに床面積に算入し,それ以上のときは床面積に算入しないという取扱いによるのが相当であると考えられている。

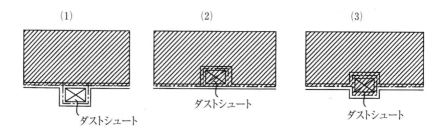

13 本条第11号は,出窓は,その高さ1.5メートル以上のものでその下部が床面と同一の高さにあるものに限り,床面積に算入することを定めている。これは,出窓の下部が床面と同一の高さにある場合には,効用上一体のものとしてみることができることから,床面積に算入することが適当であるとしたものと考えられる。

第83条（建物の再築）

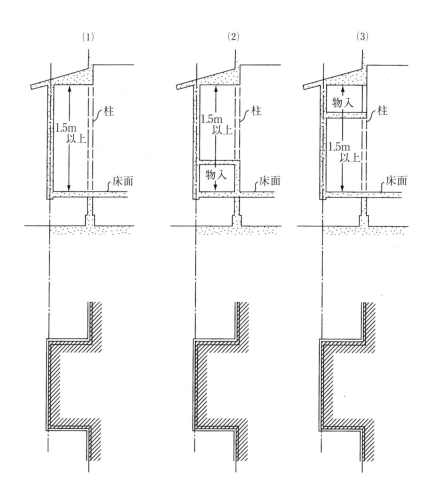

(建物の再築)
第83条　既存の建物全部を取り壊し，その材料を用いて建物を建築した場合（再築）は，既存の建物が滅失し，新たな建物が建築されたものとして取り扱うものとする。

1　本条は，建物を再築した場合の取扱いについて定めている。旧第142条

第84条（建物の一部取壊し及び増築）

に相当する規定である。

2　既存の建物全部を取り壊し，その材料を用いて建物を建築した場合には，既存の建物が取り壊された時点で，建物としての要件（規則第111条）を満たさなくなることから，本条は，登記手続においては，当該既存の建物が滅失し，新たな建物が建築されたものとして取り扱うことを定めている。

（建物の一部取壊し及び増築）

第84条　建物の一部の取壊し及び増築をした場合は，建物の床面積の減少又は増加として取り扱って差し支えない。

1　本条は，建物の一部の取壊し及び増築をした場合には，建物の床面積の変更，すなわち建物の床面積の減少又は増加として取り扱って差し支えない旨を定めている。旧準則第143条に相当する規定である。

建物を一部取り壊した上で，増築をした場合に，その物理的変動に忠実に登記の手続を行うとすれば，建物の一部の取壊しによる床面積に関する変更（減少）の登記をし，その後，増築に係る部分について床面積に関する変更（増加）の登記をすることとなる。

しかし，建物の表題部の変更の登記は，建物の所在・種類・構造・床面積等に変更が生じた場合に，現在の当該建物の物理的な状況を登記記録と合致させるためにする登記であり，当該建物の現状が正確に登記されれば，その目的は達せられることとなる。そのため，建物の一部が取り壊され，その後に増築されたような場合には，建物の一部の取壊し及び増築のそれぞれについて個別に登記をすることなく，これらを一体として床面積の減少又は増加として登記する取扱いとして差し支えないとされたものである。

なお，この場合においては，登記記録の表題部の原因及びその日付欄に「③平成何年何月何日一部取壊し，平成何年何月何日増築」のように記録することとなる。

> （建物の移転）
> 第85条　建物を解体移転した場合は，既存の建物が滅失し，新たな建物が建築されたものとして取り扱うものとする。
> 2　建物をえい行移転した場合は，建物の所在の変更として取り扱うものとする。

1　本条は，建物を移転した場合の取扱いについて定めている。旧準則第144条に相当する規定である。

2　建物の移転の方法には，解体移転とえい行移転の2つの方法がある。

　解体移転とは，建物をいったん解体し，その解体した材料を用いて他の土地に再築する方法により移転することをいう。これに対し，えい行移転とは，建物を解体することなく，そのままの状態で他の土地に移転することをいう（第4条第1項）。

3　本条第1項は，建物を解体移転した場合は，既存の建物を解体した時点で建物としての要件（規則第111条）を満たさなくなることから，登記手続においては，当該既存建物は滅失し，他の土地上に新たな建物が建築されたものとして取り扱うものとしている（第83条参照）。

4　本条第2項は，建物をえい行移転した場合は，機械器具等によって他の土地に建物をそのまま移動することとなることから，この場合の登記手続は，建物の所在（不登法第44条第1項第1号）の変更の登記として取り扱うものとしている。

5　えい行移転とはいっても，現実にはえい行に際して建物の一部が取り壊されるのが普通であるし，一方，解体移転の場合でも，必ずしも建物の全部が取り壊されるとは限らない。そこで，移転前の建物について権利を有する者の利益とからみ，建物の移転が解体移転であるか又はえい行移転であるかが問題とされることが少なくない。一般には，建物が一般の取引通念からして，独立不動産として取引の目的となり得ないまでに取り壊されたとき，すなわち，残存部分だけでは独立した建物として取り引きされない程度まで解体されて移転した場合が解体移転であり，取壊しがその程度まで至らずに移転が行われた場合がえい行移転であるということができる。

第86条（合併の禁止）

> （合併の禁止）
> 第86条　法第54条第1項第3号の建物の合併の登記は，次に掲げる場合には，することができない。
> (1)　附属合併にあっては，合併しようとする建物が主たる建物と附属建物の関係にないとき。
> (2)　区分合併にあっては，区分された建物が互いに接続していないとき。

1　本条は，建物の合併の登記に関する制限事項について定めている。旧準則第145条に相当する規定である。

2　建物の合併の登記とは，表題登記がある建物を登記記録上他の表題登記がある建物の附属建物とする登記又は表題登記がある区分建物を登記記録上これと接続する他の区分建物である表題登記がある建物若しくは附属建物に合併して1個の建物とする登記をいい（不登法第54条第1項第3号），このうち前者を「附属合併」（規則第132条第1項）と，後者を「区分合併」（規則第133条第1項）という。

　いずれも，建物の物理的状況には何ら変更を加えずに，別個の建物として登記されている複数の建物を1個の建物とする一種の創設的登記であり，土地における合筆の登記に相当するものである。

3　建物の合併の登記は，所有者が自由に申請することができるのが原則であるが，幾つかの制限が設けられている。具体的には，①共用部分である旨の登記又は団地共用部分である旨の登記がある建物の合併の登記（不登法第56条第1号），②表題部所有者又は所有権の登記名義人が相互に異なる建物の合併の登記（同条第2号），③表題部所有者又は所有権の登記名義人が相互に持分を異にする建物の合併の登記（同条第3号），④所有権の登記がない建物と所有権の登記がある建物との建物の合併の登記（同条第4号），⑤所有権等の登記以外の権利に関する登記がある建物（担保権の登記であって，登記の目的，申請の受付の年月日及び受付番号並びに登記原因及びその日付が同一であるもの又は信託の登記であって，不登法第97条第1項各号に掲げる登記事項が同一のものがある建物を除く。）の建物の合併の登記（不登法第56条第5号，規則第131条）は，することができないとされている。

4　本条は，前記以外の建物の合併の登記に関する制限事項について明らかにしている。すなわち，①附属合併にあっては，合併しようとする建物が主たる建物と附属建物との関係にないときには，合併の登記をすることができず（本条第1号），②区分合併にあっては，区分された建物が互いに接続していないときには，合併の登記をすることができないとしている（本条第2号）。

　これらは，建物の一個性の観点及び建物の合併の登記の性質並びに規則第133条第1項において，区分合併の定義として「接続する区分建物」と規定されていることから，当然に導かれることであり，不登法第56条各号に掲げられた制限事項を補足的に説明した注意的な規定といえる。

（所有権を証する情報等）
第87条　建物の表題登記の申請をする場合における表題部所有者となる者の所有権を証する情報は，建築基準法（昭和25年法律第201号）第6条の確認及び同法第7条の検査のあったことを証する情報，建築請負人又は敷地所有者の証明情報，国有建物の払下げの契約に係る情報，固定資産税の納付証明に係る情報その他申請人の所有権の取得を証するに足る情報とする。
2　共用部分又は団地共用部分である建物についての建物の所有者を証する情報は，共用部分若しくは団地共用部分である旨を定めた規約を設定したことを証する情報又は登記した他の区分所有者若しくは建物の所有者の全部若しくは一部の者が証明する情報とする。
3　国又は地方公共団体の所有する建物について，官庁又は公署が建物の表題登記を嘱託する場合には，第1項の情報の提供を便宜省略して差し支えない。

1　本条は，建物の表題登記を申請する場合における表題部所有者となる者の所有権を証する情報の要件等を定めている。旧準則第147条に相当する規定である。
2　本条第1項は，建物の表題登記の申請をする場合における表題部所有者

第87条（所有権を証する情報等）

となる者の所有権を証する情報（登記令別表の12の項添付情報欄ハ，同表の13の項添付情報欄ハ及び同表の21の項添付情報欄ロ）について，示したものである。

具体的には，建築基準法第6条の確認及び同法第7条の検査のあったことを証する情報，建築請負人又は敷地所有者の証明情報，国有建物の払下げの契約に係る情報，固定資産税の納付証明に係る情報とともに，その他申請人の所有権の取得を証するに足る情報が規定されている。

この「その他申請人の所有権の取得を証するに足る情報」については，少なくとも登記官において申請人が真にその建物の所有者であることの心証を得ることができるもの（例えば，借地に建物を新築した場合の敷地所有者の証明や工事代金の領収書等の複数の私文書が想定される。）である必要があるものと考えられる。

これらの情報には証明力に強弱があるものと考えられるため，これらの情報のうちの1つが提供されたとしても所有権を認定するに足りるものであると必ずしもいえないことに留意する必要がある。また，これらの情報が記載された書面が私人によって作成されているときは，その真正を担保するため，作成者の印鑑に関する証明書を添付し，また，法人の代表者など一定の資格を有する者が作成者であるときは，その資格を証する情報も併せて添付する必要があるものと考えられる。

なお，床面積が増加する場合や附属建物を新築した場合における建物の表題部の変更の登記又は更正の登記を申請するときには，表題部所有者等が所有権を有することを証する情報を提供しなければならない（登記令別表の14の項添付情報欄ロ(2)及びハ）が，この場合においても，本条第1項と同様の取扱いがされることとなるものと考えられる。

3　本条第2項は，共用部分である旨の登記又は団地共用部分である旨の登記がある建物について，建物の表題部の変更の登記又は更正の登記，建物の分割の登記又は区分の登記，建物の滅失の登記等を申請する場合における建物の所有者を証する情報（登記令別表の14の項添付情報欄ニ，同表の16の項添付情報欄ロ，同表の17の項添付情報欄及び同表の20の項添付情報欄ロ）について示したものである。この所有権証明情報は，具体的には，共用部分である建物の登記がある建物については，①共用部分である旨の規約を証する情報（申請人が共用部分を共有する区分所有者であることが分かるもの）又

は②申請人以外の登記した区分所有者の全部若しくは一部が作成した申請人が共用部分を共有する区分所有者であることの証明情報が該当する。また、団地共用部分である旨の登記がある建物については、①団地共用部分である旨の規約を証する情報（申請人が団地共用部分を共用すべき者の所有する建物の所有者であることが分かるもの）又は②申請人以外の登記した当該建物の所有者の全部若しくは一部が作成した申請人が当該建物の所有者であることの証明情報が該当する（河合芳光『逐条不動産登記令』175，184，193ページ〔金融財政事情研究会〕(2006年))。

　なお、このような場合に、所有者を証する情報を提供しなければならないとされているのは、共用部分である旨の登記又は団地共用部分である旨の登記がある建物については、所有者に関する登記が抹消されている（不登法第58条第4項参照）ことから、当該情報をもって申請人の申請適格を確認する必要があるためである。

4　本条第3項は、国又は地方公共団体の所有する建物について、官庁又は公署が建物の表題登記を嘱託する場合には、本条第1項の所有権を証する情報の提供を便宜省略して差し支えない旨を明らかにしたものであり、土地の表題登記における取扱いを定める第71条第2項と同様の規定である。

　これは、国又は地方公共団体の所有する建物について、官庁又は公署が建物の表題登記を嘱託する場合には、所有権に関する利害の対立が生じていることは想定し難く、また、不正な嘱託がされるおそれもないからであると考えられる。

（建物の所在の記録方法）

第88条　建物の登記記録の表題部に不動産所在事項を記録する場合において、当該建物が他の都道府県にまたがって存在するときは、不動産所在事項に当該他の都道府県名を冠記するものとする。

2　建物の登記記録の表題部に2筆以上の土地にまたがる建物の不動産所在事項を記録する場合には、床面積の多い部分又は主たる建物の所在する土地の地番を先に記録し、他の土地の地番は後に記録するものとする。

第88条（建物の所在の記録方法）

> 3　前項の場合において，建物の所在する土地の地番を記録するには，「6番地，4番地，8番地」のように記録するものとし，「6，4，8番地」のように略記してはならない。ただし，建物の所在する土地の地番のうちに連続する地番（ただし，支号のあるものを除く。）がある場合には，その連続する地番を，例えば，「5番地ないし7番地」のように略記して差し支えない。
> 4　建物が永久的な施設としてのさん橋の上に存する場合又は固定した浮船を利用したものである場合については，その建物から最も近い土地の地番を用い，「何番地先」のように記録するものとする。

1　本条は，建物の登記記録中の表題部に「建物の所在」に係る登記事項を記録する場合の具体的な方法について定めている。旧準則第149条第1項から第3項まで及び第6項に相当する規定である。

2　本条第1項は，建物の登記記録の表題部に不動産所在事項を記録する場合において，当該建物が他の都道府県にまたがって存在するときは，不動産所在事項の冒頭に当該他の都道府県名を記録することを定めている。

　建物の登記記録の表題部は，不動産の物理的状況，すなわち権利の客体である不動産の位置及び形状を公示する役割を担っているところ，建物を特定する事項の一つとして不動産所在事項（規則第1条第9号），具体的には，市，区，郡，町，村，字及び土地の地番（区分建物である建物にあっては，当該建物が属する一棟の建物の所在する市，区，郡，町，村，字及び土地の地番）が登記事項として定められている（不登法第44条第1項）が，都道府県は登記事項として定められていない。

　これは，不動産に関する登記の事務は，不動産の所在地を管轄する法務局若しくは地方法務局若しくはこれらの支局又はこれらの出張所（以下単に「登記所」という。）がつかさどる（不登法第6条第1項）とされているところ，法務局又は地方法務局の管轄区域は都道府県又はその市町村を単位として定められている（法務省組織令第69条及び第71条）ため，都道府県名の表記がなくても，公示上の問題が生じないと考えられるためである。

　しかし，建物が他の都道府県にまたがって所在するときは，市等の表記のみでは，その所在が必ずしも明らかであるとはいえないことから，不動産所在事項の冒頭に当該他の都道府県名を記録することと定められたものと考え

られる。

　なお，1個の建物が2筆以上の土地にまたがって存在する場合（一棟の建物が都道府県をまたいで建築された場合や主たる建物と附属建物とがそれぞれ別の都道府県の土地に建築された場合など）は，それぞれの土地の管轄登記所が異なることとなり，不登法第6条第2項に基づき法務大臣又は法務局の長が，その不動産を管轄する登記所を指定することとされている（管轄指定省令第1条）。

3 本条第2項は，1個の建物が2筆以上の土地にまたがって存在する場合や主たる建物と附属建物とがそれぞれ別の地番の土地を敷地として建築された場合において，建物の不動産所在事項を記録するときは，当該複数の敷地のうち，床面積の多くを占める土地又は主たる建物が所在する土地の地番を先に記録し，その他の土地の地番は後に記録することを定めたものである。

　なお，同項で先頭地番が決定された後は，残りの地番は昇順に記録するのが相当であると考えられる。

　また，主たる建物と附属建物とがそれぞれ別の地番の土地を敷地として建築された場合は，それぞれの建物に別個に不動産所在事項を記録しない取扱いであり，主たる建物がどの土地に存在し，附属建物がどの土地に存在するかは，建物図面によって明らかにされることになる（規則第82条）。

4 本条第3項は，1個の建物が2筆以上の土地にまたがって存在する場合や主たる建物と附属建物とがそれぞれ別の土地を敷地として建築された場合における建物の所在する土地の地番の具体的な記録方法を示したものである。

　建物の登記記録の表題部における不動産所在事項は，登記された建物を特定する機能を担うものであるところ，建物の所在する土地の地番は，当該建物の存在する位置を表す極めて重要な記録事項であることから，同項は，「6,4,8番地」のように略記するのではなく，「6番地，4番地，8番地」の例に倣い，各土地の地番ごとに「番地」の文言を付すべき旨を定めている（土地の地番は「何番」のように表示されるところ，建物の所在事項においては，当該土地を所在地とするという意味から「何番地」と表記することとされている。）。

　ただし，複数の土地にまたがって建物が所在する場合において，当該敷地の地番のうちに連続する地番（支号のあるものを除く。）がある場合，例え

第89条（附属建物の表題部の記録方法）

ば，5番，6番及び7番のようなときには，「5番地ないし7番地」のように略記して差し支えないこととされている（同項ただし書）。

5　本条第4項は，敷地地番が存在しない海上の永久的な施設としてのさん橋の上に存する建物や固定した浮船を利用したものである場合における不動産所在事項の記録方法を定めたものである。

　不動産登記をすることができる建物としては，規則第111条に「土地に定着した建造物」であることが要件の1つとされているが，この土地への定着性という要件については，必ずしも建造物そのものが土地に直接附着していることを要しないものと解されている（第77条第2号イ及びウ参照。機械上に建設した建造物であって，地上に基脚を有し，又は支柱を施したものや固定された浮船を利用したものについて，建物性が認められている。）。

　本条第4項に規定する建物は，建物の所在する土地を観念することができないことから，同項は，その建物から最も近い土地の地番を用い，「何番地先」の例により記録するものとすると定め，当該建物の所在を明らかにすることとしている。

> （附属建物の表題部の記録方法）
> 第89条　附属建物が主たる建物と同一の一棟の建物に属するものである場合において，当該附属建物に関する登記事項を記録するには，その一棟の建物の所在する市，区，郡，町，村，字及び土地の地番並びに構造及び床面積を記録することを要しない。

1　本条は，附属建物が主たる建物と同一の一棟の建物に属するものである場合の登記事項の記録方法を定めている。旧準則第151条第2項に相当する規定である。

2　附属建物は，表題登記がある建物と一体のものとして1個の建物として登記され（不登法第2条第23号），第78条第1項においては，「効用上一体として利用される状態にある数棟の建物は，所有者の意思に反しない限り，1個の建物として取り扱うものとする」と規定されている。

　そして，附属建物があるときの建物の表示に関する登記の登記事項として

は，その所在する市，区，郡，町，村，字及び土地の地番（区分建物である附属建物にあっては，当該附属する一棟の建物の所在する市，区，郡，町，村，字及び土地の地番）並びに種類，構造及び床面積が定められている（不登法第44条第1項第5号）。

　実際の区分建物でない建物の登記記録においては，区分建物でない附属建物の不動産所在事項は，主たる建物の所在事項とともに記録され公示されることとして取り扱われている。

　他方，主たる建物又は附属建物が区分建物である場合は，附属建物の表示欄中の構造欄に附属建物の所在（附属建物が区分建物であるときは，その属する一棟の建物の所在）を記録することとなる。

3　本条は，前記2の取扱いの例外を定めたものであり，区分建物の一部である専有部分の1つが同一の一棟の建物の他の専有部分の附属建物である場合について，当該附属建物に関する登記事項を記録するには，その一棟の建物の所在する市，区，郡，町，村，字及び土地の地番並びに構造及び床面積を記録することを要しない旨を定めたものである。

　これは，附属建物が主たる建物と同一の一棟の建物に属する場合には，これらの事項が一棟の建物の表題部に記録されているため，重複して記録する必要がないものとされたものと考えられる。

> （区分建物の構造の記録方法）
> 第90条　区分建物である建物が，例えば，当該建物が属する一棟の建物の3階及び4階に存する場合において，その階数による構造を記録するときは，「2階建」のように記録するものとする。

1　本条は，区分建物の構造の記録方法を定めている。旧準則第152条に相当する規定である。

2　本条は，区分建物の構造について，一棟の建物を階層的に区分した場合における区分建物の階数による構造の記録方法を規定したものである。

　例えば，一棟の建物が12階建ての建物である場合であって，区分建物がその3階の1室とその直上階である4階の1室を1個の建物として区分されて

第91条（床面積の記録方法）

いるときは，当該区分建物（専有部分）の階数の表示は，「2階建」と記録することとされている。

同様に，例えば，5階の1室とその直上階である6階の1室とその直上階である7階の直上階の1室とを1個の建物として区分されているときは，「3階建」と記録されることとなる。

なお，この場合，床面積の記録方法としては，「5階部分　50.50平方メートル，6階部分　40.40平方メートル，7階部分　30.30平方メートル」の例により記録することとされている。

また，区分建物が一棟の建物の1つの階にのみ存在する場合には，「平家建」とせず「1階建」と記録し，当該区分建物が平家建ての建物を縦断的に区分したものである場合には，当該各区分建物は「平家建」と記録するのが相当と考えられる。

3　なお，「建物を階層的に区分してその一部を1個の建物とする場合において，建物の構造を記録するときは，屋根の種類を記録することを要しない」（第81条第3項）とされているが，縦断的に区分した建物の場合は，屋根の種類を記録する必要があると解されている。

例えば，建物の構成材料が木であり，屋根の種類がスレートぶきであり，2階建てである建物を縦断的に区分した場合の区分建物の構造は，「木造スレートぶき2階建」と記録することとなる。

（床面積の記録方法）
第91条　平家建以外の建物の登記記録の表題部に床面積を記録するときは，各階ごとに床面積を記録しなければならない。この場合において，各階の床面積の合計を記録することを要しない。
2　地階があるときは，その床面積は，地上階の床面積の記録の次に記録するものとする。
3　床面積を記録する場合において，平方メートル未満の端数がないときであっても，平方メートル未満の表示として，「00」と記録するものとする。

第91条（床面積の記録方法）

1　本条は，建物の登記記録中の表題部に「床面積」に係る登記事項を記録する場合の具体的な記録方法を定めている。旧準則第153条第1項から第3項までに相当する規定である。

2　建物の表示に関する登記の登記事項は，権利の客体となる建物を特定する目的から建物の客観的状態を明らかにするものであるところ，床面積は，建物の大きさ（広さ）を特定するための登記事項であり（不登法第44条第1項第3号，第5号及び第7号），各階ごとに壁その他の区画の中心線（区分建物にあっては，壁その他の区画の内側線）で囲まれた部分の水平投影面積（平方メートルを単位として定め，1平方メートルの100分の1未満の端数は，切り捨てるものとする。）で表すこととされている（規則第115条）。

3　本条第1項は，平家建以外の建物の床面積の記録方法として，各階ごとに記録しなければならないことを明らかにしたものである。各階ごとの具体的な記録方法としては，各階の床面積に階数を冠記し，例えば「1階　○○.○○（平方メートル）」の例により記録することとなり，この場合において，各階の床面積の合計を記録することを要しないとされている。

また，平家建てについては，特に何らの冠記を要しない。

なお，区分建物の場合は，専有部分の各階数が一棟の建物のうちの何階部分に当たるかを明らかにする必要があることから，例えば，一棟の建物が10階建てであり，そのうちの5階部分と6階部分を専有部分とする区分建物の場合は，「構造」欄に「2階建」と記録することとされており（第90条），「床面積」欄に「5階部分　50.50（平方メートル），6階部分　40.40（平方メートル）」の例により記録することとなる。

4　本条第2項は，地階が存在する場合の床面積の記録方法を明らかにしたものであり，地階が存在する場合は，地上階の記録の次に続けて記録することとされている。

具体的な記録方法としては，「地下1階　○○.○○（平方メートル）」，「地下2階　○○.○○（平方メートル）」の例により記録することとなる。

5　本条第3項は，床面積に，平方メートル未満の端数がないときであっても，平方メートル未満の表示として，「00」と記録することを明らかにしたものである。

床面積は，100分の1平方メートルの位まで記録することを要するものとされており（規則第115条），平方メートル未満の端数がない場合であっても

第92条（附属建物の略記の禁止）

「00」を記録することによって、平方メートル未満は「0」である旨を明らかにする趣旨であると考えられる。

> （附属建物の略記の禁止）
> 第92条　表題部に附属建物に関する事項を記録する場合において、当該附属建物の種類、構造及び床面積が直前に記録された附属建物の記録と同一のときであっても、「同上」のように略記してはならない。

1　本条は、建物の登記記録中の表題部に附属建物に係る登記事項を記録する場合のうち、当該建物に二以上の附属建物があるときの具体的な記録方法を定めている。旧準則第154条に相当する規定である。

2　附属建物があるときには、当該附属建物の所在する市、区、郡、町、村、字及び土地の地番（区分建物である附属建物にあっては、当該附属建物が属する一棟の建物の所在する市、区、郡、町、村、字及び土地の地番）並びに種類、構造及び床面積を、登記事項として記録することとされている（不登法第44条第1項第5号）。

　そして、建物に二以上の附属建物が存在する場合には、それらの登記事項は、附属建物の表示欄に、各附属建物ごとに、順次、種類、構造及び床面積が並記されることとなる（附属建物が区分建物である場合における当該附属建物の所在は、区分建物の登記記録の表題部中「附属建物の表示」欄の「構造」欄に記録することとされている。）（規則別表2及び別表3）。

3　本条は、このように建物に二以上の附属建物が存在する場合に、附属建物の表示欄において、種類、構造又は床面積が直前の記録と同一であったとしても、「同上」のように略記してはならないことを明らかにしたものである。

　このように略記が認められない理由は、附属建物の表示欄に複数の附属建物を並記しなければならないことに起因する記録上の制約によるものと考えられる。

　すなわち、主たる建物の表示に関する変更の登記をする場合には、例えば、「種類」を「居宅」から「事務所」に変更するときは、変更前の事項で

ある「居宅」の文言に抹消する記号（下線）を記録し，「種類」欄の当該変更前の事項の次に「事務所」の文言を記録し，「原因及びその日付」欄及び「登記の日付」欄に必要事項を記録することとなる（規則第89条及び第91条）。一方，附属建物の表示欄は，当初から複数の附属建物が並記されることが想定されているところ，その種類，構造又は床面積に関する変更の登記又は更正の登記をする場合において，変更又は更正に係る事項のみを記録し，併せて，当該変更前又は更正前の事項にのみ抹消する記号（下線）を記録する取扱いとしたときは，一覧性を欠いたものとなってしまうため，新たに変更後又は更正後の種類，構造又は床面積の全部を記録し直し，変更前又は更正前の記録の全部を抹消する取扱いとされている（第94条第1項）。

このような取扱いがされていることから，「同上」との文言を用いて記録した場合，既に抹消された事項の次に「同上」という表示がされるおそれがあるため，記録方法として適当でないと判断されたものと考えられる。

（附属建物等の原因及びその日付の記録）
第93条　附属建物がある建物の表題登記をする場合において，附属建物の新築の日が主たる建物の新築の日と同一であるときは，附属建物の表示欄の原因及びその日付欄の記録を要しない。
2　区分建物である建物の表題登記をする場合には，一棟の建物の表示欄の原因及びその日付欄の記録を要しない。
3　附属建物がある区分建物である建物の表題登記をする場合において，附属建物の新築の日が主たる建物の新築の日と同一であるときは，附属建物の表示欄の原因及びその日付欄の記録を要しない。

1　本条は，附属建物がある建物等について，表示に関する登記をする際の登記原因及びその日付欄の記録方法を定めている。旧準則第157条に相当する規定である。
2　本条第1項は，附属建物がある建物の表題登記をする場合において，附属建物の新築の日が主たる建物の新築の日と同一であるときは，附属建物の表示欄の原因及びその日付欄の記録を要しないことを明らかにしたものであ

第93条（附属建物等の原因及びその日付の記録）

る。
　建物の表題部は，主たる建物の表示欄と附属建物の表示欄の双方に，原因及びその日付欄が設けられており，それぞれの新築年月日等を記録することとされている（規則別表2及び別表3）。
　登記原因及びその日付は，登記されたそれぞれの建物を新築年月日等の面から特定するため，記録することとされているものである。
　これは，主たる建物であると附属建物であるとにかかわらず，同様の趣旨により記録することが求められていると考えられる。
　しかし，主たる建物と附属建物とが同一の日に新築された場合は，附属建物の表示欄の原因及びその日付欄の記載を要しないものとされている。
　これは，そもそも主たる建物とその附属建物は，主従の関係にあるものであることから，同一の時期に建築される場合が多く，また，同一の登記記録の表題部に記録されることから，主たる建物に係る原因及びその日付欄の記録があれば，附属建物の表示欄にその記録がされていない場合における当該附属建物の原因及びその日付は，当該主たる建物のそれを同一であるとみなされる取扱いとしておくことで，特定性が十分に担保されるということができるからであると考えられる。
　なお，旧準則第157条は，主たる建物と附属建物の新築年月日が相違する場合であっても，登記原因及びその日付の記録を要しないものとされていた。これは，主たる建物に係る登記原因及びその日付が明らかであれば，附属建物について記録がされていなくても，そもそも主従の関係にあるため，特定性を一定程度担保することができるものと考えられたこと，また，登記事務の簡略化を図る趣旨から，そのような取扱いとしていたものと想定されるが，登記事務がコンピュータ化されたことを踏まえ，新築年月日が相違する場合にあっては，附属建物に係る登記原因及びその日付も記録することとされたものと考えられる。

3　本条第2項は，区分建物である建物の表題登記をする場合には，一棟の建物の表示欄の原因及びその日付欄の記録を要しないことを明らかにしたものである。
　そもそも区分建物の表題登記をするときは，全ての専有部分の建物の表示欄に登記原因及びその日付が記録されることから，これに重ねて一棟の建物の表示欄に原因及びその日付を記録する必要がないためである。

4 本条第3項は，附属建物がある区分建物にあっても，本条第1項の趣旨と同様の取扱いをすべきことを明らかにしたものである。

 すなわち，附属建物に係る原因及びその日付欄の記録の仕方は，非区分建物の場合と何ら変わるところがなく，附属建物がある区分建物である建物の表題登記をする場合において，附属建物の新築の日が主たる建物の新築の日と同一であるときは，附属建物の表示欄の原因及びその日付欄の記録を要さず，異なる場合にのみ記録すれば足りる取扱いとなる。

（附属建物の変更の登記の記録方法等）
第94条　附属建物の種類，構造又は床面積に関する変更の登記又は更正の登記をする場合において，表題部に附属建物に関する記録をするときは，当該附属建物の変更後又は更正後の種類，構造及び床面積の全部を記録し，従前の登記事項（符号を除く。）の全部を抹消するものとする。
2　前項の場合において，表題部に登記原因及びその日付を記録するときは，変更し，又は更正すべき事項の種類に応じて，登記原因及びその日付の記録に当該変更又は更正に係る該当欄の番号を冠記してするものとする。例えば，増築による床面積に関する変更の登記をするときは，原因及びその日付欄に，「③平成何年何月何日増築」のように記録するものとする。
3　第1項の規定により変更後又は更正後の事項を記録するときは，符号欄に従前の符号を記録するものとする。

1　本条は，附属建物の変更の登記又は更正の登記をする場合の具体的な記録方法を定めている。旧準則第161条に相当する規定である。
2　本条第1項は，附属建物の変更の登記又は更正の登記をする場合において，表題部に附属建物に関する記録をするときは，従前の登記事項（符号を除く。）の全部を抹消し，その次に改めて当該附属建物の変更後又は更正後の種類，構造及び床面積の全部を記録することを明らかにしたものである。

 附属建物の表示欄は，当初から複数の附属建物が並記されることが想定さ

第94条（附属建物の変更の登記の記録方法等）

れているため，主たる建物の表示に関する変更の登記又は更正の登記をする場合と異なり，変更又は更正に係る事項（変更後の種類，構造又は床面積）のみを記録し，併せて，当該変更前又は更正前の事項のみを抹消する取扱いとした場合には，どの附属建物に係る変更又は更正なのか明瞭でなく，一覧性を欠いたものとなってしまうため，新たに変更後又は更正後の種類，構造又は床面積の全部を記録し直し，変更前又は更正前の記録の全部を抹消する取扱いとされたものと考えられる。

3　本条第2項は，附属建物の種類，構造又は床面積の変更の登記又は更正の登記をする場合における登記原因及びその日付の記録方法を明らかにしたものである。

　具体的な記録方法としては，変更又は更正すべき事項の種類に応じて，登記原因及びその日付の記録に当該変更又は更正に係る該当欄の番号を冠記してするものとされている。

　その例示として，増築による床面積に関する変更の登記の場合が掲げられており，その場合には，原因及びその日付欄に，「③平成何年何月何日増築」のように記録するものとされているが，その他の事項の変更又は更正についても，同様に，附属建物の種類に関する変更又は更正であれば「①」を冠記し，附属建物の構造に関する変更又は更正であれば「②」を冠記することとなる。

4　本条第3項は，本条第1項の規定により，附属建物の変更後又は更正後の事項を記録するときは，符号欄に従前の符号を記録することを明らかにしたものである。

　これは，附属建物の変更の登記又は更正の登記をする際は，新たに変更後又は更正後の種類，構造又は床面積の全部を記録し直し，変更前又は更正前の記録の全部を抹消する取扱いとされたことから，新たに記録された附属建物の表示が従前のどの附属建物に係る変更後又は更正後の事項であるかを，附属建物に付された符号を一意のものとすることで明らかにするとの趣旨により定められたものと考えられる。

第95条(合体による変更の登記の記録方法)

> (合体による変更の登記の記録方法)
> 第95条 主たる建物と附属建物の合体による建物の表題部の登記事項に関する変更の登記をする場合において,表題部に登記原因及びその日付を記録するときは,主たる建物の床面積の変更については,原因及びその日付欄に,登記原因及びその日付の記録に床面積欄の番号を冠記して,「③平成何年何月何日附属建物合体(又は「増築及び附属建物合体」)」のように記録し,附属建物の表題部の抹消については,「平成何年何月何日主たる建物に合体」と記録しなければならない。二以上の附属建物の合体による建物の表題部の登記事項に関する変更の登記をする場合についても,同様とする。

1 本条は,主たる建物と附属建物の合体による建物の表題部の登記事項に関する変更の登記等の記録方法を定めている。旧準則第162条に相当する規定である。

2 建物の合体とは,二以上の建物がえい行移転,増築工事等により接続されて物理的に1個の建物となることである。

　二以上の建物が合体して一個の建物となった場合において,①合体前の二以上の建物が主たる建物と当該主たる建物の附属建物であるとき(本条前段)又は,②合体前の二以上の建物が同一の主たる建物に附属する二以上の附属建物であるとき(本条後段)は,不登法第49条第1項各号のいずれの場合にも該当しないことから,不登法第51条に規定する建物の表題部の登記事項に関する変更の登記をすることとなる(鎌田薫・寺田逸郎編『新基本法コンメンタール　不動産登記法』155ページ〔渡辺秀喜〕(2010年),「不動産登記法等の一部改正に伴う登記事務の取扱いについて」(平成5年7月30日付け法務省民三第5320号民事局長通達記の第6の10))。

　本条は,当該建物の表題部の登記事項に関する変更の登記をする場合における登記原因及びその日付の記録方法について,定めるものである。

3 本条前段に規定する合体前の二以上の建物が主たる建物と当該主たる建物の附属建物である場合においては,具体的な登記手続としては,主たる建物の床面積の変更及び附属建物の表題部の抹消をすることとなる。

　したがって,登記官は,表題部の主たる建物の表示欄に,当該変更の登記

第96条（分割の登記の記録方法）

の登記原因及びその日付並びに登記の年月日のほか，新たに登記すべきものとして当該変更後の床面積を記録し（規則第89条），変更前の事項である合体前の主たる建物の床面積を抹消する記号を記録することとなる（規則第91条）。また，附属建物の表示欄にも，同様に，登記原因及びその日付並びに登記の年月日を記録し，変更前の事項である合体前の附属建物の表示を抹消する記号を記録することとなる。

　このうちの登記原因及びその日付の記録方法の詳細を定めたのが本条であり，具体的には，主たる建物の表題部には登記原因及びその日付の記録に床面積欄の番号を冠記して「③平成何年何月何日附属建物合体（又は「増築及び附属建物合体」）」のように記録し，附属建物の表示に係る原因及びその日付欄には「平成何年何月何日主である建物に合体」と記録することとなる。

4　また，本条後段に規定する合体前の二以上の建物が同一の主たる建物に附属する二以上の附属建物である場合においても，本条前段の場合と同様に取り扱うこととされている。

　したがって，この場合には，いずれか一の附属建物について「③平成何年何月何日附属建物合体（又は「増築及び附属建物合体」）」のように記録し（なお，附属建物の変更の登記の記録方法については，前条の解説を参照のこと。），他の附属建物について「平成何年何月何日附属建物に合体」と記録することとなる。

（分割の登記の記録方法）
第96条　甲建物からその附属建物を分割して乙建物とする建物の分割の登記をする場合において，甲建物の登記記録の表題部に規則第127条第2項の規定による記録をするときは，原因及びその日付欄に「何番の何に分割」のように記録するものとする。
2　前項の場合において，乙建物の登記記録の表題部に規則第127条第1項の規定による記録をするときは，原因及びその日付欄に「何番から分割」のように記録するものとする。

1　本条は，建物の分割の登記の記録方法を定めている。旧準則第163条に

相当する規定である。
2　建物の分割の登記とは，表題登記がある建物の附属建物を当該表題登記がある建物の登記記録から分割して登記記録上別の1個の建物とする登記をいう（不登法第54条第1項第1号）。建物の形状等に対する物理的な変更は加えずに，登記記録上の建物の個数又は範囲を変更するものである。
3　表題登記がある甲建物からその附属建物を分割して乙建物とする建物の分割の登記をする場合には，登記官は，①乙建物について新たに登記記録を作成し，当該登記記録の表題部に家屋番号何番から分割した旨を記録する（規則第127条第1項）ほか，②甲建物の登記記録の表題部に，家屋番号何番の建物に分割した旨及び分割した附属建物を抹消する記号を記録する（同条第2項）こととされている（なお，規則第135条第2項（規則第136条第2項において準用する場合を含む。）においては，一の申請情報によって申請された建物の分割の登記及び建物の合併の登記（不登法第54条第1項第3号）をする場合に，規則第127条第1項及び第2項の規定を適用しない旨の定めが設けられている。）。
　本条は，この場合における表題部への登記原因及びその日付の記録方法について，定めるものである。
4　本条第1項は，甲建物からその附属建物を分割して乙建物とする建物の分割の登記をする場合において，甲建物の登記記録の表題部に規則第127条第2項の規定による記録をするとき（前記②の場合）の記録方法の詳細を定めており，具体的には，附属建物の表示に係る原因及びその日付欄に「何番の何に分割」のように記録するものとされている。
5　本条第2項は，本条第1項の場合において，乙建物の登記記録の表題部に規則第127条第1項の規定による記録をするとき（前記①の場合）の記録方法の詳細を定めており，具体的には，原因及びその日付欄に「何番から分割」のように記録するものとされている。

（区分の登記の記録方法）
第97条　前条の規定は，甲建物を区分して甲建物と乙建物とする建物の区分の登記をする場合について準用する。

第97条（区分の登記の記録方法）

1 本条は，建物の区分の登記の記録方法を定めている。旧準則第164条に相当する規定である。

2 建物の区分の登記とは，表題登記がある建物又は附属建物の部分であって区分建物に該当するものを登記記録上区分建物とする登記をいう（不登法第54条第1項第2号）。建物の形状等に対する物理的な変更は加えずに，登記記録上の建物の個数又は範囲を変更するものである。

3 区分建物でない甲建物を区分して甲建物と乙建物とする建物の区分の登記をする場合には，登記官は，①区分後の各建物について新たに登記記録を作成し，各登記記録の表題部に家屋番号何番の建物から区分した旨を記録する（規則第129条第1項）ほか，②区分前の甲建物の登記記録の表題部に区分によって家屋番号何番及び何番の建物に移記した旨並びに従前の建物の表題部を抹消する記号を記録し，当該登記記録を閉鎖する（同条第2項）こととされている（なお，規則第137条第2項においては，一の申請情報によって申請された建物の区分の登記及び建物の合併の登記（不登法第54条第1項第3号）をする場合に，規則第129条第1項及び第2項の規定を適用しない旨の定めが設けられている。）。

4 一方，区分建物である甲建物を更に区分して甲建物と乙建物とする建物の区分の登記をする場合には，登記官は，③乙建物について新たに登記記録を作成し，当該登記記録の表題部に家屋番号何番の建物から区分した旨を記録する（同条第3項）ほか，④甲建物の登記記録の表題部に，残余部分の建物の表題部の登記事項，家屋番号何番の建物を区分した旨及び従前の建物の表題部の登記事項の変更部分を抹消する記号を記録する（同条第4項）こととされている（なお，規則第137条第3項（登記令第138条第2項において準用する場合を含む。）においては，一の申請情報によって申請された建物の区分の登記及び建物の合併の登記（不登法第54条第1項第3号）をする場合に，規則第129条第3項及び第4項の規定を適用しない旨の定めが設けられている。）。

本条は，これらの場合における表題部への登記原因及びその日付の記録方法について，定めるものである。

5 本条においては，第96条の規定を準用しているところ，具体的には，前記①の場合には甲建物及び乙建物のそれぞれの登記記録の表題部の原因及びその日付欄に「何番から区分」と，前記②の場合には区分前の甲建物の表題

部の原因及びその日付欄に「区分により何番の何，何番の何の登記記録に移記」と，前記③の場合には乙建物の登記記録の表題部の原因及びその日付欄に「何番から区分」と，前記④の場合には甲建物の登記記録の表題部の原因及びその日付欄に「何番を区分」と，それぞれ記録することとなる。

（附属合併の登記の記録方法）
第98条　甲建物を乙建物の附属建物とする附属合併の登記をする場合において，甲建物の登記記録の表題部に規則第132条第3項の規定による記録をするときは，原因及びその日付欄に「何番に合併」のように記録するものとする。
2　前項の場合において，乙建物の登記記録の表題部に規則第132条第1項の規定による記録をするときは，原因及びその日付欄に「何番を合併」のように記録するものとする。

1　本条は，建物の附属合併の登記の記録方法を定めている。旧準則第165条に相当する規定である。
2　建物の附属合併の登記とは，表題登記がある建物を登記記録上他の表題登記がある建物の附属建物とする登記をいう（規則第132条第1項）。建物の形状等に対する物理的な変更は加えずに，登記記録上の建物の個数又は範囲を変更するものである。
3　甲建物を乙建物の附属建物とする附属合併の登記をする場合には，登記官は，①乙建物の登記記録の表題部に，附属合併後の建物の表題部の登記事項及び家屋番号何番の建物を合併した旨を記録する（規則第132条第1項）ほか，②甲建物の登記記録の表題部に家屋番号何番の建物に合併した旨及び従前の建物の表題部の登記事項を抹消する記号を記録し，当該登記記録を閉鎖する（同条第3項）こととされている（なお，規則第135条第1項においては，一の申請情報によって申請された建物の分割の登記（不登法第54条第1項第1号）及び建物の附属合併の登記をする場合に，規則第132条第1項及び第3項の規定を適用しない旨の定めが設けられている。）。
本条は，この場合における表題部への登記原因及びその日付の記録方法に

第4章　登記手続　267

第99条（区分合併の登記の記録方法）

ついて，定めるものである。

4 本条第1項は，甲建物を乙建物の附属建物とする附属合併の登記をする場合において，甲建物の登記記録の表題部に規則第132条第3項の規定による記録をするとき（前記②の場合）の記録方法の詳細を定めており，具体的には，原因及びその日付欄に「何番に合併」のように記録するものとされている。

5 本条第2項は，本条第1項の場合において，乙建物の登記記録の表題部に規則第132条第1項の規定による記録をするとき（前記①の場合）の記録方法の詳細を定めており，具体的には，原因及びその日付欄に「何番を合併」のように記録するものとされている。

（区分合併の登記の記録方法）
第99条　区分合併（甲建物を乙建物の附属建物に合併する場合を除く。）に係る建物の合併の登記をする場合において，区分合併後の建物が区分建物でないときは，区分合併前の乙建物の表題部の登記記録の一棟の建物の表題部の原因及びその日付欄に「合併」と記録するものとする。

---

1 本条は，建物の区分合併の登記の記録方法を定めている。新設された規定である。

2 建物の区分合併の登記とは，表題登記がある区分建物を登記記録上これと接続する他の区分建物である表題登記がある建物又は附属建物に合併して1個の建物とする登記をいう（規則第133条第1項）。建物の形状等に対する物理的な変更は加えずに，登記記録上の建物の個数又は範囲を変更するものである。

3 本条は，区分建物である甲建物を区分建物である乙建物又は乙建物の附属建物に合併する区分合併（甲建物を乙建物の附属建物に合併する場合を除く。以下同じ。）の登記をする場合において，区分合併後の建物が区分建物でないときの記録方法の詳細を定めており，具体的には，区分合併前の乙建物の表題部の登記記録の一棟の建物の表題部の原因及びその日付欄に「合

第100条（建物の分割及び附属合併の登記の記録方法）

併」と記録するものとされている。

4 ところで，区分合併の登記をする場合には，登記官は，①乙建物の登記記録の表題部に，区分合併後の建物の表題部の登記事項，家屋番号何番の建物を合併した旨及び従前の建物の表題部の登記事項の変更部分を抹消する記号を記録する（規則第133条第1項）ほか，②甲建物の登記記録の表題部に家屋番号何番の建物に合併した旨及び従前の建物の表題部の登記事項を抹消する記号を記録し，当該登記記録を閉鎖する（同条第2項）こととされている（なお，規則第136条第1項においては，一の申請情報によって申請された建物の分割の登記（不登法第54条第1項第1号）及び建物の区分合併の登記をする場合に，規則第133条第1項及び第2項の規定を適用しない旨の定めが設けられている。）。

また，この場合において，区分合併後の建物が区分建物でないときは，③区分合併前の乙建物の登記記録の表題部に家屋番号何番の建物を合併した旨，合併により家屋番号何番の建物の登記記録に移記した旨及び乙建物についての建物の表題部の登記事項を抹消する記号を記録し，乙建物の登記記録を閉鎖する（同条第4項）こととされている。

これらの場合における表題部への登記原因及びその日付の記録方法については，具体的な記録方法が定められていないが，第98条の規定の例に倣い，甲建物の登記記録の表題部の原因及びその日付欄には「何番に合併」のように記録し，乙建物の登記記録の表題部の原因及びその日付欄には「何番を合併」のように記録することとなるものと考えられる。

（建物の分割及び附属合併の登記の記録方法）
第100条　甲建物からその附属建物を分割してこれを乙建物の附属建物とする建物の分割の登記及び附属合併の登記をする場合において，甲建物の登記記録の表題部に規則第135条第2項の規定による記録をするときは，当該登記記録の附属建物の表示欄の原因及びその日付欄に「何番に合併」のように記録するものとする。
2　前項の場合において，乙建物の登記記録の表題部に規則第135条第1項の規定による記録をするときは，当該登記記録の附属建物の表示

第100条(建物の分割及び附属合併の登記の記録方法)

> 欄の原因及びその日付欄に「何番から合併」のように記録するものとする。

1 本条は,建物の分割の登記及び附属合併の登記をする場合の登記の記録方法を定めている。旧準則第166条に相当する規定である。

2 甲建物の附属建物として登記されている建物を甲建物から分割し,これを別に登記されている乙建物に合併して乙建物の附属建物とする場合は,甲建物についてその附属建物を分割する建物の分割の登記(不登法第54条第1項第1号)と,甲建物から分割した建物を乙建物の附属建物とする建物の合併の登記(同項第3号)とをすることとなる。

この場合における建物の分割の登記及び附属合併の登記は,一の申請情報によって申請することができ(規則第35条第2号),これらの登記は,「附属建物の分合の登記」とも称されている。

3 登記官は,甲建物の登記記録から甲建物の附属建物を分割して,これを乙建物の附属建物にしようとする場合において,建物の分割の登記及び附属合併の登記をするときは,乙建物の登記記録の表題部に,附属合併後の建物の表題部の登記事項及び家屋番号何番の建物から合併した旨を記録することとされている(規則第135条第1項前段)。

なお,甲建物を乙建物の附属建物とする附属合併の登記をする場合には,登記官は,①乙建物の登記記録の表題部に,附属合併後の建物の表題部の登記事項及び家屋番号何番の建物を合併した旨を記録する(規則第132条第1項)ほか,②甲建物の登記記録の表題部に家屋番号何番の建物に合併した旨及び従前の建物の表題部の登記事項を抹消する記号を記録し,当該登記記録を閉鎖する(同条第3項)こととされているが,上述の建物の分割の登記及び附属合併の登記をするときは,これらの規定は適用しないこととされている(規則第135条第1項後段)。

4 また,登記官は,前記3の建物の分割の登記及び附属合併の登記をするときには,甲建物の登記記録の表題部の分割に係る附属建物について,家屋番号何番の建物に合併した旨及び従前の建物の表題部の登記事項の変更部分を抹消する記号を記録することとされている(規則第135条第2項前段)。

なお,表題登記がある甲建物からその附属建物を分割して乙建物とする建物の分割の登記をする場合には,登記官は,①乙建物について新たに登記記

録を作成し，当該登記記録の表題部に家屋番号何番の建物から分割した旨を記録する（規則第127条第1項）ほか，②甲建物の登記記録の表題部に，家屋番号何番の建物に分割した旨及び分割した附属建物を抹消する記号を記録する（同条第2項）こととされているが，前述の建物の分割の登記及び附属合併の登記をするときは，これらの規定は適用しないこととされている（規則第135条第2項後段）。

5　本条は，これらの場合における表題部への登記原因及びその日付の記録方法について，定めるものである。

6　本条第1項は，甲建物の登記記録の表題部に規則第135条第2項の規定による記録をするとき（前記4の場合）の記録方法の詳細を定めており，具体的には，当該登記記録の附属建物の表示欄の原因及びその日付欄に「何番に合併」のように記録するものとされている。

7　本条第2項は，乙建物の登記記録の表題部に規則第135条第1項の規定による記録をするとき（前記3の場合）の記録方法の詳細を定めており，具体的には，当該登記記録の附属建物の表示欄の原因及びその日付欄に「何番から合併」のように記録するものとされている。

（附属建物がある建物の滅失の登記の記録方法）
第101条　建物の滅失の登記をする場合において，当該建物の登記記録に附属建物があるときでも，当該附属建物の表示欄の原因及びその日付欄には，何らの記録を要しない。

1　本条は，附属建物がある建物の滅失の登記の記録方法を定めている。旧準則第167条第2項に相当する規定である。

2　建物の滅失の登記は，登記されている建物が，滅失，取壊し，倒壊等により，社会通念上，建物としての効用を有しない状態となった場合に，当該建物が滅失したことを登記記録上明らかにした上で，その登記記録を閉鎖するためにされる登記をいう。

3　本条は，附属建物がある建物の登記について，主たる建物及び附属建物の全てについての取壊し等による建物の滅失の登記をする場合の登記の記録

第102条（附属建物がある主たる建物の滅失による表題部の変更の登記の記録方法）

方法を定めており，具体的には，主たる建物の表示欄の原因及びその日付欄に滅失の原因及びその日付を記録すれば足り，附属建物の表示欄の原因及びその日付欄には，何らの記録を要しないことを定めている。

> （附属建物がある主たる建物の滅失による表題部の変更の登記の記録方法）
> 第102条　附属建物がある主たる建物の滅失による表題部の登記事項に関する変更の登記をする場合には，表題部の主たる建物の表示欄の原因及びその日付欄に滅失の登記原因及びその日付を記録し，当該表示欄に主たる建物となるべき附属建物に関する種類，構造及び床面積を記録し，当該原因及びその日付欄に「平成何年何月何日主たる建物に変更」のように記録するものとする。この場合には，当該附属建物の表示欄の原因及びその日付欄に「平成何年何月何日主たる建物に変更」のように記録して，当該附属建物についての従前の登記事項を抹消するものとする。

1　本条は，附属建物がある主たる建物の滅失による表題部の変更の登記の記録方法について定めている。旧準則第169条に相当する規定である。
2　本条は，附属建物のある主たる建物が取壊し等によって滅失したことにより，その附属建物が独立の建物と認められるときは，当該附属建物が主たる建物に変更された旨を登記記録上明らかにする必要があるところ，具体的な表題部への登記原因及びその日付の記録方法について，定めるものである。
3　具体的には，当該主たる建物の表示欄の原因及びその日付欄に滅失の登記原因及びその日付を記録した上で，その表示欄に，主たる建物となるべき附属建物に関する種類，構造及び床面積を記録し，当該原因及びその日付欄には「平成何年何月何日主である建物に変更」のように記録するものとされている。また，この場合には，当該附属建物の表示欄の原因及びその日付欄に「平成何年何月何日主である建物に変更」のように記録して，当該附属建物についての従前の登記事項を抹消するものとされている。

第103条（共用部分である旨の登記における記録方法等）

> （共用部分である旨の登記における記録方法等）
> 第103条　共用部分である旨の登記をするときは，原因及びその日付欄に「平成何年何月何日規約設定」及び「共用部分」のように記録するものとする。ただし，当該共用部分が法第58条第1項第1号に掲げるものである場合には，「平成何年何月何日規約設定」及び「家屋番号何番，何番の共用部分」のように記録するものとする。
> 2　団地共用部分である旨の登記をするときは，その団地共用部分を共用すべき者の所有する建物の所在及び家屋番号又はその建物が属する一棟の建物の所在並びに構造及び床面積若しくはその名称を記録した上，原因及びその日付欄に「平成何年何月何日団地規約設定」及び「団地共用部分」のように記録するものとする。
> 3　法第58条第4項の規定により権利に関する登記を抹消する場合には，「平成何年何月何日不動産登記法第58条第4項の規定により抹消」のように記録するものとする。
> 4　共用部分である旨又は団地共用部分である旨を定めた規約を廃止したことによる建物の表題登記をする場合には，原因及びその日付欄に「平成何年何月何日共用部分（又は団地共用部分）の規約廃止」のように記録するものとし，共用部分である旨又は団地共用部分である旨を抹消するときは，その登記原因及びその日付の記録を要しない。

1　本条は，区分建物における共用部分（区分所有法第4条第2項に規定する共用部分をいう。以下同じ。）である旨の登記又は団地共用部分（同法第67条第1項に規定する団地共用部分をいう。以下同じ。）である旨の登記に関する具体的な記録方法について定めている。旧準則第170条に相当する規定である。

2　本条第1項は，共用部分である旨の登記をするときの登記の記録方法について定めている。当該登記をする場合は，その建物の表題部の原因及びその日付欄に，共用部分である旨の記録をすることとなり，具体的には，「平成何年何月何日規約設定」及び「共用部分」のように記録するものとされている。

また，当該共用部分である建物が当該建物の属する一棟の建物以外の一棟

第103条（共用部分である旨の登記における記録方法等）

の建物に属する建物の区分所有者の共用に供されるものであるときは，その旨（不登法第58条第1項第1号）をも表題部の原因及びその日付欄に記録することとなり，具体的には，「平成何年何月何日規約設定」及び「家屋番号何番，何番の共用部分」のように記録するものとされている。

3　本条第2項は，団地共用部分である旨の登記をするときの登記の記録方法について定めている。当該登記をする場合は，その団地共用部分を共用すべき者の所有する建物の所在及び家屋番号又はその建物が属する一棟の建物の所在並びに構造及び床面積若しくはその名称を記録した上，原因及びその日付欄に「平成何年何月何日団地規約設定」及び「団地共用部分」のように記録するものとされている。

4　本条第3項は，不登法第58条第4項の規定により権利に関する登記を抹消する場合の登記の記録方法について定めている。

　登記官は，共用部分である旨の登記又は団地共用部分である旨の登記をするときは，職権で，当該建物について表題部所有者の登記又は権利に関する登記を抹消しなければならないとされ（同項），所有権の登記がない建物にあっては表題部所有者に関する登記事項を抹消する記号を記録し，所有権の登記がある建物にあっては権利に関する登記の抹消をしなければならないとされている（規則第141条）ところ，これらの規定により所有権その他の権利に関する登記を抹消する場合には，「平成何年何月何日不動産登記法第58条第4項の規定により抹消」のように記録するものとされている。

5　本条第4項は，共用部分である旨又は団地共用部分である旨を定めた規約を廃止したことによる建物の表題登記をするときの登記の記録方法について定めている。

　共用部分である旨の登記又は団地共用部分である旨の登記がある建物について共用部分である旨又は団地共用部分である旨を定めた規約を廃止した場合には，当該建物の所有者は，当該規約の廃止の日から1月以内に，当該建物の表題登記を申請しなければならないとされており（不登法第58条第6項），また，当該規約を廃止した後に当該建物の所有権を取得した者は，その所有権の取得の日から1月以内に，当該建物の表題登記を申請しなければならないとされている（同条第7項）。

　これらの規定による建物の表題登記をする場合には，その建物の表題部の原因及びその日付欄に，「平成何年何月何日共用部分（又は団地共用部分）

の規約廃止」のように記録するものとし，共用部分である旨又は団地共用部分である旨を抹消するときは，その登記原因及びその日付の記録を要しないこととされている。

第3節 権利に関する登記

第1款 通 則

> （職権による登記の更正の手続）
> 第104条　法第67条第2項の規定による登記の更正の許可の申出は，別記第62号様式又はこれに準ずる様式による申出書によってするものとする。
> 2　法第67条第2項の登記上の利害関係を有する第三者の承諾があるときは，前項の申出書に当該承諾を証する書面（印鑑証明書の添付，運転免許証の提示その他の方法により登記官が当該第三者が作成したものであることを確認したものに限る。）を添付するものとする。
> 3　第1項の申出についての許可又は不許可は，別記第63号様式又はこれに準ずる様式による許可（不許可）書によってするものとする。

1　本条は，権利に関する登記の錯誤又は遺漏（以下「錯誤等」という。）が登記官の過誤による場合において，登記官が職権により登記の更正をするときの当該登記官を監督する法務局長等（以下「監督法務局長」という。）に対する登記の更正の許可の申出書の様式及びその添付資料並びに当該申出に対する監督法務局長の許可（不許可）書の様式を定めている。旧準則第185条に相当する規定である。

2　本条第1項は，登記官が権利に関する登記に錯誤等があることを発見した場合において，当該登記の錯誤等が登記官の過誤によるものであるときは，遅滞なく，監督法務局長の許可を得て，登記の更正をしなければならないとされている（不登法第67条第2項）ことを踏まえ，「登記更正許可申出書」の様式を定めている。

第104条(職権による登記の更正の手続)

　なお,登記官が電子情報処理組織によってした登記を同項の規定により更正する場合には,その登記を完了した後1週間以内にする場合であって,登記上の利害関係を有する第三者がないときに限り,監督法務局長は,これをあらかじめ包括的に許可をすることができるとされている(平成17年1009号通達記の第2の1)。また,当該許可があった場合において,登記官がこれに基づき登記を更正するときは,監督法務局長が指定する登記官にその旨の申出をし,その承認を得なければならないとされ,この場合の承認の申出及び承認は,平成17年1009号通達の別記第2号様式による登記更正承認申出書によりするものとされている(平成17年1009号通達記の第2の2)。

別記第62号(第104条第1項関係)

登記更正許可申出書	
日 記 第　　　　　号　　　　　　　　　　　　　平 成　　年　　月　　日　　　法務局長　殿　　　　　　　　　　　　　　　　　　　　　　　　　法務局　　出張所　　　　　　　　　　　　　　　　　　　　　　　　　登記官　　　[職印]	
□　登記上の利害関係を有する第三者はない。　　□　登記上の利害関係を有する第三者があるが,その承諾がある。	
添付書類　　　□　登記事項証明書　　　□　申請書の謄本(必要な添付書類を含む。)　　　□　承諾書(注)	
不動産所在事項	更正を要する事項

(注)　承諾書の添付を要する場合において,承諾書に本人を確認する書面(印鑑証明書又は運転免許証(写し)等)の添付がないときは,登記官が承諾をすべき者が作成したものであることを確認した内容を記載する。

第104条（職権による登記の更正の手続）

平成17年1009号通達の別記第２号

登記更正承認申出書	
平成　年　月　日　　　法務局　　出張所　　　登記官　　　　登記官印	
事件の表示　　平成　年　月　日受付　　号	
登記上の利害関係を有する第三者はない。	
不動産所在事項	更正を要する事項
上記申出に係る登記の更正を承認する。　平成　年　月　日　　　　　　　　　　　　　　　　　　　登記官　　　　職印	

3 本条第２項は，旧不登法下では，権利に関する登記に錯誤等があり，かつ，これが登記官の過誤によるものであっても，登記上の利害関係を有する第三者がいる場合には，登記官が職権によって当該登記の更正をすることができなかったところ（旧不登法第64条第１項），不登法第67条第２項ただし書の規定により，そのような場合であっても，登記上の利害関係を有する第三者（当該登記の更正につき利害関係を有する抵当証券の所持人又は裏書人を含む。以下同じ。）の承諾があるときには，登記官が職権によって登記の更正をすることができるようになったことを踏まえて新たに設けられたものであり，登記更正許可申出書に，当該承諾を証する書面を添付することとされている。

　当該書面の形式は問われないが，当該登記の更正をすることについての承諾があることが明らかにされている必要があることはいうまでもなく，加え

第104条（職権による登記の更正の手続）

て，当該書面の真正を担保するため，当該第三者の署名又は記名押印のあるものが必要であると考えられる。

　また，当該承諾を証する書面は，登記官が登記上の利害関係を有する第三者本人が作成したものであることを確認したものに限られているところ（本条第2項括弧書），確認の方法としては，当該書面に記名押印があるときは，印鑑証明書を添付する方法が最も一般的であると考えられる。

　なお，当該書面の作成者を運転免許証の提示その他の方法により確認することでも差し支えないとされているところ（同項括弧書），この場合においては，当該書面の作成者の了承を得た上で，運転免許証その他の提示書類の写しを保管することが望ましく，少なくとも，本人確認をした登記官が登記更正許可申出書に，確認の方法及び確認した事実等を付記することが相当であると考えられる。

4　本条第3項は，登記の更正の許可の申出に対する監督法務局長の許可又は不許可に係る「登記更正許可（不許可）書」の様式について定めたものである。

　なお，前記2のなお書に係る監督法務局長の包括的な許可に係る許可書の様式は，平成17年1009号通達の別記第1号様式によるものとされている（平成17年1009号通達記の第2の1）。

別記第63号（第104条第3項関係）

登記更正許可（不許可）書		
	日記第　　　　　号　　　　　平成　年　月　日	
法務局　　　出張所　　登記官　　　　　殿	法務局長	職印
下記申出に係る職権による登記の更正を許可する（許可しない）。		
記		
申出書の表示		

第104条（職権による登記の更正の手続）

日 記 第　　　　　号　　　　　　　　　　　　　　　　　　　　平成　　年　　月　　日　　　　　　法務局　　　出張所　　　　　　登記官	
不動産所在事項	更正を要する事項

平成17年1009号通達の別記第１号


```
                                    日 記 第          号
                                    平成    年  月  日

   法務局　出張所登記官　殿

                            法務局長        ［職印］

              登記更正許可書

   貴庁において電子情報処理組織によってした登記を不動産登記法第67条第
  ２項の規定により更正するについては，当該登記の完了した日から１週間以
  内にする場合であって，登記上の利害関係を有する第三者がないときに限
  り，あらかじめこれを許可する。
```

第106条（許可書が到達した場合の処理）

> 第105条　登記官は，前条第１項の申出後に登記上の利害関係を有する第三者が生じた場合又は申請により当該登記の更正がされた場合には，当該登記官を監督する法務局又は地方法務局の長にその旨を報告するものとする。この場合において，前条第２項の承諾があるときは，その旨も報告するものとする。

1　本条は，登記官が第104条第１項の職権による登記の更正の許可の申出を行った後，更正の許可がされるまでの間に，当該登記につき登記上の利害関係を有する第三者が生じた場合又は申請により当該登記の更正がされた場合には，監督法務局長に対し，その旨を報告すべきことを定めている。旧準則第186条に相当する規定である。

2　更正の許可がされるまでの間に，登記上の利害関係を有する第三者が生じた場合は，当該第三者の承諾がない限り，当該登記の更正をすることはできず（不登法第67条第２項），また，申請により当該登記の更正がされた場合には，登記官は，同項に基づく職権による登記の更正をする必要がなくなるため，第104条第１項の職権による登記の更正の許可の申出に対する許可の要否の判断に資するよう，当該登記官がその旨を監督法務局長に報告することとされている。

3　また，登記上の利害関係を有する第三者が生じた場合であっても，当該第三者の承諾がある場合には，登記官が職権によって当該登記の更正をすることができるようになったこと（不登法第67条第２項ただし書）から，当該承諾がある場合には，当該登記官がその旨も監督法務局長に報告することとされている。

なお，この場合においては，当該報告には，第104条第２項の承諾を証する書面を添付する必要があるものと考えられる（第104条第２項の解説参照）。

> （許可書が到達した場合の処理）
> 第106条　第104条第３項の許可書が到達した場合において，第31条第１項の規定による受付をしたときは，受付帳に「職権更正」と記録する

ものとする。
2　前項の場合において，既に登記上の利害関係を有する第三者が生じているとき（その承諾がある場合を除く。）又は申請により当該登記の更正がされているときは，許可書及び受付帳に，当該登記の更正をすることができない旨及びその理由を記録するものとする。
3　規則第151条の規定により許可の年月日を記録する場合には，「平成何年何月何日登記官の過誤につき法務局長の更正許可」のように記録するものとする。

1　本条は，第104条第1項の職権による登記の更正の許可の申出に対する監督法務局長の許可が示された後の処理手続を定めている。旧準則第187条及び第188条に相当する規定である。
2　本条第1項は，職権による登記の更正の許可の申出に対する監督法務局長の第104条第3項の許可書が当該申出を行った登記官に到達した場合における処理手続を定めている。不登法第67条第2項の許可があった場合の受付手続は，規則第56条第4項第1号において準用する同条第1項及び第2項の規定によるほか，第31条第1項後段の規定に基づき，登記官は，受付帳に規則第56条第1項に規定する事項のうち受付番号及び不動産所在事項を記録しなければならないものとされているところ，本条第1項の場合は，さらに，職権による登記の更正であることを明示するため，受付帳に「職権更正」である旨を記録するものとされている。
　なお，登記官が電子情報処理組織によってした登記を不登法第67条第2項の規定により更正する場合において，監督法務局長の包括的な許可がされ，当該法務局長の指定する登記官の承認があったときは，所要の受付処理をした上で，登記更正承認申出書に受付年月日及び受付番号を記載するものとされている（平成17年1009号通達記の第2の3参照）。
3　本条第2項は，職権による登記の更正の許可の申出に対する監督法務局長の第104条第3項の許可書が当該申出を行った登記官に到達した場合において，既に登記上の利害関係を有する第三者が生じているとき（その承諾がある場合を除く。）又は申請により当該登記の更正がされているときの処理手続を定めており，このようなときには，職権による登記の更正を行うことができず，又はその必要がないところ，その経緯を明らかにするため，当該

第107条（職権による登記の抹消の手続の開始）

許可書及び受付帳に当該登記の更正をすることができない旨及びその理由を記録するものとされている。

4　本条第3項は、職権による登記の更正を行う場合の登記記録への記録例を定めたものである。登記官は、不登法第67条第2項の規定により登記の更正をするときは、当該許可をした者の職名、許可の年月日及び登記の年月日を記録しなければならないとされているところ（規則第151条）、この場合に、登記の錯誤等が登記官の過誤によるものであり、監督法務局長の許可を得て、職権により登記の更正をすることを明らかにするため、「平成何年何月何日登記官の過誤につき法務局長の更正許可」のように記録するものとされている。

　なお、登記官が電子情報処理組織によってした登記を登記上の利害関係を有する第三者が存在せず、かつ、その登記の完了後1週間以内にする更正の場合には、当該更正の登記の末尾に「平成何年何月何日受付第何号　登記官の過誤につき職権更正」のように記録するものとされている（平成17年1009号通達記の第2の4）。

（職権による登記の抹消の手続の開始）
第107条　登記官は、法第71条第1項に規定する事由を発見したときは、別記第64号様式による職権抹消調書を作成するものとする。
2　法第71条第1項の通知は、別記第65号様式による通知書によってするものとする。この場合には、登記官を監督する法務局又は地方法務局の長にその通知書の写しを送付するものとする。

1　本条は、登記官が権利に関する登記を完了した後に当該登記が不登法第25条第1号から第3号まで又は第13号に該当する事由を発見したときの処理手続について定めている。旧準則第189条に相当する規定である。

2　本条第1項は、登記官は、権利に関する登記を完了した後に当該登記が不登法第25条第1号から第3号まで又は第13号に該当する事由を発見したときは、その旨を明らかにし、規則第56条第4項において準用する同条第2項の規定による手続等を行うため、職権抹消調書を作成するものとし、当該調

第107条（職権による登記の抹消の手続の開始）

書の様式を定めている。

別記第64号（第107条第１項関係）

約５cm	約11cm
	余　白

職　権　抹　消　調　書	
	日記第　　　　　号 平成　年　月　日 　　法務局　　出張所 登記官　　　　職印
不動産所在事項	
根拠条文	
□　不動産登記法第25条第１号 □　不動産登記法第25条第２号 □　不動産登記法第25条第３号 □　不動産登記法第25条第13号（不動産登記令第20条第　　号）	
抹消する登記	
登記の目的	
受付年月日 受付番号	
登記原因及 びその日付	
申請人の 氏名住所	
抹消する理由	

第４章　登記手続　283

第107条（職権による登記の抹消の手続の開始）

3 本条第２項前段は，登記官が権利に関する登記を完了した後に当該登記が不登法第25条第１号から第３号まで又は第13号に該当する事由を発見したときは，登記権利者及び登記義務者並びに登記上の利害関係を有する第三者に対し，１月以内の期間を定め，当該登記の抹消について異議のある者がその期間内に異議を述べないときは，当該登記を抹消する旨を通知しなければならないとされている（不登法第71条第１項）ことを踏まえ，当該通知の様式を定めている。また，本条第２項後段は，登記官は，不登法第71条第３項の規定により異議につき決定をする場合には，監督法務局長に内議するものとされているところ（第109条第１項），監督法務局長があらかじめ当該事案を把握することができるよう，当該通知の写しを監督法務局長に送付するものとされている。

別記第65号（第107条第２項関係）

```
                               通 知 第       号
                               平成    年   月   日

      殿

                               法務局      出張所
                               登記官           職印


                  通   知   書

 下記の登記は，不動産登記法第25条第１号（第２号，第３号又は第13号
（不動産登記令第20条第     号））に該当するので，平成何年何月何日までに
異議の申立てがないときは，これを抹消します（同法第71条第１項）。

                      記
```

	不動産所在事項	
	登記の目的	
抹消	受付年月日 受付番号	

する登記	登記原因及びその日付	
	申請人の氏名住所	
抹消する理由	（理由を具体的に）	

（職権による登記の抹消の公告）
第108条　法第71条第2項の公告の内容は，次の例によるものとする。
　　　何市何町何丁目何番の土地の平成何年何月何日受付第何号の何登記（登記権利者何某，登記義務者何某）は，不動産登記法第25条第1号（第2号，第3号又は第13号（不動産登記令第20条第何号））に該当するので，本日から2週間以内に書面による異議の申述がないときは，抹消します。
　　　　　平成何年何月何日　　何法務局何出張所

1　登記官が職権による登記の抹消をする場合において，不登法第71条第1項の通知を受けるべき者の住所又は居所が知れないときは，その通知に代えて，通知をすべき内容を公告しなければならないとされているところ（同条第2項），本条は，その公告文の内容を例示したものである。旧準則第190条第1項に相当する規定である。
2　この公告の方法については，規則第154条において，抹消すべき登記が登記された登記所の掲示場その他登記所内の公衆の見やすい場所に掲示して行う方法又はインターネット上で法務局のホームページ等に掲示する方法により2週間行うものとされている。
　なお，旧不登法第149条第2項においては，官報に公告することとされていたが，公告方法に柔軟性を持たせるため，現在の取扱いに変更されたものと考えられる。

第109条（利害関係人の異議に対する決定）

> （利害関係人の異議に対する決定）
> 第109条　登記官は，法第71条第3項の規定により異議につき決定をする場合には，当該登記官を監督する法務局又は地方法務局の長に内議するものとし，異議を却下する決定は，別記第66号様式による決定書により，異議に理由があるとする決定は，別記第67号様式による決定書によりするものとする。
> 2　登記官は，前項の決定書を2通作成し，その1通を異議を述べた者に適宜の方法で交付し，他の1通には，その欄外に決定告知の年月日を記載して登記官印を押印するものとする。
> 3　登記官は，異議につき決定をした場合には，同項の決定書の謄本を添えて当該登記官を監督する法務局又は地方法務局の長にその旨を報告するものとする。

1　登記官の職権による登記の抹消について異議を述べる者があるときは，登記官は，当該異議について，理由があるかどうかを決定しなければならないとされているところ（不登法第71条第3項），本条は，その決定書の様式，交付の方法及び監督法務局長への報告等を定めている。旧準則第191条に相当する規定である。

2　本条第1項は，登記官が異議について理由があるかないかの決定をする場合には，あらかじめ監督法務局長に内議をする旨を定めており，異議を却下する決定は別記第66号様式による決定書により，異議に理由があるとする決定は別記第67号様式による決定書によりするものとされている。

3　本条第2項は，登記官が本条第1項の決定書を2通作成し，そのうち1通を異議を述べた者に交付し，もう1通については，その欄外に決定告知の年月日を記載して登記官印を押印することを定めている。

4　本条第3項は，登記官が異議についての決定をした場合には，本条第1項の決定書の謄本を添えて，監督法務局長にその旨を報告することを定めている。

第109条（利害関係人の異議に対する決定）

別記第66号（第109条第1項関係）

日記第　　　　号

決　　定

住所
異議申立人

　下記不動産の平成何年何月何日受付第何号の何登記の抹消について，平成何年何月何日付けで異議の申立てがありましたが，その異議は，何何（理由を具体的に記載すること。）により理由がないので，これを却下します。

平成　年　月　日

法務局　　出張所
登記官　　　　　職印

記

別記第67号（第109条第1項関係）

日記第　　　　号

決　　定

住所
異議申立人

　下記不動産の平成何年何月何日受付第何号の何登記の抹消について，平成何年何月何日付けで異議の申立てがありましたが，その異議は理由があると認められるので，前記登記は抹消しません。

第4章　登記手続　287

第110条（職権による登記の抹消の手続）

```
　　平成　　年　　月　　日

　　　　　　　　　　　　　　　　　　　　　法務局　　出張所
　　　　　　　　　　　　　　　　　　　　　登記官　　　　職印

　　　　　　　　　記
```

（職権による登記の抹消の手続）

第110条　登記官は，法第71条第1項に規定する異議を述べた者がない場合にあっては同項の期間の満了後直ちに，当該異議を述べた者があり，かつ，当該異議を却下した場合にあっては当該却下の決定後直ちに，第31条第1項及び第32条の手続を採らなければならない。この場合において，これらの規定の適用については，第31条第1項中「登記の申請書の提出があったときは」とあるのは「法第71条第1項の期間の満了後」と，第32条第1項中「申請書，許可書，命令書又は通知書」とあるのは「職権抹消調書」とする。

2　規則第153条の規定により記録する事由は，「不動産登記法第25条第1号（第2号，第3号又は第13号（不動産登記令第20条第何号））に該当するので，同法第71条第4項の規定により抹消」とする。

3　法第71条第4項の規定により登記を抹消したときは，職権抹消調書及び前条第2項の規定により決定告知の年月日を記載した決定書の原本を申請書類つづり込み帳につづり込むものとする。

4　法第71条第3項の規定により異議に理由がある旨の決定をしたときは，前条第2項の規定により決定告知の年月日を記載した決定書の原本を決定原本つづり込み帳につづり込むものとする。

1　本条は，職権による登記の抹消の手続を定めている。新設された規定で

ある。

2　本条第1項は，登記官は，不登法第71条第1項に規定する異議を述べた者がない場合にあっては，同項の期間（1月以内）の満了後直ちに，また，当該異議を述べた者があり，かつ，当該異議を却下した場合にあっては，当該却下の決定後直ちに，第31条第1項（職権抹消調書の受付）及び第32条（受付をした職権抹消調書への所定の処理）の手続を採らなければならない旨を定めている。

　なお，職権抹消調書の様式は，別記第64号様式のとおりである（第107条の解説参照）。

3　登記官は，不登法第71条第4項の規定により登記の抹消をするときは，登記記録にその事由を記録しなければならないとされているところ（規則第153条），本条第2項は，その記録する事由の内容を定めており，具体的には，「不動産登記法第25条第1号（第2号，第3号又は第13号（不動産登記令第20条第何号））に該当するので，同法第71条第4項の規定により抹消」のように記録することとされている。これは，当該登記の抹消が同項の規定に基づきされたものであることを明確にするためのものである。

4　本条第3項は，登記官は，不登法第71条第4項の規定により登記の抹消をしたときは，職権抹消調書及び不登法第109条第2項の規定により決定告知の年月日を記載した決定書の原本を他の申請書等と同様に申請書類つづり込み帳（規則第18条第2号）に受付番号順につづり込むものとすることを定めている。

5　本条第4項は，登記官は，不登法第71条第3項の規定により異議に理由がある旨の決定をしたときは，不登法第109条第2項の規定により決定告知の年月日を記載した決定書の原本を決定原本つづり込み帳（規則第18条第8号）につづり込むものとする旨を定めている。

（差押えの登記等の抹消の通知）
第110条の2　登記官は，法第109条第2項又は規則第152条第2項の規定により，民事執行法（昭和54年法律第4号）第48条第1項（同法第188条において準用する場合を含む。）の規定による差押えの登記その

第111条（書類の契印）

　他の処分の制限の登記（裁判所の嘱託によってされたものに限る。）を抹消したときは，その旨を当該嘱託をした裁判所に通知しなければならない。
　2　前項の通知は，登記事項証明書を送付する方法によって行うものとする。

1　本条は，民事執行法第48条第1項（同法第188条において準用する場合を含む。）の規定に基づく差押えの登記その他の処分の制限の登記（裁判所の嘱託によってされたものに限る。）を登記官が職権により抹消したときの裁判所への通知について定めている。「不動産登記事務取扱手続準則の一部改正について」（平成17年6月2日付け法務省民二第1283号民事局長通達）により，追加された規定である。

2　所有権に関する仮登記がされた後に処分の制限の登記がされている場合において，当該仮登記に基づく本登記をし，当該処分の制限の登記を登記官が職権により抹消したとき（不登法第109条第2項）は，その旨を裁判所に通知することとされている（「所有権に関する仮登記を本登記にする場合の登記上利害の関係を有する第三者等について」昭和36年2月7日付け民事甲第355号民事局長回答）ところ，権利の登記の抹消をする場合において，抹消に係る権利を目的とする処分の制限の登記を登記官が職権により抹消したとき（規則第152条第2項前段）にも，同様に，その旨を裁判所に通知する必要があるものと考えられる（大阪高裁平成17年1月21日判決）。

3　本条第1項は，裁判所に通知をしなければならない場合を定めており，本条第2項は，当該通知は，登記事項証明書を送付する方法によって行うことを定めている（民事執行法第48条第2項参照）。

　（書類の契印）
　第111条　登記官は，その作成に係る書面（登記事項証明書及び地図等若しくは土地所在図等の写しを除く。）が数枚にわたる場合には，各用紙のつづり目に職印又は別記第68号様式による印版により契印をするものとする。

> 2　前項の契印に代えて，特定の記号の形となる穴を打抜機により全用紙に一括してせん孔する方法によることができる。

1　本条は，登記官が作成する書面についての契印の取扱いを定めている。旧準則第192条に相当する規定である。
2　本条第1項は，登記事項証明書及び地図等若しくは土地所在図等の写しを除き，登記官が作成する書面（通知等）が数枚にわたるものである場合は，各用紙のつづり目に職印又は別記第68号様式による印版により契印することを定めている。
3　本条第2項は，本条第1項の契印に代えて，特定の記号の形に穴が並ぶ仕様の打抜機により全用紙に一括してせん孔する方法によることができることを定めている。

別記第68号（第111条第1項関係）

約5cm

約1cm　| 何　法　務　局　何　出　張　所 |

第2款　担保権等に関する登記

> （前の登記に関する登記事項証明書）
> 第112条　令別表の47，49，56及び58の項添付情報欄ロに掲げる前の登記に関する登記事項証明書は，他の登記所の管轄区域内にある不動産が二以上あるときであっても，他の登記所ごとに登記事項証明書（共同担保目録に記録された事項の記載があるものに限る。）を1通提供すれば足りる。

1　本条は，他の登記所の管轄区域内にある二以上の不動産に関する権利を目的とする根質権又は根抵当権の設定の登記（民法第398条の16（同法第361条において準用する場合を含む。以下同じ。）の登記をしたものに限る。）を

第113条（共同担保目録の目録番号の記載）

した後，同一債権の担保として他の不動産に関する根質権又は根抵当権の設定の登記等を申請する際に提供する登記事項証明書の取扱いについて定めている。新設された規定である。

2　根質権又は根抵当権は，その設定と同時に同一の債権の担保として数個の不動産につき根質権又は根抵当権が設定された旨の登記をした場合に限り，共同担保関係となるところ（民法第398条の16），前の登記に他の登記所の管轄区域内にある不動産に関するものがあるときは，登記官において，追加する登記と当該前の登記の内容（極度額，被担保債権，債務者等）とが同一であることを確認することができるようにするため，共同担保目録に記録された事項の記載がある当該前の登記に関する登記事項証明書の提供を求めている（登記令別表の47，49，56及び58の項添付情報欄ロ）。

3　この場合に提供する登記事項証明書については，他の登記所の管轄区域内にある不動産が複数であっても，当該登記所ごとに共同担保目録に記録された事項の記載があるものを1通提供すれば，これらの不動産の共同担保関係が明らかになり，その目的を達することができることから，その旨を定めたものである。

> （共同担保目録の目録番号の記載）
> 第113条　規則第166条第2項の規定により申請書に共同担保目録の記号及び目録番号を記載するには，その1枚目の用紙の表面の余白に別記第69号様式による印版を押印して該当欄に記載するものとする。

1　本条は，書面による申請の場合について，申請書に共同担保目録の記号及び目録番号を記載するときの具体的な手続を定めている。旧準則第174条第1項に相当する規定である。

2　登記官は，二以上の不動産に関する権利を目的とする担保権の保存又は設定の登記の申請が書面申請である場合には，当該申請書に共同担保目録の記号及び目録番号を記載しなければならない（規則第166条第2項）とされているところ，その具体的な記載方法として，申請書の1枚目の用紙の表面の余白に所定の様式による印版を押印して該当欄に記載するものとされてい

る。

別記第69号（第113条関係）

約1.5cm	共 同 担 保 目 録	（　　） 第　　　　　　号

約６cm

（共同担保目録の記号及び目録番号）
第114条　規則第167条第１項第２号の規定により共同担保目録の記号及び目録番号を記録する場合には，重複又は欠番が生じないようにし，必要に応じ別記第70号様式又はこれに準ずる様式による共同担保目録番号簿を設け，これに基づいて付番した番号を記録するものとする。
２　共同担保目録の記号は，例えば「あ」，「い」，「う」のように付すものとする。
３　共同担保目録の記号は，目録番号が，例えば，1000号，5000号又は10000号に達するごとに適宜記号を改め，必ずしも暦年ごとに改めることを要しない。

１　本条は，共同担保目録の記号及び目録番号を記録する手続について定めている。旧準則第173条第１項及び第２項に相当する規定である。
２　本条第１項は，登記官は，共同担保目録を作成するときは，その記号及び目録番号を記録しなければならない（規則第167条第１項第２号）とされていることを踏まえ，これらを記録する場合には，重複又は欠番が生じないようにし，必要に応じて，別記第70号様式又はこれに準ずる様式の共同担保目録番号簿を設け，これに基づいて付番した目録番号を記録すべきことを定めている。
３　本条第２項は，共同担保目録の記号の付し方について例示したものであり，具体的には，「あ」，「い」，「う」のように付するものとされている。
４　本条第３項は，共同担保目録の記号の改め方について例示したものであり，具体的には，目録番号が，1000号，5000号又は10000号に達するごとに適宜記号を改め，必ずしも暦年ごとに改めることを要しないものとされてい

第115条（信託目録の作成等）

る。

別記第70号（第114条第１項関係）

番　　号	確　　認	備　　考	番　　号	確　　認	備　　考

第３款　信託に関する登記

（信託目録の作成等）
第115条　信託目録を作成するときは，申請の受付の年月日及び受付番号を記録しなければならない。
２　信託目録の目録番号は，１年ごとに更新しなければならない。

１　本条は，信託目録の作成方法等について定めている。旧細則第16条の４に相当する規定である。
２　本条第１項は，登記官は，信託の登記をするときは，不登法第97条第１項各号に掲げる登記事項を記録した信託目録を作成し，当該目録に目録番号

を付した上，当該信託の登記の末尾に信託目録の目録番号を記録しなければならない（規則第176条第1項）とされていることを踏まえ，信託の登記と信託目録との関連付けを明らかにするため，信託目録を作成するときは，当該信託の登記の申請の受付の年月日及び受付番号を記録しなければならない旨を定めている。
3　本条第2項は，規則第176条第1項の規定により信託目録に付される目録番号の更新について定めており，1年ごとに更新しなければならないものとされている。

第4款　仮登記

> （仮登記の抹消）
> 第116条　仮登記の抹消をする場合には，規則第152条の手続のほか，本登記をするための余白を抹消する記号も記録しなければならない。

1　本条は，仮登記の抹消をする場合における具体的な手続について定めている。旧準則第193条に相当する規定である。
2　登記官は，権利部の相当区に仮登記をしたときは，その次に当該仮登記の順位番号と同一の順位番号により本登記をすることができる余白を設けなければならない（規則第179条）とされているところ，仮登記の抹消をする場合には，当該余白を設けておく必要がなくなることから，規則第152条の手続に加えて，当該余白を抹消する記号も記録しなければならない旨を定めている。
　なお，当該余白を抹消する記号については，「余白抹消」と表示することとされている（記録令通達項番596）。

第117条（各種通知簿の記載）

第4節 補　則

第1款　通　知　等

> （各種通知簿の記載）
> 第117条　各種通知簿には，法第23条第1項及び第2項，第67条第1項，第3項及び第4項，第71条第1項及び第3項並びに第157条第3項並びに規則第40条第2項及び第3項，第103条第3項，第119条第2項，第124条第8項（規則第120条第7項，第126条第3項，第134条第3項及び第145条第1項において準用する場合を含む。），第159条第2項（同条第4項において準用する場合を含む。），第168条第5項（規則第170条第3項において準用する場合を含む。），第183条第1項，第184条第1項，第185条第2項，第186条並びに第187条の通知事項，通知を受ける者及び通知を発する年月日を記載するものとする。

1　本条は，登記所に備えるものとされている各種通知簿に記載する事項を定めている。旧細則第18条に相当する規定である。

2　登記官は，登記の事務処理をするに当たって，他の登記所又は申請人若しくは利害関係人等に対し，登記関係法令に基づく様々な通知を発出するが，これらの通知は，その通知に基づいて他の登記所において登記が実行され，又は申請人若しくは利害関係人等に当該通知に係る登記がされたこと若しくは登記がされること等を知らせる重要な機能を有している。

　このため，規則第18条第10号は，通知の発出又は受領の際にその旨を記録し，通知に関する事務を適正に行うために，登記所に各種通知簿を備え付けることを定めている。

3　本条においては，各種通知簿には，次に掲げる通知をしたときに，通知事項，通知を受ける者及び通知を発する年月日を記載するものとされている。

(1)　登記義務者等が登記識別情報を提供しなければならないとされている登記の申請をする場合において，登記識別情報を提供することができな

いときに，登記義務者等に対してする通知であって，申請があった旨及びその申請の内容が真実であると考えるときは規則第70条第8項において定める期間内に申請の内容が真実である旨の申出をすべき旨の通知（不登法第23条第1項）
(2) (1)の登記の申請が所有権に関するものである場合において，その登記義務者等の住所について変更の登記がされているときに，その登記義務者等の登記記録上の前の住所宛てに行う当該申請があった旨の通知（不登法第23条第2項）
(3) 登記官が権利に関する登記に錯誤又は遺漏があることを発見したときに，登記権利者及び登記義務者等に対してする錯誤又は遺漏があることを発見した旨の通知（不登法第67条第1項及び第4項）
(4) (3)の場合において，登記の錯誤又は遺漏が登記官の過誤によるものについて登記官が職権により登記の更正をしたときに，登記権利者及び登記義務者等に対してする登記の更正をした旨の通知（不登法第67条第3項及び第4項）
(5) 権利に関する登記を完了した後にその登記が不登法第25条第1号から第3号まで又は第13号に該当することを発見したときに，登記権利者及び登記義務者等並びに登記上の利害関係を有する第三者に対してする通知であって，その登記の抹消について異議のある者が登記官が定めた1月以内の期間内に書面で異議を述べないときは，その登記を抹消する旨の通知（不登法第71条第1項）
(6) (5)の異議を述べた者がある場合において，異議を述べた者に対してする異議に係る決定をした旨の通知（不登法第71条第3項）
(7) 登記官の処分に対する審査請求について法務局長等が理由があると認めるときに，審査請求人のほか登記上の利害関係人に対してする審査請求に理由があると認め，登記官に相当の処分を命じた旨の通知（不登法第157条第3項）
(8) 不動産が二以上の登記所の管轄区域にまたがる場合において，登記の申請がされた登記所とは別の登記所が，法務大臣又は法務局長等によりその不動産に関する登記の事務をつかさどる登記所（以下「管轄登記所」という。）として指定され，その申請に係る事件が管轄登記所に移送されたときに，申請人に対してする当該申請に係る事件を管轄登記所

第117条（各種通知簿の記載）

　　に移送した旨の通知（規則第40条第2項）
(9)　不動産が二以上の登記所の管轄区域にまたがる場合において，管轄登記所に指定された登記所の登記官が，その指定に係る不動産について登記を完了したときに，その不動産がまたがって存する他の登記所に対してする当該不動産について登記を完了した旨の通知（規則第40条第3項）
(10)　承役地についてする地役権の登記がある甲土地から乙土地を分筆する分筆の登記に伴い，地役権設定の範囲が分筆後の甲土地又は乙土地の一部となる場合において，要役地が他の登記所の管轄区域内にあるときに，当該他の登記所に対してする承役地の分筆の登記をした旨の通知（規則第103条第3項）
(11)　敷地権である旨の登記をしなければならない場合において，敷地権の目的である土地が他の登記所の管轄区域内にあるときに，当該他の登記所に対してする敷地権である旨の登記をするために必要な事項の通知（規則第119条第2項）
(12)　敷地権付き区分建物について，敷地権であった権利が敷地権でない権利となったこと又は敷地権であった権利が消滅したことによる建物の表題部に関する変更の登記等をした場合において，敷地権の目的である土地が他の登記所の管轄区域内にあるときに，当該他の登記所に対してする建物の表題部に関する変更の登記等をした旨並びに土地の登記記録の権利部に記録すべき敷地権であった権利に関する事項及びこれに転写すべき不登法第55条第1項に規定する特定登記に関する事項の通知（規則第124条第8項（規則第120条第7項，第126条第3項，第134条第3項及び第145条第1項において準用する場合を含む。））
(13)　地役権の設定の登記等をした場合において，要役地が他の登記所の管轄区域内にあるときに，当該他の登記所に対してする承役地，要役地，地役権設定の目的及び範囲並びに地役権の設定の登記の申請の受付の年月日の通知（規則第159条第2項（同条第4項において準用する場合を含む。））
(14)　一又は二以上の不動産に関する権利を目的とする担保権の保存又は設定の登記をした後に，同一の債権の担保としていわゆる追加担保等の登記等の申請があり，その申請に基づく登記等をした場合において，前の

第117条（各種通知簿の記載）

　　登記に他の登記所の管轄区域内にある不動産に関するものがあるときに，当該他の登記所に対してする追加担保等の登記等をした旨の通知（規則第168条第5項（規則第170条第3項において準用する場合を含む。））
⑮　表題部所有者若しくは所有権の登記名義人が申請人とならない場合の表示に関する登記又は代位登記が完了した場合に，当該登記の申請人となるべきであった表題部所有者若しくは所有権の登記名義人又は被代位者に対してする登記が完了した旨の通知（規則第183条第1項）
⑯　表題登記がない不動産又は所有権の登記がない不動産について嘱託による所有権の処分の制限の登記をしたときに，その不動産の所有者に対してする登記が完了した旨の通知（規則第184条第1項）
⑰　⑸の場合において，登記官が代位による申請に基づく権利に関する登記を職権で抹消するときに，代位者に対してするその登記の抹消について異議のある者が登記官が定めた1月以内の期間内に書面で異議を述べないときは，その登記を抹消する旨の通知（規則第185条第2項）
⑱　登記官が審査請求を理由があると認めて相当の処分をしたときに，審査請求人に対してする当該処分の内容の通知（規則第186条）
⑲　担保付社債信託法（明治38年法律第52号）第70条第18号の規定により過料に処せられるべき者があることを職務上知ったときに，管轄地方裁判所に対してするその事件の通知（規則第187条）

4　これらの各種通知簿の様式は，別記第19号様式及び別記第20号様式として定められており（第18条第6号及び第7号），別記第20号様式は前記3⑴の通知に係る各種通知簿の，第19号様式はそれ以外の通知に係る各種通知簿の様式とされている。また，その表紙の様式は，別記第29号様式として定められている（第18条第17号カ）。

5　本条に規定するほか，前記3⑴から⑷まで，⑮及び⑯の通知に係る通知書が返戻された場合には，その旨を各種通知簿の備考欄に記載するものとされている（第121条第1項）。

　また，前記3⑴の通知に係る各種通知簿（以下「事前通知簿」という。）には，当該通知を識別するための番号，記号その他の符号（以下「通知番号等」という。）を記載するとともに，登記官は，事前通知簿に記載された通知番号等を部外者に知られないように管理しなければならないとされている

第4章　登記手続

第118条（通知書の様式）

（施行通達記の第1の8）。

> （通知書の様式）
> 第118条　次の各号に掲げる通知は，当該各号に定める様式による通知書によりするものとする。
> ⑴　事前通知　別記第55号様式
> ⑵　前の住所地への通知　別記第56号様式
> ⑶　法第67条第1項の通知（登記の更正の通知）　別記第71号様式
> ⑷　法第67条第3項の通知（登記の更正の完了の通知）　別記第72号様式
> ⑸　規則第40条第3項の通知（管轄区域がまたがる場合の登記完了の通知）　別記第73号様式
> ⑹　規則第110条第3項（規則第144条第2項において準用する場合を含む。）の通知（滅失の登記における他の登記所への通知）　別記第74号様式又は別記第75号様式
> ⑺　規則第159条第2項の通知（地役権の設定の登記における要役地の管轄登記所への通知）　別記第76号様式
> ⑻　規則第159条第4項の通知（地役権の変更の登記等における要役地の管轄登記所への通知）　別記第77号様式
> ⑼　規則第168条第5項の通知（追加共同担保の登記の他の登記所への通知）　別記第78号様式
> ⑽　規則第170条第3項において準用する第168条第5項の通知（共同担保の一部消滅等の他の登記所への通知）　別記第79号様式
> ⑾　規則第183条第1項第1号の通知（表示に関する登記における申請人以外の者に対する通知）　別記第80号様式
> ⑿　規則第183条第1項第2号の通知（代位登記における当該他人に対する通知）　別記第81号様式
> ⒀　規則第184条第1項の通知（処分の制限の登記における通知）　別記第82号様式
> ⒁　地方税法第382条第1項（同条第2項において準用する場合を含

む。）の通知であって，次に掲げるもの
　　ア　表示に関する登記をした場合の通知　別記第83号様式又はこれに準ずる様式
　　イ　所有権の移転の登記（法第74条第2項の規定による所有権の保存の登記を含む。）若しくはその登記の抹消（法第58条第4項の規定による登記の抹消を除く。）をした場合又は登記名義人の氏名若しくは名称若しくは住所についての変更の登記若しくは更正の登記をした場合の通知　別記第84号様式又はこれに準ずる様式
　　ウ　ア及びイ以外の登記をした場合の通知　別記第85号様式又はこれに準ずる様式

1　本条は，通知書の様式を定めている。旧準則第11条第1項，第75条第1項，第77条第1項，第76条，第78条から第81条まで，第82条第1項，第83条第1項，第84条及び第85条第1項に相当する規定である。

2　本条第1号は，登記官は，申請人が不登法第22条に規定する申請をする場合において，同条ただし書の規定により登記識別情報を提供することができないときは，法務省令で定める方法により，同条に規定する登記義務者に対し，当該申請があった旨及び当該申請の内容が真実であると思料するときは法務省令で定める期間内に法務省令で定めるところによりその旨の申出をすべき旨を通知しなければならないとされている（不登法第23条第1項）ことを踏まえ，その通知の様式を定めている。

　なお，本条第1号の通知書には，通知を識別するための番号，記号その他の符号を記載しなければならないとされている（規則第70条第2項）。

第118条（通知書の様式）

別記第55号（第43条第1項，第118条第1号関係）

本人限定受取（特）

第118条（通知書の様式）

（電子申請の場合）

　　　　　　　　　　　　　　　　　文　書　第　　　　号
　　　　　　　　　　　　　　　　　平成　　年　　月　　日

　　　　　　殿

　　　　　　　　　　　　　　何市区郡何町村大字何字何何番地
　　　　　　　　　　　　　　　　法務局　　出張所
　　　　　　　　　　　　　　　登記官　　　　　　職　　印
　　　　　　　　　　　　　　　　　　　　　　　　登記官印

　下記のとおり登記の申請がありましたので，不動産登記法第23条第1項の規定に基づき，この申請の内容が真実かどうかお尋ねします。
　申請の内容が真実である場合には，申請書用総合ソフト等に用意されている「事前通知に基づく申出書」に，通知番号（下記の(6)に記載されています。），申請番号（到達確認表に表示されています。）及び氏名を入力し，申出書に申請又は委任状にした電子署名と同じ電子署名をして，　月　　日までに，登記・供託オンライン申請システムを利用して送信してください。

　　　　　　　　　　　　　記

登記の申請の内容
(1)　不動産所在事項及び不動産番号

(2)　登記の目的
(3)　受付番号
(4)　登記原因
(5)　申請人

(6)　通知番号

※（注意）
　この書面の内容に不明な点がありましたら，直ちに，上記の登記所に連絡してください。
　連絡先電話番号

第118条（通知書の様式）

（書面申請の場合）

```
                              文 書 第      号
                              平成  年  月  日
          殿
                      何市区郡何町村大字何字何何番地
                           法務局    出張所
                           登記官      職　印
                                     登記官印
```

　下記のとおり登記の申請がありましたので，不動産登記法第23条第1項の規定に基づき，この申請の内容が真実かどうかお尋ねします。
　申請の内容が真実である場合には，この書面の「回答欄」に氏名を記載し，申請書又は委任状に押印したものと同一の印を押印して，　月　日までに，登記所に持参し，又は返送してください。

記

登記の申請の内容
(1)　不動産所在事項及び不動産番号

(2)　登記の目的
(3)　受付番号
(4)　登記原因
(5)　申請人

(6)　通知番号

事前通知に基づく申出書

回答欄	この登記の申請の内容は真実です。	
	氏名	印

※（注意）

第118条（通知書の様式）

なお，この書面の内容に不明な点がありましたら，直ちに，上記の登記所に連絡してください。
連絡先電話番号

3 本条第2号は，前記2の登記の申請が所有権に関するものである場合において，その登記義務者の住所について変更の登記がされているときは，法務省令で定める場合を除き，その申請に基づいて登記をする前に，法務省令で定める方法により，前記2の通知のほか，当該登記義務者の登記記録上の前の住所に宛てて，当該申請があった旨を通知しなければならないとされている（不登法第23条第2項）ことを踏まえ，その通知の様式を定めている。

別記第56号（第48条第1項，第118条第2号関係）
（表面）

郵便はがき

□□□－□□□□

転送不可

第4章 登記手続 305

第118条（通知書の様式）

(裏面)

不動産所在事項又は不動産番号

受 付 番 号	
登 記 の 目 的	
登 記 原 因	
申 請 人	

　上記記載のとおり登記の申請がありましたので，不動産登記法第23条第2項の規定に基づき通知します。
　この登記申請をしていない場合には，**直ちに**，下記の登記所に異議を申し出てください（登記完了前に異議の申出があった場合に限り，不動産登記法第24条第1項の調査を行います。）。

　　　　　　　　　　　　　記

　　平成　　年　　月　　日
　　　　何市区郡何町村大字何字何何番地
　　　　　　電話番号
　　　　　　法務局　　出張所
　　　　　　　登記官　　　　　　　　　　　　　　　　職印
　通知第　　号

(注)　プライバシー保護シールをちょう付すること。

4　本条第3号は，登記官は，権利に関する登記に錯誤又は遺漏があることを発見したときは，遅滞なく，その旨を登記権利者及び登記義務者（登記権利者及び登記義務者がない場合にあっては，登記名義人）に通知しなければならないとされている（不登法第67条第1項）ことを踏まえ，その通知の様式を定めている。

第118条（通知書の様式）

別記第71号（郵便はがき）（第118条第3号関係）

通　知　書	
不動産所在事項又は不動産番号	
登 記 の 目 的	
受 付 年 月 日 受 付 番 号	
登 記 原 因 及 び そ の 日 付	
錯誤 遺漏　事　項	

　上記のとおり錯誤遺漏があるので，更正の登記を申請されたく，通知します（不動産登記法第67条第1項）。

　平成　　年　　月　　日

　　　　　　　　　　　　　　　　　　　法務局　　出張所
　　　　　　　　　　　　　　　　　　　登記官　　　［職印］

| 通知　　号 |

5　本条第4号は，前記4の場合において，登記の錯誤又は遺漏が登記官の過誤によるものであるときは，遅滞なく，当該登記官を監督する法務局長等の許可を得て，登記の更正をしなければならないとされ（不登法第67条第2項），登記官が登記の更正をしたときは，その旨を登記権利者及び登記義務者（登記権利者及び登記義務者がない場合にあっては，登記名義人）に通知しなければならないとされている（同条第3項）ことを踏まえ，その通知の様式を定めている。

第118条（通知書の様式）

別記第72号（第118条第4号関係）

```
                              通 知 第        号
                              平成    年  月  日

      殿

                              法務局    出張所
                              登記官         職印


              通  知  書

  下記不動産について，平成何年何月何日受付第何号で登記した何登記の登
記事項中「何何」とすべきを「何何」とした誤りがあった（又は「何何」と
すべきを遺漏した）ことから平成何年何月何日その登記の更正をしましたの
で，通知します（不動産登記法第67条第3項）。

              記
```

6　本条第5号は，不動産が二以上の登記所の管轄区域にまたがる場合は，法務大臣又は法務局長等が，当該不動産に関する登記の事務をつかさどる登記所を指定することとされ（不登法第6条第2項），同項の登記所に指定された登記所の登記官は，当該指定に係る不動産について登記を完了したときは，速やかに，その旨を他の登記所に通知するものとされている（規則第40条第3項）ことを踏まえ，その通知の様式を定めている。

別記第73号（第118条第5号関係）

```
                              通 知 第        号
                              平成    年  月  日


      法務局    出張所 御中
```

```
                                  法務局     出張所
                              登記官        職印

              通　知　書

  下記建物の表題登記をしたので，不動産登記規則第40条第３項の規定によ
り，通知します。
                      記
```

7　本条第６号は，登記官は，土地又は建物の滅失の登記をする場合におい
て，滅失した当該土地又は当該建物が他の不動産とともに所有権以外の権利
の目的であって，当該他の不動産が他の登記所の管轄区域内にあるときは，
遅滞なく，その旨を当該他の登記所に通知しなければならないとされている
（規則第110条第３項（規則第144条第２項において準用する場合を含む。））
ことを踏まえ，その通知の様式を定めている。

別記第74号（第118条第６号関係）

```
                                  日 記 第        号
                                  平成    年   月   日

   法務局    出張所　御中

                                      法務局     出張所
                                  登記官        職印
```

第118条(通知書の様式)

```
                    通　知　書

   不動産登記規則第110条第3項の規定により次の事項を通知します。

                       記

  1  不動産所在事項
      当庁管内の物件    何市区郡何町村大字何字何何番の土地
      貴庁管内の物件    何市区郡何町村大字何字何何番地
                      家屋番号何番の建物
  2  滅　失　の　原　因  平成何年何月何日海没
  3  登　記　の　目　的  土地滅失登記
```

別記第75号(第118条第6号関係)

```
                                    日　記　第        号
                                    平成　　年　　月　　日

     法務局　　出張所　御中

                                         法務局　　出張所
                                         登記官　　　　　[職印]


                    通　知　書

   不動産登記規則第144条第2項の規定により次の事項を通知します。

                       記

  1  不動産所在事項
      当庁管内の物件    何市区郡何町村大字何字何何番地
                      家屋番号何番の建物
      貴庁管内の物件    何市区郡何町村大字何字何何番の土地
  2  滅　失　の　原　因  平成何年何月何日取壊
  3  登　記　の　目　的  建物滅失登記
```

第118条（通知書の様式）

8　本条第7号は，登記官は，地役権の設定の登記をした場合において，要役地が他の登記所の管轄区域内にあるときは，遅滞なく，当該他の登記所に承役地，要役地，地役権設定の目的及び範囲並びに地役権の設定の登記の申請の受付の年月日を通知しなければならないとされている（規則第159条第2項）ことを踏まえ，その通知の様式を定めている。

別記第76号（第118条第7号関係）

```
                                          通 知 第         号
                                          平成    年   月   日

　　法務局　　出張所　御中

                                          法務局　　出張所
                                          登記官　　　　　職印

                       通　知　書

　地役権の設定の登記をしたので，不動産登記規則第159条第2項の規定により，下記事項を通知します。
                       記
1　承役地

2　要役地

3　地役権設定の目的及び範囲

4　申請の受付の年月日
```

9　本条第8号は，登記官は，地役権の登記事項に関する変更の登記若しくは更正の登記又は地役権の登記の抹消をした場合において，要役地が他の登記所の管轄区域内にあるときは，遅滞なく，当該他の登記所に承役地，要役地，地役権の変更（更正又は消滅）の登記原因及びその日付並びに地役権設

第118条（通知書の様式）

定の目的又は範囲の変更にあっては，変更後の地役権設定の目的並びに範囲並びに地役権の登記事項に関する変更の登記若しくは更正の登記又は地役権の登記の抹消の申請の受付の年月日を通知しなければならないとされている（規則第159条第4項において準用する同条第2項）ことを踏まえ，その通知の様式を定めている。

別記第77号（第118条第8号関係）

```
                                    通 知 第        号
                                    平成   年  月  日

  法務局    出張所  御中

                                       法務局    出張所
                                       登記官       職印


                    通  知  書

   地役権の変更の登記（更正の登記又は登記の抹消）をしたので，不動産登
  記規則第159条第4項の規定により，下記事項を通知します。

                      記

  1  承役地

  2  要役地

  3  地役権の変更（更正又は消滅）の登記原因及びその日付並びに地役権設
     定の目的又は範囲についての変更にあっては，地役権設定の目的及び範囲

  4  申請の受付の年月日
```

10 本条第9号は，登記官は，一又は二以上の不動産に関する権利を目的とする担保権の保存又は設定の登記をした後に，同一の債権の担保として他の

第118条（通知書の様式）

一又は二以上の不動産に関する権利を目的とする担保権の保存若しくは設定又は処分の登記の申請があり，当該申請に基づく登記をした場合において，前の登記に他の登記所の管轄区域内にある不動産に関するものがあるときは，遅滞なく，当該他の登記所に当該申請に基づく登記をした旨を通知しなければならないとされている（規則第168条第5項）ことを踏まえ，その通知の様式を定めている。

別記第78号（第118条第9号関係）

```
                                    通 知 第        号
                                    平 成    年  月  日

     法務局    出張所  御中

                                         法務局    出張所
                                         登記官       ［職印］

                    通   知   書

     不動産登記規則第168条第5項の規定により，次の事項を通知します。

                        記

   1  不動産の表示   当庁管内の物件   何市区郡何町村大字何字何何番の土地
                    貴庁管内の物件   何市区郡何町村大字何字何何番の土地
   2  担保権の表示
```

【順位番号】	【登記の目的】	【受付年月日・受付番号】	【原　　因】	【権利者その他の事項】

11　本条第10号は，登記官は，二以上の不動産に関する権利が担保権の目的である場合において，その一の不動産に関する権利を目的とする担保権の登記の抹消をした場合又は共同担保目録に記録されている事項に関する変更の

第4章　登記手続　313

第118条（通知書の様式）

登記若しくは更正の登記をした場合において，前の登記に他の登記所の管轄区域内にある不動産に関するものがあるときは，遅滞なく，当該他の登記所に登記の抹消をした旨又は変更の登記若しくは更正の登記をした旨を通知しなければならないとされている（規則第170条第3項において準用する第168条第5項）ことを踏まえ，その通知の様式を定めている。

別記第79号（第118条第10号関係）

	通 知 第　　　　　号 平成　　年　　月　　日
法務局　　　出張所　御中	
	法務局　　　出張所 登記官　　　　　　職印
通　知　書	
不動産登記規則第170条第3項の規定により，次の事項を通知します。	
記	
1　不動産の表示　当庁管内の物件　　何市区郡何町村大字何字何何番の土地 　　　　　　　　　貴庁管内の物件　　何市区郡何町村大字何字何何番の土地 2　担保権の表示	

【順位番号】	【登記の目的】	【受付年月日・受付番号】	【原　　因】	【権利者その他の事項】

12　本条第11号は，登記官は，表示に関する登記を完了した場合には，表題部所有者（表題部所有者の更正の登記又は表題部所有者である共有者の持分の更正の登記にあっては，更正前の表題部所有者）又は所有権の登記名義人（申請人以外の者に限る。）に対し，登記が完了した旨を通知しなければなら

ないとされている（規則第183条第1項第1号）ことを踏まえ，その通知の様式を定めている。

別記第80号（郵便はがき）（第118条第11号関係）

通　知　書	
不動産所在事項又は不動産番号	
登記の目的	
登記原因及びその日付	
登記事項	
上記のとおり登記をしたので，通知します（不動産登記規則第183条第1項第1号）。 　平成　　年　　月　　日 　　　　　　　　　　　　　　　　　　法務局　　出張所 　　　　　　　　　　　　　　　　　　登記官　　　　　職印	
通知　　号	

13　本条第12号は，登記官は，民法第423条その他の法令の規定により他人に代わってする申請に基づく登記を完了した場合には，当該他人に対し，登記が完了した旨を通知しなければならないとされている（規則第183条第1項第2号）ことを踏まえ，その通知の様式を定めている。

第118条（通知書の様式）

別記第81号（郵便はがき）（第118条第12号関係）

通 知 書	
不動産所在事項又は不動産番号	
登記の目的	
登記原因及びその日付	
代位申請人の氏名住所	
代 位 原 因	
受付年月日受 付 番 号	
上記のとおり登記をしたので，通知します（不動産登記規則第183条第1項第2号）。 　平成　　年　　月　　日 　　　　　　　　　　　　　　　　　　　　　法務局　　出張所 　　　　　　　　　　　　　　　　　　　　　　登記官　　　　職印 　通知　　　号	

14　本条第13号は，登記官は，表題登記がない不動産又は所有権の登記がない不動産について嘱託による所有権の処分の制限の登記をしたときは，当該不動産の所有者に対し，登記が完了した旨を通知しなければならないとされている（規則第184条第1項）ことを踏まえ，その通知の様式を定めている。

別記第82号（郵便はがき）（第118条第13号関係）

通 知 書	
不動産所在事項又は不動産番号	

第118条（通知書の様式）

登記の目的	
登記原因及びその日付	
登記名義人の氏名住所	

　　上記の登記をするため職権で所有権保存の登記をしたので，通知します（不動産登記規則第184条第1項）。

　　平成　　年　　月　　日

　　　　　　　　　　　　　　　　　　法務局　　　出張所
　　　　　　　　　　　　　　　　　　登記官　　　　職印

　通知　　号

15　本条第14号アは，登記所は，土地又は建物の表示に関する登記をしたときは，10日以内に，その旨を当該土地又は家屋の所在地の市町村長に通知しなければならないとされている（地方税法第382条第1項）ことを踏まえ，その通知の様式を定めている。

別記第83号（第118条第14号ア関係）

　表　紙

　第　　号

　　　　　　　　　土地建物登記済通知書
　　市　役　所　　　　　　　　　　　平成　年　月　日
　　町村役場

　　　　　　御中　　　　　　　　　　法務局　　　出張所

第4章　登記手続　317

第118条（通知書の様式）

（土地）

異動の前後	所在	地番	地目	地積 m²	登記の年月日	所有者の氏名住所

（建物）

異動の前後	所在	家屋番号	種類	構造	床面積 m²	登記の年月日	所有者の氏名住所

16　本条第14号イは，登記所は，土地又は建物の所有権，質権若しくは100年よりも長い存続期間の定めのある地上権の登記又はこれらの登記の抹消，これらの権利の登記名義人の氏名若しくは名称若しくは住所についての変更の登記若しくは更正の登記若しくは100年より長い存続期間を100年より短い存続期間に変更する地上権の変更の登記をしたときは，10日以内に，その旨を当該土地又は家屋の所在地の市町村長に通知しなければならないとされている（地方税法第382条第2項本文において準用する同条第1項）ことを踏まえ，そのうちの土地又は建物の所有権の移転の登記（不登法第74条第2項の規定による所有権の保存の登記を含む。）若しくはその登記の抹消（不登法第58条第4項の規定による登記の抹消を除く。）をした場合又は登記名義人の氏名若しくは名称若しくは住所についての変更の登記若しくは更正の登記をした場合における通知の様式を定めている。

第118条（通知書の様式）

別記第84号（第118条第14号イ関係）
（土地）

登記権利者 の氏名住所						
登記義務者 の氏名住所						
受付年月日	・・		登記原因及 びその日付	（・・）	売・相・贈・遺	
土地の所在及び地番				地目	地　積 m^2	

（建物）

登記権利者 の氏名住所					
登記義務者 の氏名住所					
受付年月日	・・	登記原因及 びその日付		（・・） 売・相・贈・遺	
建物の所在	家屋 番号	種類及び構造		床　面　積 m^2	
		居・店・事・倉 木・鉄（筋・骨） 瓦・亜・ス 平・2・3		① ② ③	
		居・店・事・倉 木・鉄（筋・骨） 瓦・亜・ス 平・2・3		① ② ③	

（注）　本号の通知書のみを送付する場合には，別記第83号の表紙を付する。

第118条の2（登記完了証を廃棄する場合）

17　本条第14号ウは，地方税法第38条第１項（同条第２項本文において準用する場合を含む。）の通知であって，前記15及び16以外の登記をした場合における通知の様式を定めている。

別記第85号（第118条第14号ウ関係）
（土地）

所　　在	地　番	地　目	地　積 m²	登記の目的	存続期間	地上権者又は質権者の氏名住所	登記年月日

（注）　本号の通知書のみを送付する場合には，別記第83号の表紙を付する。

18　なお，これらの通知書には，各種通知簿に記載した際に付した通知番号を記載するものとされている（第26条）。

（登記完了証を廃棄する場合）
第118条の2　登記官は，規則第182条の２第１項の規定により登記完了証を廃棄する場合には，登記識別情報通知書交付簿にその旨を記録するものとする。

1　本条は，登記官が登記が完了した旨の通知をすることを要しない場合における登記完了証を廃棄するときの処理方法を定めている。
　平成23年644号通達により，追加された規定である。
2　規則第182条第１項に規定する方法により登記完了証を交付する場合に

おいて，①電子申請において登記完了証の交付を受けるべき者が，登記官の使用に係る電子計算機に備えられたファイルに登記完了証が記録され，電子情報処理組織を使用して送信することが可能となった時から30日を経過しても，自己の使用に係る電子計算機に備えられたファイルに登記完了証を記録しないとき又は②書面申請において登記完了証の交付を受けるべき者が，登記完了の時から3月を経過しても，登記完了証を受領しないときは，登記が完了したことの通知を要せず，この場合においては，登記完了証を廃棄することができる旨が規定されているが（規則第182条の2第1項），本条は，登記完了証を廃棄する場合には，登記識別情報通知書交付簿にその旨を記録しなければならないことを定めている。

同交付簿に登記完了証を廃棄した旨を記録することにより，登記完了証の管理状況の的確な把握に資することになるため，本条が設けられたものと考えられる。

3 なお，前記2②の場合には，裁断機等を使用するなどして記録された文字が読み取れないような措置を講ずるものとされている（平成23年768号依命通知）。

（管轄区域がまたがる場合の登記完了の通知の様式等）
第119条　規則第40条第4項に規定する帳簿には，同条第3項の登記をした登記所の表示及び不動産所在事項を記載するものとする。
2　第5条の場合には，規則第40条第3項及び第4項の規定に準ずるものとする。この場合においては，第118条第5号及び前項の規定を準用する。
3　規則第40条第3項又は前項の規定による通知をした後，通知事項に変更を生じた場合には，通知をした登記所の登記官は，速やかに別記第86号様式により変更事項を他の登記所に通知するものとする。
4　登記官は，前項の通知を受けた場合には，第1項の記載の次に変更事項を記載して，変更前の事項を朱抹し，備考欄に「平成何年何月何日変更」と記載して，登記官印を押印するものとする。

第119条（管轄区域がまたがる場合の登記完了の通知の様式等）

1　本条は，不動産が二以上の登記所の管轄区域にまたがる場合における他の登記所に対してする登記が完了した旨の通知の様式等を定めている。旧準則第11条第2項から第5項までに相当する規定である。

2　不動産が二以上の登記所の管轄区域にまたがる場合は，いずれか一の登記所が管轄登記所として指定を受けて登記をすることになる（不登法第6条第2項）が，指定がされるまでの間，登記の申請は，当該二以上の登記所のうち，一の登記所にすることができる（同条第3項）ところ，規則第40条においては，不登法第6条第3項の規定に従って登記の申請がされた場合において，他の登記所が管轄登記所に指定され，当該指定に係る不動産について登記を完了したときは，その旨を管轄区域がまたがる他の登記所に通知するものとされ（規則第40条第3項），また，その通知を受けた登記所の登記官は，適宜の様式の帳簿にその通知事項を記入するものとされている（同条第4項）。このような規定は，二重登記を防止する観点から設けられたものであるとされているが，本条は，規則第40条第4項の帳簿に記載する事項，通知書の様式，変更通知及びその処理方法について定めている。

3　本条第1項においては，管轄登記所として指定された登記所の登記官から登記が完了した旨の通知を受けた他の登記所の登記官は，その管理をするため，適宜の様式の帳簿に，当該登記をした管轄登記所の表示及び不動産所在事項を記載するものと定めている。

4　本条第2項は，増築又は附属建物の新築等により，建物が複数の登記所の管轄区域にまたがることとなった場合には，規則第40条第3項及び第4項の規定に従って通知等を行うものとされ，この場合においては，当該通知の様式は第118条第5号の様式に準じ，帳簿への記載事項についても本条第1項と同様の取扱いをすべき旨を定めている。

5　本条第3項は，規則第40条第3項又は本条第2項の規定による登記を完了した旨の通知をした後に，その通知事項に変更があった場合には，通知をした管轄登記所の登記官は，速やかにその変更があった事項を他の登記所に通知するものとし，その通知書の様式を定めている。

第120条（市町村長に対する通知）

別記第86号（第119条第3項関係）

```
                              通 知 第        号
                              平成   年  月  日

    法務局     出張所  御中

                                 法務局     出張所
                              登記官        ［職印］

                通  知  書

   平成何年何月何日付け通知第何号をもって通知した建物につき，下記のと
  おり建物の表題部の変更の登記（又は更正の登記）をしたので，不動産登記
  事務取扱手続準則第119条第3項の規定により，通知します。

                     記
```

変更前の建物の不動産所在事項	変更後の建物の不動産所在事項

6　本条第4項においては，通知内容を適正に管理するため，前記5の通知を受けた他の登記所の登記官は，規則第40条第4項の帳簿の具体的な処理方法を定めている。

（市町村長に対する通知）
第120条　第118条第14号に掲げる通知は，通知に係る建物が二以上の市町村にまたがって存在する場合には，各市町村の長にしなければならない。

第121条（通知書等の返戻の場合の措置）

　本条は，第118条第14号に掲げる通知（地方税法第382条第1項（同条第2項本文において準用する場合を含む。）の通知）をする場合において，当該通知に係る建物が二以上の市町村にまたがって存在するときは，課税上の関係がある各市町村長に通知しなければならないことを定めている。旧準則第85条第2項に相当する規定である。
　なお，様式については，第118条第14号の解説を参照されたい。

（通知書等の返戻の場合の措置）
第121条　登記官は，第118条第1号から第4号まで及び第11号から第13号までの通知書が返戻された場合には，その旨を各種通知簿の備考欄に記載し，その通知書を通知に係る登記申請書又は許可書の次につづり込むものとする。
2　送付の方法により登記識別情報通知書又は登記完了証を交付する場合において，当該登記識別情報通知書又は登記完了証が返戻されたときは，規則第64条第3項又は第182条の2第1項に準じて処理するものとする。

1　本条は，登記官がする各種通知書等が受取人の所在不明等の理由により返戻された場合の措置を定めている。本条第1項は旧準則第86条に相当する規定であり，本条第2項は平成23年644号通達により，追加された規定である。
2　本条第1項は，第118条第1号から第4号まで及び第11号から第13号までの通知書（事前通知，前の住所地への通知，登記の更正の通知，登記の更正の完了の通知，表示に関する登記における申請人以外の者に対する通知，代位登記における当該他人に対する通知及び処分の制限の登記における通知）が返戻された場合の措置を定めている。
3　本条第2項は，登記識別情報通知書又は登記完了証を送付の方法により交付する場合において，当該登記識別情報通知書又は当該登記完了証が返戻されたときの措置を定めており，具体的には，登記官は，当該通知書が返戻された場合には，その旨を各種通知簿の備考欄に記載し，その通知書を通知

に係る登記申請書又は許可書の次につづり込むものとされている。
　規則第64条第3項又は第182条の2第1項において，登記識別情報の通知又は登記完了証の交付を受けるべき者が当該登記識別情報通知書又は登記完了証を受領しない場合等に，登記官は，当該登記識別情報通知書又は登記完了証を廃棄することができる旨が定められているところ，当該登記識別情報通知書又は登記完了証が返戻された場合の措置についても，前記の規定に準じて処理するものとされたものである。
４　登記識別情報通知書の廃棄手続については第38条の，登記完了証の廃棄手続については第118条の2の解説をそれぞれ参照されたい。

（日計表）
第122条　登記官は，別記第87号様式による日計表を作成するものとする。

　本条は，登記事件に関する日計表を作成することを定めている。旧準則第55条なお書に相当する規定である。
　日計表は，登記所における登記事件の進捗状況等の管理を適切に行う上で重要なものであるところ，日計表は，登記情報システムから出力して作成することとされている。

別記第87号（第122条関係）

甲号事件日計表				
月　　日 月	受理件数	処理件数	未済件数	備　考
1日				
2日				
3日				
4日				

第122条(日計表)

5日				
6日				
7日				
8日				
9日				
10日				
11日				
12日				
13日				
14日				
15日				
16日				
17日				
18日				
19日				
20日				
21日				
22日				
23日				
24日				
25日				
26日				
27日				
28日				
29日				
30日				
31日				

	計		

(注) 未済件数は，前日の未済件数と当日の受理件数とを合したものから当日の処理件数を控除したものを計上する。

第2款　登録免許税

> （課税標準認定価格の告知）
> 第123条　規則第190条第1項の規定による告知を書面によりする場合には，別記第88号様式による告知書によりするものとする。

1　本条は，登記官が申請情報の内容とされた課税標準の金額を相当でないと認める場合において，その認定した課税標準の金額を書面により告知するときの様式を定めている。旧準則第214条に相当する規定である。

2　登録免許税の課税標準とは，登録免許税額を計算する際の基準となる数値（金額又は数量）のことであり，登記等の区分に応じて，①不動産の価額，②債権金額，極度金額若しくは不動産工事費用の予算金額，③一部譲渡若しくは分割後の共有者の数で極度金額を除して計算した金額，④抵当権等の件数又は⑤不動産の個数をそれぞれ課税標準として，登録免許税の税額を算出することとなる（税法第9条及び別表第1第1号）。

　なお，①の不動産の価額を課税標準とする場合には，登記の時における不動産の価額（時価）によることとされている（税法第10条第1項）が，その認定の統一化及び登記事務の処理の迅速化等を図るため，当分の間，地方税法第341条第9号に掲げる固定資産課税台帳に登録されている価格を基礎とすることができるとされている（税法附則第7条，税法施行令附則第3項）。

3　登記の申請情報の内容とされた登録免許税の課税標準の金額等が登記官が認定した金額等と異なる場合には，登記官は，その認定した金額等を申請人に通知するものとされ（税法第26条第1項），当該通知を受けた申請人は，遅滞なく，通知された登録免許税の額と当該登記の申請情報の内容とされた登録免許税の額との差額に相当する登録免許税を国に納付しなければならないとされている（同条第2項）。

第123条（課税標準認定価格の告知）

4 規則第190条第１項において，登記官は，申請情報の内容とされた課税標準の金額を相当でないと認めたときは，申請人に対し，登記官が認定した課税標準の金額を適宜の方法により告知しなければならないとされており，本条は，この場合において，告知を書面によりするときの告知書の様式を定めているが，他の告知の方法としては，口頭によりするもののほか，補正コメントを登記・供託オンライン申請システムに掲示する方法（第36条第１項）によりするものが考えられる。

別記第88号（第123条関係）

	日記第　　　　　号 平成　　年　　月　　日
申請人　　　　　殿	
	法務局　　出張所 登記官　　　　職印

告　　知　　書

　登録免許税の課税標準の金額を次のとおり認定したので，不動産登記規則第190条第１項の規定により，告知します。

不動産所在事項及び不動産番号	
申　告　金　額	
認　定　金　額	
納付すべき登録免許税	

（電子申請における印紙等による納付）
第124条　登録免許税法（昭和42年法律第35号。以下「税法」という。）第24条の２第３項及び第35条第４項の規定により読み替えて適用する税法第21条から第23条までの登記機関の定める書類（以下「登録免許税納付用紙」という。）は，別記第89号様式又はこれに準ずる様式によるものとする。
２　第126条第１項及び第２項の規定は，電子申請において登記所に登録免許税納付用紙が提出された場合について準用する。
３　登記官は，登録免許税納付用紙により登録免許税の納付を確認したときは，速やかに，当該申請について通知した登録免許税法施行規則（昭和42年大蔵省令第37号。以下「税法施行規則」という。）第23条の納付情報を取り消さなければならない。
４　登記官は，登記の完了後，第２項において準用する第126条第１項又は第２項の措置をした登録免許税納付用紙を申請書類つづり込み帳につづり込むものとする。

１　本条は，電子申請及び書面申請（申請情報及び添付情報の全部を記録した磁気ディスクを提出する方法による場合に限る。以下同じ。）における登録免許税の納付方法等について定めており，新設された規定である。
２　登録免許税の納付は，原則として現金納付の方法（申請する登記につき課されるべき登録免許税の額に相当する登録免許税を国に納付し，当該納付に係る領収証書を当該登記の申請書に貼り付けて提出する方法をいう。以下同じ。）による（税法第21条）が，①登録免許税の額が３万円以下の場合，②登記所の近傍に収納機関が存在しないため現金納付の方法により納付することが困難であると法務局長等が認めてその旨を公示した場合，③登録免許税の額の３万円未満の端数の部分の登録免許税を納付する場合及び④印紙により登録免許税を納付することにつき特別の事情があると登記所が認めた場合には，印紙をもって納付する方法も認められている（税法第22条（税法第24条の２第３項及び第35条第４項の規定により読み替えて適用する場合を含む。），税法施行令第29条）。
　また，官庁又は公署が登記の嘱託をする場合にも，類似の取扱いがされて

第124条（電子申請における印紙等による納付）

いる（税法第23条）。

　さらに，電子申請においては，前記に加え，登記所から得た納付情報により納付することができるとされており（税法第24条の2第1項，税法施行規則第23条第1項），具体的には，登記・供託オンライン申請システムにより申請を受け付けた登記官は，歳入金納付システム及び登記・供託オンライン申請システムを使用し，登録免許税を納付することができる期間，納付に必要な納付番号及び利用金額等を納付情報として申請人に通知し，これを受けた申請人は，当該納付情報を基に，インターネットバンキング，モバイルバンキング又は歳入金電子納付対応のATMを使用して納付することとなる。

3　本条第1項は，電子申請及び書面申請において，登録免許税を現金納付の方法又は印紙をもって納付する方法により納付する場合（税法第24条の2第3項及び第35条第4項の規定により読み替えて適用する税法第21条から第23条まで）に使用する登記機関が定める書類（登録免許税納付用紙）の様式を定めており，当該様式には，登記所において当該登録免許税がどの申請に係るものであるかを判別するために必要な項目が記載されている。

4　本条第2項は，登記所に登録免許税納付用紙が提出された場合について，登記の申請書を受け付けた場合と同様に，領収証書又は印紙に使用済みとするための措置を行う旨を定めている。詳細は，第126条を参照されたい。

5　本条第3項は，電子申請において登記所に提出された登録免許税納付用紙により登記官が登録免許税の納付の事実を確認したときは，歳入金納付システム及び登記・供託オンライン申請システムを使用して申請人に通知した納付情報はもはや不要であり，登記官は当該納付情報を取り消す必要があることから，その旨を定めている。

6　本条第4項は，提出された登録免許税納付用紙を申請書つづり込み帳につづり込む旨を定めている。

　なお，同用紙とともにつづり込まれるものとしては，電子申請において提供された申請情報及びその添付情報の内容を印刷したもの（施行通達記の第2の1(2)及び9(2)参照）やいわゆる特例方式（不登令附則第5条）により書面で提出された添付情報等が考えられる。

第124条（電子申請における印紙等による納付）

別記第89号（第124条第1項関係）

登録免許税納付用紙

　　　　　　　　　　　　　　法務局　　　支局・出張所　御中

（申請人の表示）
　　住　　　所　_____
　　氏名又は名称　_____
（代理人の表示）
　　住　　　所　_____
　　氏名又は名称　_____
（その他）
　　受付年月日
　　及び受付番号　平成　　年　　月　　日受付第　　　　号
　　納付金額　　　　　　　　　　　円

---------- 印紙等貼付欄 ----------

　本紙は，電子申請により登記の申請をした場合において，登録免許税を領収証書又は収入印紙により納付するときに使用するものです。
　領収証書又は収入印紙は，割印をしないで，ここに貼り付けてください。

年　　月　　日	担　当

（注）1　代理人が登記の申請をした場合には，（申請人の表示）欄の記載を省略することができます。
　　　2　1件の申請で，2枚以上の登録免許税納付用紙を使用する場合には，それが分かるように，例えば，用紙を2枚使用したときは，本紙の右下に，（1／2）（2／2）の振り合いで，本紙が全体枚数のうち何枚目の用紙に当たるかを記載してください。

　　　　　　　　　　　　　　　　　　　　　　　　　　　（　／　）

第125条（前登記証明書）

（前登記証明書）
第125条　同一債権を担保する抵当権等に係る登記を既に受けた旨の記載のある登記事項証明書は，これを税法施行規則第11条の書類として取り扱うものとする。
2　抵当権等の設定等の登記を最初に申請した登記所に，その登記の申請と同時に申請人から別記第90号様式による申出書の提出があった場合には，登記官は，税法施行規則第11条の書類として，登記証明書を交付するものとする。
3　前項の登記証明書の作成は，申出書の末尾に，証明する旨及び証明の年月日を記載し，登記官がこれに記名し，職印を押印してするものとする。

1　本条は，共同担保の登記等の場合の登録免許税の課税標準及び税率の特例の適用を受けるための書類について具体的に定めている。旧準則第215条に相当する規定である。
2　同一の債権のために数個の不動産等に関する権利を目的とする抵当権等の設定登記等を受ける場合において，当該抵当権等の設定登記等の申請が最初の申請以外のものであるときは，当該抵当権等の設定登記等に係る登録免許税の課税標準及び税率は，財務省令で定める書類を添付して申請するものに限り，当該抵当権等の設定登記等に係る不動産等に関する権利の件数1件につき1,500円とされている（税法第13条第2項）。
　同項の「申請が最初の申請以外のものであるとき」とは，既に抵当権等の設定の登記がされた後に，それと同一の債権を担保するために抵当権等の設定の登記を受ける場合等をいう。
3　本条第1項は，この財務省令で定める書類について，税法施行規則第11条において，その登記に係る債権金額につき既に税法第13条第1項に規定する抵当権等の設定登記等を受けている旨を証する書面とされていることを受け，当該書面として，同一債権を担保する抵当権等に係る登記を既に受けた旨の記載のある登記事項証明書が該当することを定めている。
4　本条第2項は，抵当権等の設定等の登記を最初に申請した登記所に，その登記の申請と同時に申請人から別記第90号様式により前登記証明申出書の

第125条（前登記証明書）

提出があった場合には，登記官は，税法施行規則第11条の書類として，登記証明書を交付する旨を定めている。

5　本条第3項は，本条第2項の登記証明書の作成方法を定めており，提出された申出書の末尾に，証明文，証明の年月日及び登記官名を記載し，職印を押印することとされている。

第125条（前登記証明書）

別記第90号（第125条第2項関係）

前 登 記 証 明 申 出 書

1　登記の目的

2　登記原因及びその日付

3　課税標準価格

4　登録免許税額

5　登記権利者

6　登記義務者

7　債務者（注1）

　共同担保である管轄外の不動産欄の不動産についての登記申請のため，上記のとおり登記を受けたことを証明願います。

平成　　年　　月　　日

　　　　　　　　　　　　　　　住所
　　　　　　　　　　　　　　　　申請人

管轄外の不動産（注2）

　（注3）

（注1）　登記義務者と債務者とが同一人でないときは，債務者も表示する。
（注2）　管轄外の不動産欄には，この証明書を提出する登記所の管轄区域内にある不動産の一を記載し，その他の不動産については「ほか何筆」と記載すれば足りる。
（注3）　証明文用の余白をあけておくこと。

> （使用済の記載等）
> 第126条　登記官は，登記の申請書を受け付けたときは，直ちに，これにはり付けられた領収証書に「使用済」と記載し，又ははり付けられた収入印紙を再使用を防止することができる消印器により消印するものとする。
> 2　前項の領収証書については，申請の受付の年月日及び受付番号を記載して，同項の使用済の旨の記載に代えることができる。
> 3　申請書以外の書面（登録免許税納付用紙を除く。）にはり付けられた収入印紙については，消印することを要しない。

1　本条は，申請書に貼り付けられた領収証書又は印紙について，使用済みとするための処理方法を定めている。旧準則第59条に相当する規定である。
2　登記機関は，登記等をするときは，当該登記等につき課されるべき登録免許税の額の納付の事実を確認しなければならず，登録免許税の納付が印紙をもってされたものであるときは，申請書等の紙面と印紙の彩紋とにかけて判明に消印しなければならないとされており（税法第25条），本条では，この具体的な手続について定めている。
　なお，本条第1項及び第2項の規定は，登記所に登録免許税納付用紙が提出された場合について準用されている（第124条第2項）。
3　本条第1項は，処理漏れや処理の時期の遅れにより誘発される事故を未然に防止するため，登記官が申請書を受け付けたときは，直ちにこれに貼り付けられた領収証書に「使用済」と記載し，又は貼り付けられた収入印紙を再使用を防止することができる消印器により消印することと定めている。
4　本条第2項は，第1項の領収証書については，登記の申請の受付の年月日及び受付番号を記載することで，「使用済」の記載に代えることができる旨を定めている。
5　本条第3項は，登録免許税納付用紙を除く申請書以外の書面（登記原因証明情報として添付される不動産の譲渡に関する契約書等）に貼り付けられた収入印紙については，印紙税法（昭和42年法律第23号）第8条第2項により文書の作成者が消印することとされていることから，登記官において消印をする必要はない旨を確認的に定めている。

第127条(納付不足額の通知)

> (納付不足額の通知)
> 第127条　税法第28条第1項の通知は，別記第91号様式による納付不足額通知書及びその写しを作成してするものとする。
> 2　登記官は，前項の通知をした場合には，申請書（領収証書又は収入印紙をはり付けた用紙に限る。次条及び第129条において同じ。）又は登録免許税納付用紙に別記第92号様式による印版を押印し，これに登記官印を押印するものとする。

1　本条は，登録免許税の納付不足額の通知の方法及び通知を行った後の処理手続を定めている。旧準則第216条に相当する規定である。
2　登記官は，既に登記が完了した後において当該登記につき納付すべき登録免許税の額の全部又は一部を納付していない事実を知ったときは，遅滞なく，当該登記を受けた者の当該登録免許税に係る税法第8条第2項の規定による納税地の所轄税務署長に対し，その旨及び財務省令で定める事項を通知しなければならないとされている（税法第28条第1項）。
　税法第29条により登記を受けた者の住所地の所轄税務署長が不足額の徴収事務をすべきものとされている理由は，既に登記は完了しているのであるから，その者の住所地の税務署長が徴収するのが最も合理的であるという理由によるものである。
3　本条第1項は，税法第28条第1項に基づく通知の際には，別記第91号様式を使用すること及びその写しを作成することを定めている。
4　本条第2項は，本条第1項の通知をした場合にする登記官の手続を定めたものであり，登記官は，当該通知をした場合には，申請書（領収証書又は印紙を貼り付けた用紙に限る。）又は登録免許税納付用紙に別記第92号様式による印版を押印し，これに登記官印を押印するものとされている。
　なお，当該通知の写しについては，登録免許税関係書類つづり込み帳につづり込まれることとなる（第21条第2号）。

第127条(納付不足額の通知)

別記第91号(第127条第1項関係)

<table>
<tr><td colspan="4">　　　　　　　　　　　　　　　　　　　日 記 第　　　　　号
　　　　　　　　　　　　　　　　　　　平成　年　月　日

　　税務署長　殿

　　　　　　　　　　　　　　　　　　法務局　　出張所
　　　　　　　　　　　　　　　　　　登記官　　　　［職印］

　　　　　　　　　納付不足額通知書

登録免許税法第28条第1項の規定により，通知します。</td></tr>
<tr><td>不動産所在事項</td><td colspan="3"></td></tr>
<tr><td>登記の区分</td><td colspan="3"></td></tr>
<tr><td>申請の受付の
年月日及び受付番号</td><td colspan="3"></td></tr>
<tr><td rowspan="2">課税標準額</td><td>申請情報内容額</td><td>金</td><td>円</td></tr>
<tr><td>正当額</td><td>金</td><td>円</td></tr>
<tr><td rowspan="3">登録免許税額</td><td>納付額</td><td>金</td><td>円</td></tr>
<tr><td>正当額</td><td>金</td><td>円</td></tr>
<tr><td>未納金額</td><td>金</td><td>円</td></tr>
<tr><td>申請人の氏名・住所</td><td colspan="3"></td></tr>
<tr><td>納税地</td><td colspan="3">（　同　上　）</td></tr>
<tr><td>備考</td><td colspan="3"></td></tr>
</table>

(注) 登記の区分欄には，当該登記の目的及び原因を，例えば，所有権移転（贈与）のように記載する。

第128条（還付通知）

別記第92号（第127条第2項，第128条第2項，第3項関係）
約5cm

約1cm　｜還　付　（　不　足　）　通　知　済｜

> （還付通知）
> 第128条　税法第31条第1項の通知は，別記第93号様式による還付通知書及びその写しを作成してするものとする。
> 2　登記官は，前項の通知をした場合には，申請書若しくは登録免許税納付用紙又は取下書に別記第92号様式による印版を押印し，これに登記官印を押印するものとする。
> 3　登記官は，税法第31条第2項の請求により同条第1項の通知をした場合には，申請書及び還付通知請求書の余白に別記第92号様式による印版を押印し，これに登記官印を押印するものとする。

1　本条は，登録免許税の還付通知の方法及び通知を行った後の処理手続を定めている。旧準則第217条に相当する規定である。

2　登記の申請に当たって，税法の適用を誤ったり，税額の計算に誤りがあったことにより登録免許税を過大に納付した場合は，その過大納付部分は還付され，また，登記の申請が却下されたり（不登法第25条），取り下げられた場合（規則第39条）も，納付した登録免許税は全額還付されることとなる。

このため，登記官は，登録免許税を納付して登記の申請をした者につき当該登記の申請が却下され，若しくは取り下げられた場合又は過大に登録免許税を納付して登記を受けた場合は，遅滞なく，還付しなければならない登録免許税の額その他政令で定める事項（税法施行令第31条各号に掲げる事項）を登記の申請をした者又は登記を受けた者の納税地の所轄税務署長に通知しなければならないとされている（税法第31条第1項）。

また，登記を受けた者は，登録免許税の過誤納があるときは，当該登記を受けた日から5年を経過する日までに，政令で定めるところにより，その旨

を登記官に申し出て，還付通知をすべき旨の請求をすることができるとされている（同条第2項）。

　この還付通知を受けて，所轄税務署長は，登録免許税を金銭で還付することとなる（国税通則法（昭和37年法律第66号）第56条第1項）。

3　本条第1項は，税法第31条第1項の規定に基づく通知の際には，別記第93号様式による還付通知書及びその写しを作成することを定めている。

　なお，還付金を登記の申請の代理人が受領する場合における同項の通知の様式は，「登録免許税の還付金を登記の申請代理人が受領する場合の取扱いについて」平成21年6月16日付け民二民商第1440号民事局民事第二課長・商事課長依命通知の別紙甲号の別添様式のとおりである。

4　本条第2項は，本条第1項の通知をした場合にする登記官の手続を定めたものであり，登記官は，当該通知をした場合には，申請書（領収証書又は印紙を貼り付けた用紙に限る。）若しくは登録免許税納付用紙又は取下書に別記第92号様式による印版を押印し，これに登記官印を押印するものとされている。

　なお，電子申請の却下又は取下げの場合において，登録免許税を還付したときは，本項の手続を電子申請管理用紙に行うものとされている（施行通達記の第2の8(2)）。

　おって，還付通知書の写しについては，登録免許税関係書類つづり込み帳につづり込まれることとなる（第21条第2号）。

5　本条第3項は，税法第31条第2項に基づく還付通知をすべき旨の請求により本条第1項の通知をした場合にする登記官の手続を定めており，登記官は，当該通知をした場合には，申請書（領収証書又は印紙を貼り付けた用紙に限る。）及び還付通知請求書の余白に別記92号様式による印版を押印し，これに登記官印を押印するものとされている。

第128条（還付通知）

別記第93号（第128条第１項関係）

	日　記　第　　　　　号 平成　　年　　月　　日

　　税務署長　殿

　　　　　　　　　　　　　　　　　　法務局　　出張所
　　　　　　　　　　　　　　　　　　登記官　　［職印］

　　　　　　　　　還　付　通　知　書
　登録免許税法第31条第１項の規定により，通知します。

登　記　の　区　分	
申請の受付の年月日及び受付番号又は再使用証明番号	
還　付　金　額	金　　　　　　　円
還　付　原　因	1　却下　　2　取下　　3　過誤納
還付原因の生じた日	
納　付　方　法 収納機関の名称	1　印紙　　2　領収証書　（　銀行　　郵便局 　　　　　　　　　　　　　　　支店　　税務署）
申請人の氏名・住所	
納　　税　　地	（同　上）
還付通知の請求・申出の別・年月日	1　還付通知請求 2　還付申出　　　平成　　年　　月　　日
希望する還付場所	市　　　町　　　　　　　銀行　　郵便局 区　　　　　　番地　　　支店　　税務署 郡　　　村　　　　　（普通・当座）口座（　　）
備　　　　　考	受領代理人口座への還付

（注）　登記の区分欄には，当該登記の目的及び原因を，例えば，所有権移転（贈与）のように記載する。

> （再使用証明）
> 第129条　税法第31条第3項の証明を受けようとする者は，別記第94号様式による再使用証明申出書に所要の事項を記載して申出をするものとする。
> 2　登記官は，前項の申出があった場合には，申請書又は登録免許税納付用紙の余白に，再使用することができる領収証書の金額又は収入印紙の金額を記載して，その箇所に別記第95号様式による印版を押印し，これに証明の年月日及び証明番号を記載して，登記官印を押印するものとする。
> 3　登記官は，前項の手続をしたときは，再使用証明申出書に証明の年月日及び証明番号を記載するものとする。

1　本条は，再使用証明の申出の方法及び申出があった後の処理手続を定めている。旧準則第218条に相当する規定である。

2　登録免許税が納付された登記の申請が取り下げられた場合は，納付済みの登録免許税の還付を受けることができるところ（第128条参照），申請の取下げから還付金の受領までに相当の時間を要すこととなる。そのため，申請を取り下げてこれを補正し，再度申請をするような場合は，申請人は，一時的に登録免許税に相当する額を二重に工面しなければならず，また，登記所や税務署も還付手続を行う必要が生ずることから，申請人側の利便と官庁事務の簡素化を図る目的で，登記官は，登記を受ける者から，登記の申請の取下げに併せて，当該登記の申請書に貼り付けられた登録免許税の領収証書又は印紙で使用済みの旨の記載又は消印がされたものを当該登記所における登記について当該取下げの日から1年以内に再使用したい旨の申出があったときは，政令で定めるところ（税法施行令第32条第1項及び第2項）により，当該領収証書又は印紙につき再使用することができる証明をすることができるとされている（税法第31条第3項）。

なお，申請が却下された場合には，登記所に提出した登記申請書は申請人に還付されないため，申請人は再使用証明を受けることができない。

3　本条第1項は，税法第31条第3項の証明を求める申出をする際には，別記第94号様式による再使用証明申出書に所要の事項を記載して申出をするこ

第129条（再使用証明）

とを定めている。

4　本条第2項は，本条第1項の申出があった場合における登記官の手続を定めており，登記官は，当該申出があった場合には，申請書（領収証書又は印紙を貼り付けた用紙に限る。）又は登録免許税納付用紙の余白に，再使用することができる領収証書の金額又は収入印紙の金額を記載して，その箇所に別記第95号様式による印版を押印し，これに証明の年月日及び証明番号を記載して，登記官印を押印するものとされている。

5　本条第3項は，本条第1項の申出があった場合における再使用証明申出書への記載事項を定めており，登記官は，第2項の手続をしたときは，再使用証明申出書に証明の年月日及び証明番号を記載するものとされている。

6　なお，電子申請の取下げがあった場合（規則第39条第1項第1号）において，歳入金電子納付システムを利用して登録免許税が納付されたときは，これを再使用することができるとする手続は存しないことから，還付手続によることとなる。

第129条（再使用証明）

別記第94号（第129条第1項関係）

証明 年月日		証明番号	
再 使 用 証 明 申 出 書			

再使用申出領収証書又は印紙の金額	金　　　　　　　　　　　　円		
領　収　証　書	現金納付年月日	平成　　　年　　　月　　　日	
	収納機関の名称	銀行 　　　　支店	郵便局 税務署

印　　　紙	券　面　額	枚　　数	金　　額
	円	枚	円
	円	枚	円
	円	枚	円
	円	枚	円
	円	枚	円
	円	枚	円
	円	枚	円
	合　　計	枚	円

申請の受付の年月日及び番号	平成　　年　　月　　日　第　　　　　　号
備　　　考	

上記のとおり，登録免許税法第31条第3項の規定により，申出をします。

　平成　　年　　月　　日

　　　　　　　　　　　申請人　住　所
　　　　　　　　　　　　　　　氏　名

　　　　　　　　　　　　　　　法務局　　出張所　御中

第130条（再使用証明後の還付手続）

　　　　　別記第95号（第129条第2項関係）
　　　　　　　　　　約6cm
　　　約1cm ┌──────────────┐
　　　　　　│再使用できることを証明する│
　　　　　　└──────────────┘

> （再使用証明後の還付手続）
> 第130条　登記官は，税法第31条第5項の申出があった場合には，前条第2項の規定により記載した再使用証明文を朱抹し，再使用証明を施した用紙及び再使用証明申出書の見やすい箇所に「再使用証明失効」と朱書して，登記官印を押印するものとする。
> 2　第128条第2項及び第3項の規定は，前項の申出に基づく税法第31条第1項の通知をした場合について準用する。

1　本条は，再使用証明後の還付の申出があった後の処理手続を規定したものであり，旧準則第219条に相当するものである。

2　登記の申請人が再使用証明（第129条参照）を受けたが，その証明を受けた領収証書又は収入印紙を再使用しないこととなった場合には，当該証明をした登記官に対し，当該証明のあった日から1年を経過した日までに，政令で定めるところ（税法施行令第32条第3項）により，当該証明を無効とするとともに，当該領収証書で納付した登録免許税又は当該印紙の額に相当する登録免許税の還付を受けたい旨の申出をすることができるとされており（税法第31条第5項前段），登記所は，当該申出を新たな登記の申請の取下げとみなして，還付通知の手続を執らなければならない（同項後段）。

3　本条第1項は，再使用証明後の還付の申出があった場合に再使用証明を失効させるための手続を定めたものであり，登記官は，第129条第2項の規定により記載した再使用証明文を朱抹し，再使用証明を施した用紙及び再使用証明申出書の見やすい箇所に「再使用証明失効」と朱書して，登記官印を押印するものとされている。

4　本条第2項は，再使用証明後の還付の申出に基づき還付通知をした場合にも，第128条第2項及び第3項の手続をすべきことを明らかにしたもので

第131条（再使用証明領収証書等の使用）

ある。

> （再使用証明領収証書等の使用）
> 第131条　登記官は，再使用証明をした領収証書又は収入印紙を使用して登記の申請があった場合には，第129条第2項の規定により記載した証明番号の下に「使用済」と朱書して，登記官印を押印するものとする。
> 2　登記官は，前項の場合には，再使用証明申出書に「使用済」と朱書して，登記官印を押印するものとする。

1　本条は，再使用証明をした領収証書又は収入印紙を使用して登記の申請があった後の処理手続を規定したものであり，旧準則第220条に相当するものである。
2　本条第1項は，再使用証明をした領収証書又は収入印紙を使用して登記の申請があった場合に，再使用証明の処理がされた申請書（領収証書又は印紙を貼り付けた用紙に限る。）又は登録免許税納付用紙にする登記官の手続を定めたものであり，登記官は，第129条第2項の規定により記載した証明番号の下に「使用済」と朱書して，登記官印を押印するものとされている。
3　本条第2項は，再使用証明をした領収証書又は収入印紙を使用して登記の申請があった場合に，再使用証明申出書にする登記官の手続を定めたものであり，登記官は，第129条第1項の再使用証明申出書に「使用済」と朱書して，登記官印を押印するものとされている。
4　なお，再使用証明をした領収証書又は収入印紙を使用してする登記の申請は，当該証明を受けた登記所に対してのみ，行うことができる（税法第31条第3項前段参照）。

第4章　登記手続

第 5 章

登記事項の証明等

第132条（請求書の受付）

> （請求書の受付）
> 第132条　登記官は，登記事項証明書等（登記事項証明書，登記事項要約書，地図等の全部若しくは一部の写し（地図等が電磁的記録に記録されているときは，当該記録された情報の内容を証明した書面）又は土地所在図等の全部若しくは一部の写し（土地所在図等が電磁的記録に記録されているときは，当該記録された情報の内容を証明した書面）をいう。）の交付の請求が請求書を提出する方法によりされたときは，請求の受付の年月日を当該請求書の適宜の箇所に記載するものとする。この場合には，別の方法で管理する場合を除き，一連の番号も当該請求書の適宜の箇所に記載するものとする。
> 2　前項後段の規定により一連の番号を記載した請求については，別記第96号様式による日計表を作成して，管理するものとする。
> 3　第126条第1項の規定は，第1項の請求書を受け付けた場合について準用する。

1　本条は，登記事項証明書等（登記事項証明書，登記事項要約書，地図等（地図，建物所在図又は地図に準ずる図面をいう（規則第1条第2号）。以下同じ。）の全部若しくは一部の写し（地図等が電磁的記録に記録されているときは，当該記録された情報の内容を証明した書面）又は土地所在図等（土地所在図，地積測量図，地役権図面，建物図面又は各階平面図をいう（規則第1条第7号）。以下同じ。）の全部若しくは一部の写し（土地所在図等が電磁的記録に記録されているときは，当該記録された情報の内容を証明した書面）をいう。以下同じ。）の交付の請求が規則第194条第1項に規定する方法によりされた場合の受付の取扱いについて定めている。旧準則第204条に相当する規定である。

2　本条第1項は，登記事項証明書等の交付の請求が請求書を提出する方法（規則第194条第1項）によりされたときは，請求の受付の年月日を当該請求書の適宜の箇所に記載するとともに，別の方法で管理する場合を除き，一連の番号も当該請求書の適宜の箇所に記載することを定めたものである。

　これらの記載については，タイムスタンプ装置を用いて行うものとされ，複数の請求書を合てつして請求があったときは，その初葉に番号を記載し，

その近傍に総枚数を記載するものとされている（平成14年1811号依命通知記の第2の1(1)）。

また，本条第1項の「別の方法で管理する場合」とは，郵送による請求を帳簿に記載して管理している場合や請求書を受け取った際に請求人に番号票を交付し当該番号を請求書に記載する取扱いをして管理している場合等をいうとされている（平成14年1811号依命通知記の第2の1(2)）。

3 本条第2項は，本条第1項後段の規定により一連の番号を記載した請求書については，別記第96号様式による日計表を作成して，管理することを定めたものである。

日計表の「受理件数」欄には，当日にタイムスタンプ装置により番号を記載した請求書の枚数から取下げ等による欠番の数を控除した数を記載するものとされ，「処理件数」欄には，前日の未済件数と当日の受理件数の合計から当日の未済件数を控除したものを計上するものとされている（平成14年1811号依命通知記の第2の1(3)及び(4)）。

また，タイムスタンプ装置による発番数及び欠番数については，前掲依命通知別紙様式1及び別紙様式2による記録簿を調製して，これに記録し，記録簿は，日計表と共に保存するものとされている（平成14年1811号依命通知記の第2の1(3)）。

第132条（請求書の受付）

別記第96号（第132条第2項関係）

月 日 月	受理件数	処理件数	未済件数	備　考
1日				
2日				
3日				
4日				
5日				
6日				
7日				
8日				
9日				
10日				
11日				
12日				
13日				
14日				
15日				
16日				
17日				
18日				
19日				
20日				
21日				
22日				
23日				

表題：乙号事件日計表

第132条（請求書の受付）

24日				
25日				
26日				
27日				
28日				
29日				
30日				
31日				
計		（注）未済件数は，前日の未済件数と当日の受理件数とを合したものから当日の処理件数を控除したものを計上する。		

第5章 登記事項の証明等

第132条(請求書の受付)

平成14年第1811号依命通知別紙様式1

1 タイムスタンプ装置が1台の場合

タイムスタンプ押印数記録簿
年　月分

日付	受領数			備考
	a 発番数	b 欠番数	受理件数 (a−b)	
1日				
2日				
〜				
30日				
31日				
合計	───	───		

【記載要領】
1 「発番数」欄には,当日にタイムスタンプ装置で押印した数を記載する。
2 「欠番数」欄には,タイムスタンプ欠番記録簿に記載された当日の欠番の数を記載する。
3 「受理件数」欄には,発番数から欠番数を控除した数を記載する。

2 タイムスタンプ装置が2台の場合(3台以上の場合には,台数に応じ本例に倣って欄を設ける。)

タイムスタンプ押印数記録簿
年　月分

日付	機番	受領数			備考
		a 発番数	b 欠番数	受理件数 (a−b)	
1日	①				
	②				
	計				

2日	①				
	②				
	計				
〜〜〜〜〜〜〜〜〜〜〜〜〜〜〜〜〜〜〜〜〜〜〜〜〜〜〜〜〜〜〜〜〜					
31日	①				
	②				
	計				
合計	―	―	―	―	

【記載要領】
1 「発番数」欄には，タイムスタンプ装置ごとに，当日に押印した数を記載する。
2 「欠番数」欄には，タイムスタンプ欠番記録簿に記載された，当該タイムスタンプ装置の当日の欠番の数を記載する。
3 「受理件数」欄には，発番数から欠番数を控除した数を記載する。

第132条（請求書の受付）

平成14年第1811号依命通知別紙様式2

年 月 日	番 号	欠番となった理由	備 考
． ．		1 取下　2 打ち損じ　3	
． ．		1 取下　2 打ち損じ　3	
． ．		1 取下　2 打ち損じ　3	
． ．		1 取下　2 打ち損じ　3	
． ．		1 取下　2 打ち損じ　3	
． ．		1 取下　2 打ち損じ　3	
． ．		1 取下　2 打ち損じ　3	
． ．		1 取下　2 打ち損じ　3	
． ．		1 取下　2 打ち損じ　3	
． ．		1 取下　2 打ち損じ　3	
． ．		1 取下　2 打ち損じ　3	
． ．		1 取下　2 打ち損じ　3	
． ．		1 取下　2 打ち損じ　3	
． ．		1 取下　2 打ち損じ　3	
． ．		1 取下　2 打ち損じ　3	
． ．		1 取下　2 打ち損じ　3	
． ．		1 取下　2 打ち損じ　3	

タイムスタンプ欠番記録簿

（注）　タイムスタンプ装置ごとに調製する。

（記載例）

年 月 日	番 号	欠番となった理由	備 考
14．8．5	22	① 取下　2 打ち損じ　3	償還 再使用 未使用 1000円㊞

		51	1	取下	②	打ち損じ	3	償還 再使用 未使用	円
.	.	123	1	取下	②	打ち損じ	3	償還 再使用 未使用	円
.	.	124	①	取下	2	打ち損じ	3	償還 (再使用) 未使用	円
.	.	159	①	取下	2	打ち損じ	3	償還 再使用 未使用	円
.	.	170	①	取下	2	打ち損じ	3	(償還) 再使用 未使用	円
.計.		6件	1	取下	2	打ち損じ	3	償還 再使用 未使用	
14. 8. 6		10	1	取下	②	打ち損じ	3	償還 再使用 未使用	円

(別紙)
(毎日確認した場合の記載例)

月 日 9月	受理件数	処理件数	未済件数	備　　考
1日				
2日	109	92	17	92 (9/3) ㊞
3日	90	97	10	97 (9/4) ㊞
4日	120	109	21	109 (9/5) ㊞
5日	88	96	13	96 (9/6) ㊞
6日	69	74	8	74 (9/9) ㊞
7日				
8日				
9日	85	82	11	82 (9/10) ㊞

(1週間に一度確認した場合の記載例)

月 日 9月	受理件数	処理件数	未済件数	備　　考
1日				
2日	620	553	67	

第133条（登記事項証明書等の作成の場合の注意事項等）

3日	658	642	83	
4日	602	634	51	
5日	816	772	95	
6日	600	616	79	602（9/12）不符号分
7日				は欠番簿への記録漏れ㊞
8日				
9日	702	691	90	
10日	653	672	71	
11日	607	625	53	
12日	607	625	35	
13日	620	628	27	628（9/20）㊞
14日				
15日				
16日				

4　本条第3項は，登記の申請書を受け付けたときと同様，請求書を受け付けたときは，直ちに，これに貼り付けられた収入印紙又は登記印紙（注）を再使用を防止することができる消印器により消印することを定めている。
　（注）　特別会計に関する法律（平成19年法律第23号）附則第382条に基づき，当分の間，手数料を納付するときは，収入印紙又は登記印紙をもってすることができる。

（登記事項証明書等の作成の場合の注意事項等）
第133条　登記事項証明書等を作成して交付する場合には，次に掲げるところによるものとする。
　(1)　主任者は，作成した登記事項証明書等が請求書に係るものである

第133条（登記事項証明書等の作成の場合の注意事項等）

ことを確かめなければならない。
(2)　登記事項証明書等は，鮮明に作成するものとする。
(3)　登記事項証明書等が２枚以上であるときは，当該登記事項証明書等の各用紙に当該用紙が何枚目であるかを記載するものとする。
(4)　認証文，認証者の職氏名及び認証日付の記載並びに職印等の押印は，整然と，かつ，鮮明にするものとする。
(5)　主任者は，前号の認証文，認証者の職氏名及び認証日付並びに職印に間違いがないことを確かめなければならない。
(6)　主任者は，地図等又は土地所在図等の全部又は一部の写しが原本の内容と相違ないことを確かめなければならない。
(7)　請求人が受領しないため交付することができないまま１月を経過した登記事項証明書等があるときは，請求書の余白に「交付不能」と記載し，当該登記事項証明書等を適宜廃棄して差し支えない。

１　本条は，登記事項証明書等を作成して交付する場合の注意事項等について定めている。旧準則第209条に相当する規定である。
２　本条第４号及び第５号の「認証日付」は，規則第197条第１項前段，第200条第１項及び第201条第１項の「作成の年月日」を指す。
３　閉鎖登記簿（不動産登記法施行細則等の一部を改正する省令（昭和63年法務省令第37号）附則第２条第４項前段又は規則附則第３条第４項前段の規定により閉鎖された登記用紙をいう。以下同じ。）が電子化されている場合において，電子化された閉鎖登記簿の情報は，閉鎖登記簿の副本として取り扱われるものとされ，閉鎖登記簿の謄抄本の請求があった場合は，電子化された閉鎖登記簿の情報を用いて作成するものとされている（平成21年76号通知の記第１の２及び３(1)）。
４　いわゆる旧土地台帳については，昭和35年改正法附則第２条第１項の規定による登記用紙の表題部の改製が終わった後においても，当分の間保存するものとされ（昭和38年３月15日付け民事甲第682号民事局長通達別冊「登記簿・台帳一元化実施要領」第２章第１節第19の２），また，従来どおり，その写し（謄本）の交付を行うものとされているところ（昭和36年３月２日付け民事甲第534号民事局長通達記の１及び平成13年２月16日付け法務省民二第445号民事局長通達記の第５の２(2)），当該写しを作成して交付する場合

第134条(地図等の写し等の作成)

においても,本条各号に掲げる注意事項等に準じて取り扱う必要があるものと考えられる。この場合において,当該写しの交付は,不登法に基づくものではないため,本条第4号及び第5号の認証者の「職」は,登記官ではなく,一般の行政証明と同様,法務事務官(又は首席登記官,出張所長等)になるものと考えられる(昭和29年6月30日付け民事甲第1321号民事局長通達附録「土地台帳事務取扱要領」第6章第95の6)。

(地図等の写し等の作成)
第134条　地図等の写し(地図等が電磁的記録に記録されているときは,当該記録された情報の内容を証明した書面)を作成するには,次に掲げるところによるものとする。
(1)　用紙は,原則として日本工業規格A列3番の適宜の紙質のものを使用する。
(2)　地図及び地図に準ずる図面の写し(地図及び地図に準ずる図面が電磁的記録に記録されているときは,当該記録された情報の内容を証明した書面)は,請求に係る土地のほか,接続する土地全部についてこれらの土地相互間の境界線及びその接続する土地の地番を記載する。
(3)　地図及び地図に準ずる図面の写しは,原則として別記第97号様式による。
(4)　地図及び地図に準ずる図面に記録された情報の内容を証明した書面は,原則として別記第98号様式による。当該証明した書面に表記されている地図又は地図に準ずる図面に閉鎖された部分が存在する場合には,当該閉鎖された部分に斜線を施すとともに,その旨を記載する。
(5)　地図に準ずる図面に記録された情報の内容を証明した書面には,座標値及びその種別を記載することを要しない。
(6)　建物所在図の写し(建物所在図が電磁的記録に記録されているときは,当該記録された情報の内容を証明した書面)は,原則として別記第99号様式による。

> (7) 2筆以上の土地又は2個以上の建物を1用紙に記載して作成して差し支えない。
> (8) 別記第97号様式，別記第98号様式及び別記第99号様式の用紙の相当欄に余白がある場合には，その該当欄に斜線を施すなどの方法により追記等をすることができないようにする。

1 本条は，地図等の写し（地図等が電磁的記録に記録されているときは，当該記録された情報の内容を証明した書面）を作成して交付する場合における前条各号に掲げる事項以外の注意事項等について定めている。旧準則第207条に相当する規定である。

2 本条第1号において，用紙は，「適宜の紙質のものを使用する」とされているところ，地図情報システムに登録されている地図及び地図に準ずる図面の内容を証明した書面を作成するに当たっては，偽造防止措置を施した専用紙を用いることとされている（平成18年11月13日付け法務省民二第2591号民事局民事第二課長通知）。

3 また，閉鎖された地図に準ずる図面のうち和紙で調製されたもの（以下「和紙公図」という。）が電子化されている場合において，電子化された和紙公図の情報は，和紙公図の副図として取り扱われるものとされ，和紙公図の写しの請求があった場合は，電子化された和紙公図の情報を用いて作成するものとされている（平成21年76号通知の記第2の2及び3(1)）。

第134条（地図等の写し等の作成）

別記第97号（第134条第3号，第8号関係）

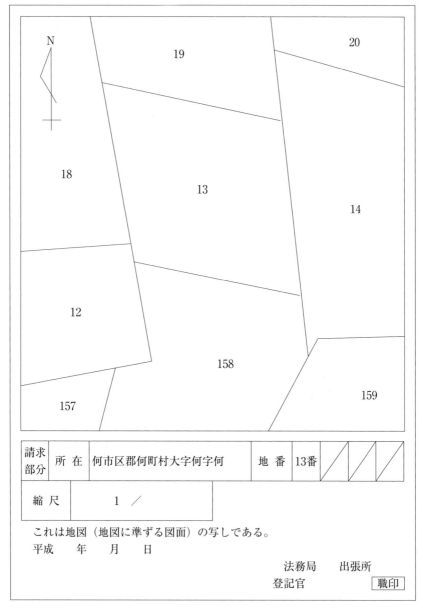

第134条（地図等の写し等の作成）

別記第98号（第134条第4号，第8号関係）

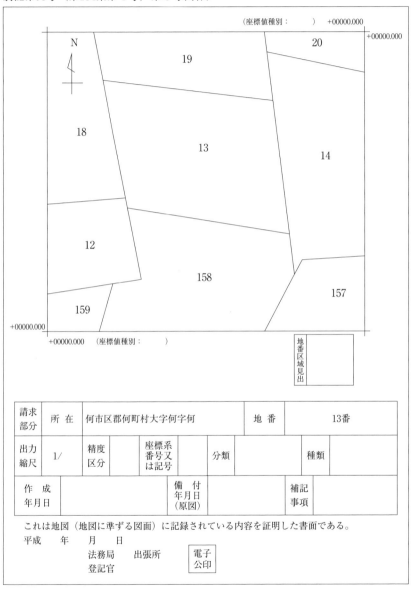

第134条（地図等の写し等の作成）

別記第99号（第134条第6号，第8号関係）

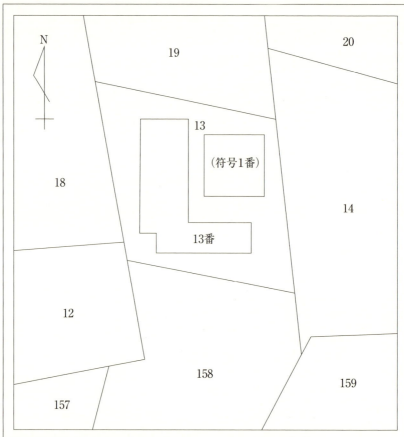

請求部分	所　在	何市区郡何町村大字何字何13番地	家屋番号	13番
	所　在		家屋番号	
縮　尺		1 ／ 500		

　これは建物所在図の写しである。（これは建物所在図に記録されている内容を証明した書面である。）

　　平成　　年　　月　　日

　　　　　　　　　　　　　　　　　　法務局　　出張所
　　　　　　　　　　　　　　　　　　登記官　　　　　　職印

（土地所在図等の写し等の作成）
第135条　土地所在図等の写し（土地所在図等が電磁的記録に記録されているときは，当該記録された情報の内容を証明した書面）は，原則として日本工業規格Ａ列３番の適宜の紙質の用紙を使用して作成するものとする。

1　本条は，土地所在図等の写し（土地所在図等が電磁的記録に記録されているときは，当該記録されている情報の内容を証明した書面）を作成して交付する場合における第133条各号に掲げる事項以外の注意事項を定めている。旧準則第206条の２に相当する規定である。

2　本条において，作成に当たっては「適宜の紙質の用紙を使用」するとされているところ，地図情報システムに登録されている土地所在図等の内容を証明した書面を作成するに当たって，偽造防止措置を施した専用紙を用いることとされていることは，第134条第１号と同じである。

（登記事項証明書等の認証文）
第136条　次の各号に掲げる登記事項証明書等には，当該各号に定める認証文を付すものとする。
(1)　全部事項証明書　「これは登記記録（閉鎖された登記記録）に記録されている事項の全部を証明した書面である。」
(2)　現在事項証明書　「これは登記記録に記録されている現に効力を有する事項の全部を証明した書面である。」
(3)　何区何番事項証明書　「これは登記記録（閉鎖された登記記録）に記録されている事項の何区何番事項を証明した書面である。」
(4)　所有者証明書　「これは登記記録に記録されている所有者の氏名又は名称及び住所を証明した書面である。」
(5)　一棟建物全部事項証明書　「これは一棟の建物に属する区分建物の登記記録（又は閉鎖された登記記録）に記録されている事項の全部を証明した書面である。」

第136条（登記事項証明書等の認証文）

　(6)　一棟建物現在事項証明書　「これは一棟の建物に属する区分建物の登記記録に記録されている現に効力を有する事項の全部を証明した書面である。」
　(7)　地図等（電磁的記録に記録されているものを除く。）の全部又は一部の写し　「これは地図（建物所在図又は地図に準ずる図面）の写しである。」
　(8)　電磁的記録に記録されている地図等の内容を証明した書面　「これは地図（建物所在図又は地図に準ずる図面）に記録されている内容を証明した書面である。」
　(9)　閉鎖された地図等（電磁的記録に記録されているものを除く。）の全部又は一部の写し　「これは閉鎖された地図（建物所在図又は地図に準ずる図面）の写しである。」
　(10)　電磁的記録に記録され，かつ，閉鎖された地図等の内容を証明した書面　「これは閉鎖された地図（建物所在図又は地図に準ずる図面）に記録されている内容を証明した書面である。」
　(11)　土地所在図等（電磁的記録に記録されているものを除く。）の全部又は一部の写し　「これは図面の写しである。」
　(12)　電磁的記録に記録されている土地所在図等の内容を証明した書面　「これは図面に記録されている内容を証明した書面である。」
　(13)　閉鎖された土地所在図等（電磁的記録に記録されているものを除く。）の全部又は一部の写し　「これは閉鎖された図面の写しである。」
　(14)　電磁的記録に記録され，かつ，閉鎖された土地所在図等の内容を証明した書面　「これは閉鎖された図面に記録されている内容を証明した書面である。」
2　規則第197条第1項後段の付記は，「ただし，登記記録の乙区（甲区及び乙区）に記録されている事項はない。」とするものとする。
3　規則第197条第3項の規定により共同担保目録又は信託目録に記録された事項を省略して登記事項証明書を作成するときは，認証文に省略した旨の付記を要しない。
4　法第119条第5項の規定による請求に基づいて交付する登記事項証明書の認証文には，請求に係る不動産の所在地を管轄する登記所の表

示を「(何法務局何出張所管轄)」のように付記するものとする。
　5　前項の規定は、法第120条第3項又は第121条第3項の規定において準用する法第119条第5項の規定による請求に基づいて交付する場合について準用する。

1　本条は、登記事項証明書等を作成する場合の認証文の付し方等について具体的に定めている。旧準則第206条に相当する規定である。
2　本条第1項第1号から第6号までは、規則第196条第1項第1号から第6号までに定める種類の登記事項証明書（本条第1項第1号，第3号及び第5号について閉鎖登記記録に係るものを含む。）について、その区分に応じ、その認証文を具体的に定めたものである。
3　本条第1項第7号及び第9号は規則第200条第1項に規定する地図等がポリエステル・フィルム等によって備え付けられている場合の「地図等の全部又は一部の写しである旨の認証文」を、本条第1項第8号及び第10号は規則第200条第2項に規定する地図等が電磁的記録に記録されている場合の「地図等に記録されている内容を証明した書面である旨の認証文」を具体的に定めたものである。
4　本条第1項第11号及び第13号は規則第201条第1項に規定する土地所在図等が紙によって備え付けられている場合の「土地所在図等の全部又は一部の写しである旨の認証文」を、本条第1項第12号及び第14号は規則第201条第2項に規定する土地所在図等が電磁的記録に記録されている場合の「土地所在図等に記録されている内容を証明した書面である旨の認証文」を具体的に定めたものである。
5　本条第2項は、規則第197条第1項後段の規定により、登記記録の乙区又は甲区及び乙区の記録がないときは、認証文にその旨を付記しなければならないとされているところ、その付記の内容を具体的に定めたものである。
6　本条第3項は、規則第197条第3項の規定により、登記事項証明書を作成する場合において、共同担保目録又は信託目録に記録されている事項について証明を求める旨が当該登記事項証明書の交付の請求をする際の請求情報の内容とされていないときは、当該事項の記載を省略するものとされているところ、そのときに作成する登記事項証明書の認証文に当該事項を省略した旨の付記を要しないことを定めたものである。

第138条（請求書の措置）

7　本条第4項及び第5項は，不登法第119条第5項（不登法第120第3項又は第121条第3項の規定において準用する場合を含む。）に基づき，請求に係る不動産の所在地を管轄する登記所以外の登記所の登記官に対し，登記事項証明書等の交付を請求した場合において，当該登記事項証明書等の認証文に，認証者の職氏名が記載されるところ（規則第197条第1項前段，第200条第1項及び第201条第1項），当該不動産が当該認証者に係る登記所の管轄でないことを明らかにするために，請求に係る不動産の所在地を管轄する登記所の表示を付記することを定めたものである。

8　なお，規則附則第4条第2項に規定する旧登記簿又は不登法附則第4条第1項に規定する閉鎖登記簿の謄本又は抄本の認証文は，旧準則第206条第1号から第6号までの規定による（平成17年2月25日付け法務省民二第456号民事局長通達記の4）。

（登記事項証明書等の職氏名の記載）
第137条　登記事項証明書等に登記官が職氏名を記載するには，次のようにするものとする。
　　何法務局（何地方法務局）何支局（何出張所）
　　　登記官　　　　　　　何　某

1　本条は，登記事項証明書等を作成する場合の登記官の職氏名の記載方法について定めている。旧準則第210条に相当する規定である。
2　登記官は，登記事項証明書等を作成するときは，その作成権限を明らかにするため，その職氏名を記載するものとされている（規則第197条第1項，第200条第1項及び第201条第1項）ところ，本条は，その具体的な記載方法を定めたものである。

（請求書の措置）
第138条　登記官は，登記事項証明書等の交付の請求書には，作成した

登記事項証明書等の通数及び枚数並びに登記手数料の額を記載しなければならない。

1　本条は，登記事項証明書等を交付する際に，登記官が当該交付請求書に記載すべき事項を定めている。旧細則第36条（旧細則第37条ノ2及び第84条において準用する場合を含む。）及び旧準則第205条に相当する規定である。

2　登記事項証明書等の交付の請求書には，作成した登記事項証明書等の通数及び枚数並びに登記手数料の額を記載することとしており，もって，その交付が適正に行われたことを記録することとしている。

（閲覧）
第139条　地図等又は登記簿の附属書類を閲覧させる場合には，次に掲げるところに留意しなければならない。
(1)　地図等又は附属書類の枚数を確認する等その抜取り及び脱落の防止に努めること。
(2)　地図等又は附属書類の汚損，記入及び改ざんの防止に厳重に注意すること。
(3)　利害関係を有する部分に限る閲覧にあっては，請求に係る部分以外を閲覧しないように厳重に注意すること。
(4)　閲覧者が筆記する場合には，毛筆及びペンの使用を禁ずること。
(5)　筆記の場合は，地図等又は附属書類を下敷にさせないこと。

1　本条は，地図等又は登記簿の附属書類を閲覧させる際の留意事項について具体的に定めている。旧準則第212条に相当する規定である。

2　現在では，地図等及び土地所在図等は電子化されているため，これらを閲覧するということはないものの，電子化される前の地図等及び土地所在図等や書面申請の場合における登記申請書等の登記簿の附属書類については，閲覧の対象となる。

　これらは唯一のものであり，記録として適切に保管・管理しなければならないため，登記官は，これらの書面を閲覧させる場合には，本条各号に掲げ

第140条（手数料を徴収しない場合）

ることに留意して，これらの書面に汚損，紛失等がないように監視する必要がある。

なお，閲覧に際し，これらの書面の汚損等を防止するため，簡易複写機等の使用は認められない。ただし，他の閲覧者の閲覧を妨げない限り，写真撮影については，許されている（昭和40年3月11日付け民事三発第238号民事局第三課長回答）。

おって，閉鎖登記簿及び和紙公図で電子化作業が完了したものについて，閲覧の請求があった場合は，電子化された閉鎖登記簿又は和紙公図の情報を印刷したものを閲覧に供して行うものとされている（平成21年76号通知の記第1の3(2)及び第2の3(2)）。

（手数料を徴収しない場合）

第140条　国又は地方公共団体の職員が職務上登記事項証明書等の交付又は地図等若しくは登記簿の附属書類の閲覧を請求する場合には，その旨を証する所属長の証明書を提出させるものとする。この場合には，請求書に請求の具体的な理由を記載させるものとする。

1　本条は，国又は地方公共団体の職員が職務上登記事項証明書等の交付の請求等をする場合において，手数料の免除措置を定めた登記手数料令第19条の規定の適用を受けようとするときに提出すべき証明書等について定めている。旧準則第213条に相当する規定である。

2　国又は地方公共団体の職員が登記事項証明書等の交付又は地図等若しくは登記簿の附属書類の閲覧を職務上請求する場合には，登記手数料令第19条の規定により，手数料を納めることを要しないとされているところ，その運用の適正を図るため，当該請求が真に職務上必要であり，かつ，当該職員をして請求させる旨の所属長の証明書を提出させるものとされている（所属長がその旨の証明をした請求書を提出させる方法でも差し支えない（昭和30年10月29日付け民事甲第1813号民事局長通達）。）。また，この場合には，当該職員は，請求書に，具体的な請求理由を明示する必要がある。

第 6 章

雑　則

第141条（審査請求の受理）

> （審査請求の受理）
> 第141条　登記官は，法第156条の審査請求について，行政不服審査法（昭和37年法律第160号）第９条第１項の規定に基づく審査請求書（行政手続等における情報通信の技術の利用に関する法律（平成14年法律第151号）第３条及び法務省の所管する法令の規定に基づく行政手続等における情報通信の技術の利用に関する規則（平成15年法務省令第11号）第３条の規定により行われた審査請求の情報の内容を印刷した書面を含む。以下同じ。）を受け取ったときは，登記事務日記帳に所要の事項を記載し，当該審査請求書にその年月日及び日記番号を記載するものとする。

１　本条から第145条までの規定は，登記官の処分に対する審査請求に関する手続を定めたものであり，本条は，審査請求の受理の取扱いについて定めている。旧準則第198条に相当する規定である。

　登記官の処分を不当とする者は，行政上の救済措置として，不登法第156条第１項の規定により，監督法務局長に審査請求をすることができる。

　一般に，行政庁の違法又は不当な処分等からの救済手続については，行審法に規定されているところ，不動産登記に関する審査請求については，登記制度の特殊性に鑑み，不登法第156条及び第157条に独自の行政不服審査の規定が置かれているほか，不登法第158条により，一般法である行審法の一部の規定について，以下のとおり適用が除外されている。なお，平成26年６月30日，行審法の全部を改正する新しい行政不服審査法（平成26年法律第68号）が公布され，公布の日から起算して２年を超えない範囲内において政令で定める日から施行される（同法附則第１条）。

(1)　審査請求期間についての制限に関する規定（行審法第14条）は適用されない。したがって，登記官の処分がされた後は，いつでも審査請求をすることができる。

(2)　審査請求は，行審法第17条の規定にかかわらず，登記官を経由してしなければならない（不登法第156条第２項）。

(3)　利害関係人が参加人として審査請求事件に参加することは認められない（行審法第24条参照）。

⑷　審査請求人の口頭による意見陳述の手続は認められない（行審法第25条第1項ただし書参照）。
⑸　執行停止の手続は認められない（行審法第34条第2項から第7項まで参照）。なお，監督法務局長は，審査請求につき相当の処分を命ずる前に，登記官に対して仮登記を命ずることができる（不登法第157条第4項）。
⑹　審査請求の目的である処分に係る権利の譲受人について，審査請求人の地位の承継は認められない（行審法第37条第6項参照）。
⑺　審査請求が理由があるときの審査庁の処分手続については，不登法第157条第3項の規定による（行審法第40条第3項から第6項まで参照）。
⑻　審査請求に対する裁決の拘束力に関する規定（行審法第43条）は適用されない。

2　1の記載のとおり，登記官の処分を不当とする者は，監督法務局長又は監督地方法務局長に審査請求をすることができるが，その具体的手続としては，審査請求の対象となる処分をした登記官を経由してしなければならない（不登法第156条第2項，ただし，審査請求の名宛人は，監督法務局長である）。

そこで，本条では，登記官が審査請求書（行政手続等における情報通信の技術の利用に関する法律（平成14年法律第151号）第3条第1項の規定により行われた審査請求の情報の内容を印刷した書面を含む。）を受け取った場合の取扱いを定めたものである。

すなわち，登記官が審査請求書を受け取ったときは，登記事務日記帳に所要の事項を記載し，当該請求書に請求書を受け取った年月日及び日記番号を記載するものとした。

3　現在，オンラインによる審査請求をすることはできない状況にある。

これは，「e-Japan重点計画（平成13年3月29日高度情報通信ネットワーク社会推進戦略本部。以下「IT戦略本部」という。）」などの政府方針により行政手続のオンライン化が推進されてきたところ，「オンライン利用拡大行動計画（平成20年9月12日IT戦略本部決定）」が新たに策定され，登記等の手続が重点手続とされた一方で，同計画では，オンライン利用率が極めて低調で，今後とも改善の見込みがない手続については，利用者ニーズ，費用対効果及び代替措置の有無等を総合的に勘案した上で，システム停止も視野

第142条（相当の処分）

に入れた見直しを行うなどメリハリの効いた対応を行うとする方針が示されたことを踏まえ，不動産登記のオンラインによる審査請求については，費用対効果の観点から，整備が見送られているものである。

4 ここにいう「登記官の処分」には，登記官が不動産登記関係法令に基づきその権限に属する事項について行う全ての処分が含まれるわけではなく，行訴法第3条第2項の「処分」及び行審法第2条第1項の「処分」と同様に，「行政主体が，公権力の発動として行う行為であって，これにより直接国民の権利，義務を形成し，又はその範囲を確定することが法律上認められた処分」（最高裁昭和39年10月29日第一小法廷判決・民集18巻8号1809ページ）であること，すなわち，いわゆる「行政処分性」が必要であると解されている。

したがって，不登法第156条第1項の審査請求の対象となる「登記官の処分」は，行訴法第3条第2項の取消訴訟の対象になる処分であり，行訴法第3条第2項の取消訴訟の対象とならない登記官の処分は，不登法第156条第1項の審査請求の対象にもならないこととなる。

（相当の処分）

第142条　登記官は，法第157条第1項の規定により相当の処分をしようとする場合には，事案の簡単なものを除き，当該登記官を監督する法務局又は地方法務局の長に内議するものとする。この場合には，審査請求書の写しのほか，審査請求に係る登記申請却下の決定書の写し，登記事項証明書，申請書の写しその他相当の処分の可否を審査するに必要な関係書類を併せて送付するものとする。

2　第144条第1項の規定は，登記官を監督する法務局又は地方法務局の長が前項の内議につき指示しようとする場合について準用する。

3　規則第186条の通知は，別記第100号様式による通知書によりするものとする。

4　登記官は，相当の処分をしたときは，その処分に係る却下決定の取消決定書その他処分の内容を記載した書面を2通作成して，その1通を審査請求人に交付し，他の1通を審査請求書類等つづり込み帳につ

> づり込むものとする。
> 5 前項の場合には，登記官は，当該処分の内容を別記第101号様式による報告書により当該登記官を監督する法務局又は地方法務局の長に報告するものとする。

1 本条は，審査請求を理由があると認めるときに登記官がする相当の処分に関する手続について定めている。旧準則第200条に相当する規定である。
　旧不登法においては，登記の完了後に審査請求があった場合には，登記官が当該審査請求を理由があると認めたときであっても，その登記について審査請求のある旨を付記して，登記上の利害関係人に通知し，かつ，監督法務局に事件を送付し（旧不登法第154条第2項後段），監督法務局長の命令により相当の処分をすることとされていた（同不登法第155条）。このように，旧不登法においては，登記官が審査請求を理由があると認めた場合であっても，その登記官が自ら相当の処分をすることができなかったが，不登法第157条第1項は，これを改め，審査請求事件の処理を合理化する観点から，登記官は，審査請求に理由があると認めるときは，自ら相当の処分をすべきとしたものである。
2 本条第1項は，不登法第157条第1項の規定により登記官が相当の処分（例えば，却下決定の取消し，登記の更正をするための不登法第67条の手続又は登記を抹消するための不登法第71条の手続等）をしようとする場合には，事案の簡単なもの（事案の解決方法が明らかなもので，法律上及び事実上の解釈について疑義のないもの）を除き，監督法務局長に内議するものとしており，これにより，処理の適正を図ることとしたものである。
3 本条第2項は，審査請求の裁決に関する手続を定めた第144条第1項の規定を，監督法務局長が本条第1項の内議につき指示しようとする場合に準用することを規定したものである。
4 本条第3項は，規則第186条の規定による審査請求人に対する相当の処分の通知の様式（別記第100号様式）を定めたものである。
5 本条第4項は，登記官が相当の処分をした場合に作成する当該処分に係る却下決定の取消決定書等の通数とその交付等に関する取扱いを規定したものである。
6 本条第5項は，登記官が相当の処分をした場合における登記官から監督

第142条（相当の処分）

法務局長への報告について定めたものであり，当該報告については別記第101号様式によりするものとしている。
　なお，本条に定める別記第100号様式及び別記第101号様式は次のとおりである。

別記第100号（第142条第3項関係）

```
                                  通 知 第         号
                                  平成    年   月   日

          殿
                                  法務局     出張所
                                  登記官         職印

                  通　　知　　書

　下記不動産の平成何年何月何日受付第何号の何登記申請事件についてされた審査請求は，理由があると認め，下記のとおりの処分をしたので，通知します。

                      記

 1　不動産所在事項


 2　処分の内容（具体的かつ詳細に記載すること。）
```

別記第101号（第142条第5項関係）

```
                              日 記 第        号
                              平成    年  月  日

  法務局長　殿
                              法務局      出張所
                              登記官        ［職印］

              報　告　書

  下記不動産の平成何年何月何日受付第何号の何登記申請事件についてされ
た審査請求は，理由があると認め，下記のとおりの処分をしたので，報告し
ます。

                    記

  1　不動産所在事項


  2　処分の内容（具体的かつ詳細に記載すること。）
```

（審査請求事件の送付）
第143条　法第157条第2項の規定による審査請求事件の送付は，別記第102号様式による送付書に意見を付してするものとする。
2　前項の審査請求事件の送付をする場合には，審査請求書のほか，審査請求に係る登記申請却下の決定書の写し，登記事項証明書，申請書の写しその他審査請求の理由の有無を審査するに必要な関係書類を送付するものとする。
3　登記官は，審査請求事件を送付した場合には，審査請求書及び送付

第143条（審査請求事件の送付）

> 書の各写しを日記番号の順序に従って審査請求書類等つづり込み帳につづり込むものとする。

1　登記官は，審査請求を理由がないと認めるときは，その請求の日から3日以内に，意見を付して審査請求事件を監督法務局長に送付しなければならない（不登法第157条第2項）とされているところ，本条は，不登法第157条第2項の規定による審査の請求事件の送付に関する取扱いについて定めている。旧準則第199条に相当する規定である。
2　本条第1項は，登記官は，監督法務局長に対する審査請求事件の送付は，別記様式102号様式による送付書に意見を付してするものとしている。
3　本条第2項及び第3項は，本条第1項の手続をする場合において送付すべき書類を具体的に定めるとともに，同項の手続をした場合における関係書類の整理保存の方法について規定したものである。
　なお，本条に定める別記第102号様式は，次のとおりである。

別記第102号（第143条第1項関係）

```
                              日　記　第　　　　　号
                              平成　　年　　月　　日

   法務局長　殿
                              法務局　　　出張所
                              登記官　　　　　　　職印

              送　付　書

   下記不動産の平成何年何月何日受付第何号の何登記申請事件についてされた審査請求は，下記のとおり理由がないと認められるので，審査請求書及び関係書類を添えて事件を送付します。

                    記

   1　不動産所在事項
```

2　理由（具体的かつ詳細に記載すること。）

（審査請求についての裁決）
第144条　法務局又は地方法務局の長が審査請求につき裁決をするには，次に掲げるところによるものとする。
(1)　地方法務局の長は，審査請求の内容に問題がある場合には，当該地方法務局を監督する法務局の長に内議すること。
(2)　法務局の長は，審査請求につき裁決をする場合又は内議を受けた場合において，審査請求の内容に特に問題があるときは，当職に内議すること。
2　法務局又は地方法務局の長は，審査請求につき裁決をしたときは，その裁決書の写しを添えて当職にその旨を報告（地方法務局の長にあっては，当該地方法務局を監督する法務局の長を経由して）するものとする。

1　監督法務局長は，審査請求を理由があると認めるときは，登記官に相当の処分を命じ，その旨を審査請求人のほか登記上の利害関係人に通知しなければならない（不登法第157条第3項）とされているところ，本条は，法務局長等がする審査請求についての裁決に関する具体的な手続を定めている。旧準則第201条に相当する規定である。
2　本条第1項第1号は，地方法務局長が裁決をする場合において，その審査請求の内容に問題があるときは，当該地方法務局を監督する法務局長に内議することとし，その指示を踏まえた上で裁決するようにしたものである。
3　本条第1項第2号は，法務局長が裁決をする場合又は内議を受けた場合において，その内容に特に問題があるときは，法務省民事局長に内議することとし，その指示を踏まえた上で裁決するようにしたものである。

第146条（登記の嘱託）

4 本条第2項は，法務局長及び地方法務局長が審査請求について裁決したときは，その裁決書の写しを添えて法務省民事局長に報告するものとしたものである。

なお，地方法務局長が報告するときは当該地方法務局を監督する法務局の長を経由してするものとされている。

> 第145条　法務局又は地方法務局の長が審査請求につき裁決をしたときは，裁決書の謄本を審査請求人及び登記官に交付するものとする。
> 2　登記官が前項の裁決書の謄本を受け取ったときは，登記事務日記帳に所要の事項を記載し，審査請求書類等つづり込み帳につづり込んだ審査請求書の写しの次につづり込むものとする。

1 本条は，第144条と同様に，法務局長等が審査請求について裁決をした場合の具体的な事務について定めている。旧準則第202条に相当する規定である。

2 本条第1項は，法務局長等が裁決をしたときは，裁決書の謄本を審査請求人及び登記官に交付すべきことを定めている。

3 本条第2項は，登記官が本条第1項の裁決書の謄本を受け取ったときは，登記事務日記帳に所要の事項を記載し，審査請求書類等つづり込み帳につづり込んだ審査請求書の写しの次につづり込むことを定めている。

> （登記の嘱託）
> 第146条　この準則に規定する登記の申請に関する法の規定には当該規定を法第16条第2項において準用する場合を含むものとし，この準則中「申請」，「申請人」及び「申請情報」にはそれぞれ嘱託，嘱託者及び嘱託情報を含むものとする。

1 本条は，官公署による登記の嘱託に関する準則の規定の取扱いについて

定めている。旧準則第1条第2項に相当する規定である。
2　官公署の嘱託による登記の手続については，原則として，申請による登記に関する不登法の規定を準用するとされている（不登法第16条第2項）ところ，準則においても，不登法の申請に関する規定を引用している規定がある。

　そこで，本条は，この準則において引用する不登法の申請に関する規定については，不登法第16条第2項において準用する場合を含むことを明らかにするとともに，この準則中，官公署の嘱託による登記手続に関する規定において用いられている「申請」，「申請人」及び「申請情報」という用語には，それぞれ「嘱託」，「嘱託者」及び「嘱託情報」を含むことを明らかにしたものである。

3　なお，登記令第23条及び規則第192条においても，同様に登記の嘱託について定められている。

逐条解説　不動産登記事務取扱手続準則

平成28年8月8日　第1刷発行

編　者　月刊登記情報編集室
発行者　小田　徹
印刷所　図書印刷株式会社

〒160-8520　東京都新宿区南元町19
発行所　一般社団法人 金融財政事情研究会
　編集部　TEL 03(3355)1713　FAX 03(3355)3763
販　売　株式会社きんざい
　販売受付　TEL 03(3358)2891　FAX 03(3358)0037
　URL http://www.kinzai.jp/

・本書の内容の一部あるいは全部を無断で複写・複製・転訳載すること、および磁気または光記録媒体、コンピュータネットワーク上等へ入力することは、法律で認められた場合を除き、著作者および出版社の権利の侵害となります。
・落丁・乱丁本はお取替えいたします。定価はカバーに表示してあります。

ISBN978-4-322-13017-1